子育て支援員研修テキストブック

厚生労働省シラバス完全準拠

編著　浅井　拓久也

やったね♡

できたよ！

一藝社

はじめに

　本書は、子育て支援員研修で実施される様々な科目を学習するためのテキストです。基本的には子育て支援員研修の受講者を対象としていますが、保育や子育て支援を学ぼうとする人にも適しています。

　本書の特徴は3つあります。

　まず、子育て支援員研修に関する厚生労働省のシラバスに準拠しています。シラバスにはその科目を学ぶ目的や学ぶべき内容が示されており、こうした目的や内容を踏まえて本書は作られています。シラバスとのつながりをわかりやすくするために、本書の章、節、項はシラバスに記載されている表現をそのまま用いています。

　次に、理論と実践の両方、特に子育て支援員研修の実態を踏まえた内容になっています。本書は主に各科目を専門とする研究者が執筆していますが、保育士、幼稚園教諭、放課後児童支援員、看護師のように、実践者としての経験も豊富な研究者が執筆しています。また、教育委員会や保育所運営者も執筆しています。さらに、執筆者の多数が子育て支援員研修で実際に講義を担当しています。

　最後に、子育て支援員研修の受講者にとってわかりやすい記述や構成になっています。特に、次の3つが特徴です。

　まず、平易な文章で、具体例や図表を使い説明されています。

　次に、各節の冒頭には、これから学ぶことに対して課題意識や目的意識をもてるような疑問文が提示されています。何となく本文を読むのではなく、この疑問文に対する解答のつもりで読むと、内容を理解しやすくなります。

　最後に、執筆者1名が一定のまとまり（テーマ）を担当することで一貫した内容になっています。1つの章を5、6人で分担執筆すると、たとえ内容の整理や調整をしたとしても、表現や視点の一貫性が希薄になります。本書では、執筆者1名が1つのまとまり（テーマ）を担当することで、読みやすく、一貫性もある内容になっています。

　子育て支援員研修の受講者は、受講前後に本書を読んでください。受講前に読んでおくことで、講義の理解が深まります。特に、専門研修の各コースを受講する際は、該当箇所を必ず読んでおくようにします。例えば、保育士や幼稚園教諭と異なり、利用者支援事業やファミリー・サポート・センター事業はあまり知られていません。ど

のような事業かわからないままとりあえず受講しても理解は深まりませんし、講義中にある議論にも参加できなくなります。専門研修を受講する前に本書を読み、それぞれのコースで学ぶことのイメージを作っておくようにしてください。

　また、受講後に読むことで、講義の復習になります。復習は学習を定着させる効果的な方法です。本書は、子育て支援員研修で使用されることを想定しています。講義中に説明された内容とあわせて復習することで、学んだことをいっそう理解し、身につけることができます。

　子どもや子育てを取り巻く環境は厳しいと言われています。しかし、保育や子育て支援に関する様々な法律や制度が誕生し、また現代社会だからこそできる豊かな保育や子育てもあります。つまり、厳しい環境の中にもこれまで以上によくなっているところもあるということです。未来を悲観せず、一方で昔はもっとよかったというように短絡的に考えるのでもなく、現状を冷静に把握して、未来に向けてできることを積み上げていくことが大事です。子育て支援員研修はそのきっかけとなるでしょう。

　多くの人が子育て支援員研修や様々な場面で本書を活用し、保育や子育て支援に興味をもち、理解を深めることを執筆者一同願っています。

編著者　浅井拓久也

もくじ

第8章　地域保育コース（ファミリー・サポート・センター）
―――――――――――――――――――――――――――239

第9章　地域子育て支援コース（利用者支援事業・基本型）
―――――――――――――――――――――――――――255

第10章　地域子育て支援コース（利用者支援事業・特定型）
―――――――――――――――――――――――――――285

第11章　地域子育て支援コース（地域子育て支援拠点事業）
―――――――――――――――――――――――――――301

6

第1章

子育て支援員とは

① 子育て支援員の役割

子育て支援員の役割とは何でしょうか。なぜ、現代社会で子育て支援員が必要とされているのでしょうか。また、子育て支援員になるための研修会とはどのようなものでしょうか。

1　子育て支援員研修制度の背景について

（1）少子化の加速

　東アジア諸国の少子化が急速に進行しています。韓国では 2018 年の出生数が約 32 万 7000 人で、合計特殊出生率は 0.98 であることから、出生統計が始まった 1970 年以降の最低値となっています。また、中国では 2016 年に「一人っ子政策」を廃止したにもかかわらず、2018 年の出生数は約 1523 万人で出生率は 1000 人当たり 10.94 人になります。これは、1949 年の建国以来最低値とされています。日本の場合は、厚生労働省が発表した 2018 年の人口動態統計月報年計（概数）によれば、出生数が 91 万 8397 人で、合計特殊出生率は 1.42 になります。これも、1899 年の調査開始以来過去最少だとされています。

　総務省によれば、2019 年 4 月 1 日の時点で日本における 14 歳以下の子どもの数は、外国人を含めて約 1533 万人で、これも 38 年連続の減少となります。このような少子化が進む背景にはさまざまな要因が含まれますが、日本国内でバブル崩壊後の長引く不景気による収入の減少や、企業の非正規雇用の拡大による収入の不安定化などによる未婚化や晩婚化、晩産化、教育費等の経済的負担感の増大などがよく取り上げられています。そして、近年の共働き世帯の増加とともに、女性の仕事と子育ての両立の難しさ、男性の育児・家事参加の不足、核家族化や地域の繋がりの希薄化などによる共同養育の減退、育児不安の増大などがよく挙げられます。すなわち、子育て環境が不十分であり、家庭の負担が大きくなることから少子化が加速していると言えるでしょう。

（2）共働き世帯

　共働き世帯は、近年増加の傾向にあります。総務省の 2017 年の就業構造基本調査

によると、共働き世帯の比率は全国平均が 48.8％で、首都圏 1 都 4 県（東京、神奈川、千葉、埼玉、山梨）のすべてで前回の 2012 年調査よりも上昇したとされます。その中で、育児をしている女性の有職率（15 歳以上で収入を得るために仕事を持つ人の割合）は埼玉、千葉、神奈川の各県では全国平均の 64.2％を下回っているものの、前回の 40％に比べて 50％を超えたことが報告されています。

　核家族が進む中で、共働き世帯特に子育て中の働く女性にとって、子育てを大きく支えてくれるのが保育施設です。しかし、認可保育所に希望しても入れない待機児童が 2009 年時点で 2 万 6275 人であり、その後に少し減少する傾向はあったものの、大幅な減少が見られず、社会的に大きく注目される問題となっています。

（3）子ども・子育て支援新制度の開始

　このような厳しい子育て環境をめぐって、2015 年の 4 月に政府による少子化と待機児童対策として子ども・子育て支援新制度が始まったのです。同制度の施行によって、子ども園や地域型保育事業なども給付の対象となり、多様な保育需要に対して保育施設の多様化が進んでいます。この新しい制度により、待機児童数は 2018 年から 2 年連続の減少になり、一定の効果があると見られています。厚生労働省の報告によれば、2016 年 10 月時点で約 4 万 7738 人であった待機児童は、2018 年 4 月 1 日時点では 1 万 9895 人に、2019 年 4 月 1 日時点ではさらに 1 万 6772 人に下がっています。しかし、今後女性の社会進出や共働き世帯のさらなる増加を考えると、都市部を中心とする待機児童問題は依然として改善の余地が大いにあると思われます。

　一方、政府の外国人受け入れ拡大により外国人の労働者や高度人材の来日も増加しています。総務省によれば、2019 年 1 月 1 日現在の住民基本台帳に基づく日本人住民は 1 億 2477 万 6364 人で前年より 43 万 3239 人減少したことに対して、外国人住民は過去最多の 266 万 7199 人となったのです。したがって、家族滞在で来日する外国人の子どもたちや日本で生まれ育ち、日本の保育園や幼稚園および学校に通う外国人の子どもも、今後ますます増加することと考えられます。

　このように、社会の変化とともに家族の形や女性の働き方が変化し、子どもの多様化も進んでいます。少子化がますます注目される今日において、子育てはすでに家庭の責任だけでなく、社会全体で一層関心を持って共同で行わなければならない喫緊の課題となっています。

　子育て支援新制度は、子育てのサポートと女性の働き方が同時に改善されることが期待される制度でもあり、専門的な知識・技能を持って多様な子育て現場で子育てを支える多くの支援員を必要とします。そして、支援員を養成するために設けられてい

るのが、保育士などの専門的な資格がなくても、研修を経て児童福祉施設などで子育て関連の仕事に従事することができる、子育て研修支援制度です。

2　子育て支援員研修制度の体系

（1）子育て支援員とは

　子育て支援員とは、厚生労働省で定めた「基本研修」及び「専門研修」を修了し、全国で通用する「子育て支援員研修修了証書」の交付を受けたことにより、子育て支援員として保育や子育て支援分野の各事業等に従事する上で必要な知識や技術等を修得したと認められる者を指します。

（2）子育て支援員研修とは

　子育て支援員研修は、保育や子育て支援の仕事に関心を持ち、子育て支援分野の各事業に従事することを希望する者等を対象に必要な研修を実施するものであり、対象となる事業の範囲が幅広いことから、各事業のベースとなる「基本研修」と各事業の特性に応じた「専門研修」によって構成されます。

　基本研修では、子育て支援員として子育て支援分野の各事業等に共通して最低限必要とされる子育て支援に関する基礎的な知識、原理、技術及び倫理などを修得します。「子ども・子育て家庭の現状」、「子ども家庭福祉」、「子どもの発達」、「保育の原理」、「対人援助の価値と倫理」、「子ども虐待と社会的養護」、「子どもの障害」、「総合演習」などの8科目が設けられています。この研修を通じて、子育て支援員としての役割や子どもへの関わり方等を理解するとともに、子育て支援員としての自覚を持つことが求められます。

　基本研修は基本的に全員必須ですが、保育士、社会福祉士およびその他国家資格（幼稚園教諭、看護師等）を有し、かつ日々子どもと関わる業務に携わるなど、実務経験により、基本研修で学ぶべき知識等が修得されていると都道府県知事等が認める者は基本研修を免除することができます。

　また、都道府県知事等又は指定研修事業者が研修の全科目を修了した者に対して交付した修了証書を受けた者が、新たに他のコース等の専門研修を受講する場合には、基本研修を再度受講する必要がありません。

　専門研修では、基本研修を修了した者が、子育て支援員として、子育て支援分野の各事業等に従事するために必要な子どもの年齢や発達、特性等に応じた分野ごとの専門的な知識・原理・技術・倫理などを修得します。

図表 1-1　子育て支援員研修の体系

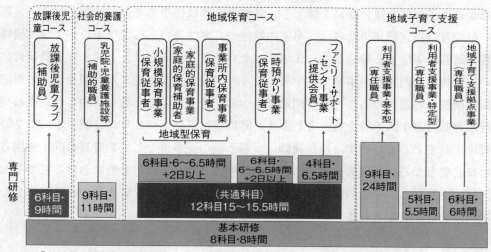

※「利用者支援事業・特定型」については、自治体によって、実施内容に違いが大きい可能性があるため、地域の実情に応じて科目を追加することを想定。
注）主な事業従事先を記載したものであり、従事できる事業はこれらに限られない（障害児支援の指導員等）
注）「共通科目」部分は、研修が従事要件となる事業。「基本研修」部分は、受講が推奨される事業。

出典：内閣府資料を一部改変

　専門研修は「地域保育コース」、「地域子育て支援コース」、「放課後児童コース」、「社会的養護コース」の４つのコースに分かれます。その中で、「地域保育コース」と「地域子育て支援コース」はさらに事業ごとに分かれ、図表 1-1 のようにそれぞれの研修科目数や研修時間数が異なります。また、「地域保育コース」では「地域型保育」、「一時預かり事業」、「ファミリー・サポート・センター」の３つに分類され、「地域子育て支援コース」では「利用者支援事業（基本型）」、「利用者支援事業（特定型）」、「地域子育て支援拠点事業」の３つに分かれます。ただし、「地域保育コース」の各分類には「地域保育コース」の「共通科目」があり、専門研修の受講において基本研修の修了が条件とされます。なお、「利用者支援事業（基本型）」の受講に当たっては、相談及びコーディネート等の業務内容を必須とする市町村長が認めた事業や業務（例：地域子育て支援拠点事業、保育所における主任保育士業務等）に１年以上の実務経験を予め有していることも併せて条件となります。
　上記の研修受講中に、他の都道府県等に転居した場合や病気等のやむを得ない理由により、研修の一部を欠席し、研修科目の一部のみを履修した者は、研修を受けた都道府県の知事あるいは主催側の研修事業者に一部科目修了証書の交付の申請をするこ

とができます。

　ほかに、子育て支援員研修を修了し、各種事業等に従事している者等を対象に、都道府県等及び指定研修事業者は、事業の特性や必要性等に応じてフォローアップ研修や現任研修を実施する場合があります。フォローアップ研修は、子育て支援員研修において修得した内容や各事業に従事し、日々の実践を通じて生じた疑問や悩みの解消や関係機関との連携のあり方など問題解決への支援を図ること等を目的とし、概ね従事経験年数２年未満の者を対象とします。時間数に関しては、年に２回、１回に２時間程度を目安としています。現任研修は、各事業の従事者としての資質の向上を図るために必要となる、基礎的分野から事業の特性に応じた専門的分野における必要な知識・技能を修得し、全ての従事者を対象とします。時間数は、各事業の特性に応じた回数・時間数が設定されます。

3　子育て支援員の役割

　子育て支援員は、小規模保育施設や放課後児童クラブ、ファミリー・サポート・センター、児童養護施設、地域子育て支援センターなど児童福祉に関する施設全般で子ども・子育て事業に従事することができます。支援員は、基本的に保育士や児童福祉施設の職員の補助を行います。専門的な知識・技能を習得することで、幅広い子育て分野での活躍が期待されます。

　子育て支援員の役割には、主に家庭の子育てのサポート、保育の補助、地域の親子の交流と社会資源のコーディネートが挙げられます。

（１）家庭の子育てサポート

　子育て支援員は、保育や子育て支援分野の各事業に従事することにおいて、子どもたちの健やかな成長を願って、家庭の子ども養育を支える役割が求められます。働く母親、育児不安を抱えている家庭、育児放棄されている子どもたち、家庭内暴力に苦しんでいる子どもたち、日本の事情に詳しくなく言葉も通じない外国人の家庭など、多様な家庭の子育てをサポートします。一人ひとりの子どもの個性と成長段階およびその子どもたちの家庭背景などを考慮して、保護者と密接なコミュニケーションを取り、子どもたちが健康で安全に暮らせる環境を作ることが必要になります。特に、子どもと保護者の話には耳を傾け、彼らの気持ちを理解し、彼らの信頼関係を築くことで、一人ひとりの子どもに合った子育てを協同で促進することができます。

　日常的に家庭内暴力に苦しんでいる子どもは、早い段階で発見し、保護する必要が

あります。また、外国人の子育て家庭に関しては、彼らの言語や生活習慣および子どもの状況を理解し、彼らにも協力してもらうことで、協同で子育てを行い、子どもが児童福祉施設で安心して過ごせるように進めることができます。

（2）保育の補助

　子育て支援員は、主に保育士や児童福祉施設の職員の補助としての業務を行います。日々の保育現場では乳幼児から小学生、そして障害のある子どもなどさまざまな成長段階と多様な子どもたちと接することになります。一人ひとりの子どもが健康で安心して過ごせるようにするには、職員間の関係や役割分担において協力し合う体制を整備する必要があります。したがって、子どもたちへの健康観察や衛生管理、保育日誌、保護者との連絡帳および職員間の連絡や情報共有がスムーズに行うように協力しなければなりません。

（3）地域の親子の交流と社会資源のコーディネート

　地域子育て支援拠点事業に従事する子育て支援員は、地域の親子の交流促進の役割が求められます。核家族化や地域の繋がりの希薄化が進む今日において、子どもたちの野外での遊びや遊び相手は限られており、親の子育ても孤立しやすい状況に置かれています。子育ての孤立や子どもの孤独は、普段の生活や人間関係、勉学、仕事などにさまざまな影響を与えることがあります。地域において親子が気軽に交流の場に足を運び、普段得られない情報や人との繋がりそして遊びができる環境作りが必要になります。そのためには交流の場の存在を知らせる工夫や話しやすくする丁寧な対応、そして外国人の親子には多様な言語の対応などが必要不可欠です。支援者との交流そして親子同士の交流などを通じて子育ての不安や孤立感を和らげることができます。

　地域の社会資源のコーディネートは、主に利用者支援事業に従事する子育て支援員の役割になります。子育て家庭が身近な場所にある医療や保健、教育などに関する施設を把握するための必要な情報を提供し、相談者のニーズに合わせた助言を行うことで地域の社会資源を活用し、地域の子育てを支えることが期待されます。

14

［引用・参考文献］

・厚生労働省【資料 A】「「子育て支援員」研修について」

・厚生労働省【資料 B】「子ども・子育て家庭の現状」

・総務省統計局
　　　https://www.stat.go.jp/data/jinsui/index.html

・韓国統計局
　　　http://kostat.go.kr/portal/korea/kor_nw/1/1/index.board?bmode=read&aSeq=373361

・中華人民共和国国家統計局
　　　http://data.stats.gov.cn/search.htm?s=%E4%BA%BA%E5%8F%A3

・「全国の待機児童、4．7 万人に増加　昨年 10 月時点」日本経済新聞 2017 年 4 月 4 日記事
　　　https://www.nikkei.com/article/DGXLASDF31H11_U7A400C1EE8000/

・「共働き世帯、都内 49％に上昇　総務省調査」日本経済新聞 2018 年 7 月 13 日記事
　　　https://www.nikkei.com/article/DGXMZO32970090T10C18A7L83000/

・「待機児童 2 年連続減　郊外・地方は増加」日本経済新聞 2019 年 9 月 6 日記事
　　　https://www.nikkei.com/article/DGXMZO49487560W9A900C1MM0000/

第2章

基本研修

1　子ども・子育て家庭の現状

なぜ、いま子育て支援がこれほど求められているのでしょうか。子育て支援員としての学びを始めるに当たって、支援の対象である子どもや子育てをしている保護者、その家庭の現状について学んでいきましょう。

1　子どもの育つ社会・環境

（1）少子化をめぐる現状とその要因

　現在、わが国の子どもをめぐる最も大きな問題が少子化です。その年に生まれた子どもの数である出生数は、第1次ベビーブームと言われた 1947 ～ 49（昭和 22 ～ 24）年には過去最高の約 270 万人を記録しました。しかし、1974（昭和 49）年以降減少傾向が続いた結果、2017（平成 29）年には、94 万 6065 人となり過去最低の出生数となっています。一人の女性が生涯に産む子どもの推計人数である合計特殊出生率も、第一次ベビーブームの際には 4.32 でしたが、2017（平成 29）年には 1.43 となり少子化が進行しています。政府もこの状況に危機感をもち、1990 年代より少子化対策を行ってきましたが、やや回復傾向にあるものの抜本的な解決には至っていません。この少子化と言われる問題の要因は複数想定されますが、未婚化、晩婚化、晩産化、教育費等の経済的負担感の増大、仕事と子育ての両立の難しさ、男性の育児参加の問題、核家族化や地域の繋がりの希薄化による共同養育の減退、育児不安の増大など、多様な原因があることがわかります。

（2）都市化と地域社会

　わが国は、古くから多くの人が農業や漁業をはじめとする家業に従事していたため「人々の働く場所＝自分の住んでいる地域」でした。そして、女性や子どももみんなで家業を支え、仕事、暮らし、子育てなどすべてが地域の中で行われていたため、地域の繋がりは非常に強いものでした。しかし、都市化や産業化が急速に進んだことにより、産業構造の変化とともに家族の形も変化しました。特に高度経済成長期以降、人々が仕事を得るために都市部に移住したことにより核家族が増加し、都市生活のな

かで隣近所が助け合うような地域の繋がりも希薄になったと言われています。少子化により子ども自体が少なくなっている現代社会で、このような地域の繋がりの希薄さは、保護者だけでなく子どもたちにも影響を与えています。

（3）現代の子どもを取り巻く環境

　少子化、都市化などが進展する中で、子どもを取り巻く環境も変化しています。特に、高度経済成長期以降、「空間」「時間」「仲間」の「三間」が喪失し、子どもが遊ぶことが難しい環境であることへの問題提起がなされてきましたが、その問題はますます深刻になってきています。都市化により道路や空き地など、子どもたちが自由に好きな遊びをできる「空間」がなくなり、塾や習い事で遊ぶ「時間」を取ることも難しい、そして地域の中で見られた異年齢での子ども集団が姿を消し、遊びたくても遊ぶ「仲間」がいないという問題が指摘されています。また、昨今の地球温暖化等の原因により、屋外で遊ぶことのできる時期も限定されてきています。このような子どもを取り巻く環境の変化を念頭に置き、子育て支援員が従事する事業のなかでそれぞれの機能を生かし、子どもにこの「三間」を保障していくことが大切になっています。

2　子育て家庭の変容

（1）子育て家庭の変化

　子どもが育つ場である「家庭」はどのように変化してきたのでしょうか。「家族」や「家庭」のありようは、そのときの時代背景や社会の状況、文化等に影響を受け変化しています。我が国の歴史の中では「家父長制」と呼ばれる家族制度が、現在の私たちの家族観に大きな影響を及ぼしています。「家父長制」とは「家（イエ）制度」とも呼ばれ、家長（一般的には父親）が絶対的な権限を持ち、三世代同居の親子を中心とした家の永続性を使命とする制度です。わが国では、江戸時代に武士階級を中心にこの制度が発展し、明治・昭和に至るまでの長い間維持されてきました。その後、欧米型の家族モデルが導入され、高度経済成長期の産業構造の変化により「性別役割分業型家族」へと家族の形が変化してきました。夫は生計を担うため外で長時間労働に従事し、家事や育児、介護等の家庭のことは、妻が専業主婦として担うという性別により役割を分業していく家族の形です。

　そして現在は、夫婦がともに家庭内外の仕事を協力して行う「協業型家族」へと家族の形態が変化し、一人ひとりが、役割を選択する個人として、結婚、職業、居住、ライフコース等を自分の意志のもとに選択する時代になっています。そのため、様々

な選択が可能になった一方、その選択肢の広がりにより、夫婦のどちらか一方を欠く母子のみ、父子のみの一人親家庭や再婚、養子縁組、里親制度等による親子関係などの血縁関係がない親子の形、共働きをしながら夫婦の意思で子どもを持たない夫婦のみの家族（DINKs（double income, no kids））など様々な形態を自ら選択する家族も増えています。子育て支援員として、子育て家庭を支援していく際には、わが国の家族の変遷が私たちの家族観を形づくっていることや、その形が変化し続けていることを踏まえ、多様化したそれぞれの家庭にあった支援をしていく必要があります。

（2）現代の子育ての課題

　時代により「家族」や「家庭」の形が変化し、その変化とともに子育ての課題や困難さも変化してきました。「家父長制」が発達した江戸時代には、産まれた子どもの性別や家の状況で、口減らしや間引きといって子どもの命を親が奪うなど、子どもが生きるか否かを親が決定する場合もありました。その後も二度の大戦があり、戦争による孤児や貧困、栄養失調の子どもが溢れていた時代など、いつの時代でもその時代背景や子育て家庭を取り巻く環境に応じた困難さがあったのです。

　現代では、これまで見てきたような都市化、核家族化、地域における関係の希薄化などに加え、男性の長時間労働により、保護者のなかでも特に母親が何もかも担わなければならないという現状が、子育ての困難さの根底にあります。わが国の男性就業者の長時間労働の割合は、国際比較でみても非常に高くなっており、6歳未満の子どもを持つ夫の一日の家事・育児関連時間は、先進国でも最低の水準に留まっています。何億年という人類の歴史の中で、人々は子育てにおいて共同養育をしてきましたが、仕事、家事、育児の全てをこなす「ワンオペ育児」という言葉が「2017年ユーキャン新語・流行語大賞」にノミネートされたように、現在はその共同養育がかなわず、各家庭が孤独の中で子育てを強いられている現状が、子育て家庭を追い詰めている要因になっています。

3　子どもの貧困及び子どもの非行についての理解

（1）子どもの貧困の増加とその影響

　子育ての困難さを述べてきましたが、この問題と密接に関係しているのが子どもの貧困や非行の問題です。現在、わが国の子どもの6人から7人に1人、一人親の家庭では約半数以上が貧困状態にあると言われています。特に母子家庭の貧困率の高さは、OECD加盟国の中でも上位に位置付けられています。このような状況を受け、

2013（平成 25）年には「子どもの貧困対策の推進に関する法律」が成立し、国としても子どもの貧困対策を強化していく方向にあります。また、地域での「子ども食堂」や「フードバンク」などの活動も盛んになっています。

（2）子どもの非行とその対応

　次に、これまで見てきたような現代の家庭が抱えている問題が複雑に絡みあい、子どもの問題として立ち現れてくるのが子どもの非行です。一般に非行とは社会の決まりなどに背く青少年の行為であり、法律違反およびその潜在的可能性をもつ行動のことを言います。現在、子どもや若者による重大な事件の発生があとを絶たない状況もあり、学校、警察、児童相談所、保護観察所、青少年センターなど様々な機関で非行防止や非行に対する相談活動がなされています。これら以外にも、子育て支援員として連携できる施設や機関があります。どのような施設や機関があるのか調べて一覧表にしてみるとよいでしょう。

［引用・参考文献］
・内閣府『令和元年版　少子化社会対策白書』日経印刷株式会社、2019 年
・内閣府『令和元年版　子供・若者白書』日経印刷株式会社、2019 年
・上野千鶴子『近代家族の成立と終焉』岩波書店、1994 年

② 子ども家庭福祉

子どもの権利が守られ、心身共に健やかに育成されるために、わが国ではどのような法律や制度があるのでしょうか。また、子育て支援員が働く場とはどのようなものか考えてみましょう。

1　子ども・子育て支援新制度の概要

（1）児童家庭福祉の理念

　子どもや家庭の福祉を向上させ、子どもの成長発達を保障する法律として、児童福祉法があります。この法律は戦後、戦災孤児や浮浪児など保護すべき子どもが多く、1947年に成立しました。法律制定当時の理念は、保護すべき子どものみならず、すべての子どもの心身両面の成長・発達の保障が目指されたものでした。戦後70年以上が経過し、近年では少子化、児童虐待、子どもの貧困など、子どもに関わる新たな社会問題も出てきています。そのような社会の変化や子ども観の変化に伴い、2016年には、制定当時の理念を受け継ぎながら新たに子どもの権利条約の理念に則った子どもの最善の利益の尊重や意見の尊重を盛り込んだ理念へと変化しました。

（2）少子化と保育ニーズ・子育て支援ニーズ

　我が国の2018年度の合計特殊出産率は1.43であり、依然少子化の歯止めがかかっていません。このような少子化が子どもや子育て家庭に及ぼす影響として、きょうだいが少ない、まわりに一緒に遊ぶ子ともが少ないため、人間関係が希薄になる、孤立した子育ての中で育児不安が増大するなどがあげられます。少子化の背景は、ライフスタイルの変化に伴う晩婚化、非婚化、子育て環境が整わないため希望の子ども数をかなえることができないなどがあります。一方で、女性の社会進出に伴う共働き家庭の増加、離婚によるひとり親家庭の増加で、子どもは少ないのに保育のニーズは高まっています。また、子育てに困難を抱えている家庭、障害のある子どもを持つ家庭など多様な子育て支援が必要とされています。このような状況に対し、子どもを安心して産み育てることができる社会の実現を目指し、2015年に子ども・子育て支援新

図表 2-1　子ども・子育て支援新制度の概要

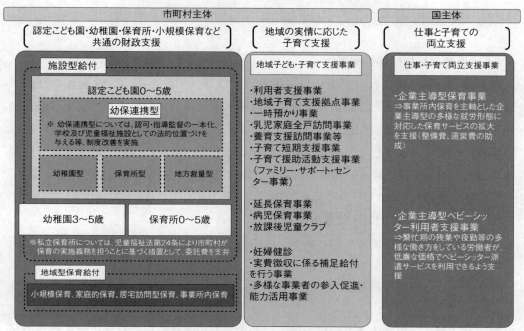

出典：内閣府「子ども・子育て支援新制度について　令和元年 6 月」

制度が始まりました。

（3）子ども・子育て支援新制度の概要

　子ども・子育て支援新制度の概要は上図の通りです（**図表 2-1**）。この制度では、①幼児期の学校教育・保育の総合的な提供、②待機児童対策の推進、③地域の保育を支援、④家庭・地域の子育て支援の充実など、保育ニーズや子育て支援のニーズに対応することが期待されています。

　また、新たな給付方式が創設され、幼稚園・保育所・認定こども園は、施設型給付、小規模保育・家庭的保育・居宅訪問型保育・事業所内保育は、地域型保育給付とし、地域に応じた様々な保育を確保することで、保育の量の拡大に向けて取り組まれています。これらの他には、地域子ども・子育て支援事業として、利用者支援、一時預かり、病児保育、放課後児童クラブなどの事業も行われています。

2　児童福祉施設等の理解

（1）児童福祉施設等の概要

　児童福祉法第7条には、児童福祉施設として以下（図表2-2）の12種類の施設が規定されています。また、児童福祉施設の設備および運営に関する基準（児童福祉施設最低基準）には、職員配置が示されています。助産施設、一部の障害児関係の施設の職員については医療法で、幼保連携型認定こども園の職員については「幼保連携型認定こども園の学級の編成、職員、設備及び運営に関する基準」で規定されています。

（2）児童福祉の専門職・実践者

　それぞれの児童福祉施設には、図表2-2のような専門職が配置されています。以下に専門職や実践者の説明をします。

・児童指導員：児童養護施設等の児童福祉施設において、子どもの生活援助をする職員です。

・個別対応職員：児童虐待を受けた児童に他の人との関係を再び良好にするためのケアや、どのように甘えたらよいかわからないなど愛着障害を起こしている児童のケアを行っていくための職員です。

・家庭支援専門相談員：児童虐待など家庭環境上の理由により、児童福祉施設に入所している子どもの早期家庭復帰、里親委託などの支援を専門に担当する職員でファミリーソーシャルワーカーとも呼ばれています。

・心理療法担当職員：児童養護施設等において、心理療法を行う必要があると認められる子どもや保護者が一定程度存在する場合に置かれる職員です。

・職業指導員：児童養護施設等において、実習設備を設けて職業指導を行う場合に置かれる職員です。

・児童発達支援管理責任者：障害児通所支援または障害児入所支援の提供の管理を行う者として、厚生労働大臣が定めるものであり、講習で認定される職員です。

・理学療法士：身体に障害のあるものに対し、基本的動作能力の回復を図るため、治療運動などの運動療法、日常生活活動訓練その他の運動を行わせたり、電気刺激、マッサージ、温熱その他、物理的手段を加える国家資

図表 2-2　専門職の役割と業務内容

施設名 （法的根拠）	社会福祉事業	利用形態	目的	必置の職員
助産施設 （児福法第36条）	第二種	入所	保健上必要があるにもかかわらず、経済的理由により、入院助産を受けることができない妊産婦を入所させて助産を受けさせる	〈第一種助産施設〉 医療法の病院または診療所の職員 〈第二種助産施設〉 医療法の助産所の職員
乳児院 （児福法第37条）	第一種	入所	乳児を入院させて、これを養育し、あわせて退院した者についての相談等を行う	医師（嘱託医）、看護師（保育士等も含む）、個別対応職員、家庭支援専門相談員、栄養士、調理員
母子生活支援施設 （児福法第38条）	第一種	入所	配偶者のいない等の理由のある女子及びその監護すべき児童を入所させて、保護するとともに、自立の促進のために生活を支援し、あわせて退所した者の相談・援助を行う	母子支援員、嘱託医、少年を指導する職員、調理員
保育所 （児福法第39条）	第二種	通所	保育を必要とする乳幼児を保護者の下から通わせて保育を行う	保育士、嘱託医、調理員
幼保連携型認定こども園 （児福法第39条）	第二種	通所	3歳以上の幼児に対する教育と保育を必要とする乳幼児に対する保育を一体的に行い、適当な環境を与えて心身の発達を助長する	主幹保育教諭、指導保育教諭、保育教諭、調理員、（副園長）、（養護教諭）、（事務職員）
児童厚生施設 （児福法第40条）	第二種	入所	児童遊園、児童館等児童に健全な遊びを与えてその健康を助長し、または情操を豊かにする	遊びを指導する者
児童養護施設 （児福法第41条）	第一種	入所	保護者のいない児童、虐待されている児童等を入所させて養護し、あわせて退所した者に対する相談、自立のための援助を行う	児童指導員、嘱託医、保育士、個別対応職員、家庭支援専門相談員、栄養士、調理員
障害児入所施設 （児福法第42条）	第一種	入所	・障害児を入所させて、日常生活の指導、独立自活に必要な知識技能の付与を行う（福祉型障害児入所施設） ・福祉型障害児入所施設の目的に治療も併せて行う（医療型障害児入所施設）の2種類がある	福祉型障害児入所施設嘱託医、児童指導員、保育士、栄養士、調理員、児童発達支援管理責任者（看護職員） 医療型障害児入所施設医療法の病院として必要な職員、児童指導員、保育士、児童発達支援管理責任者
児童発達支援センター （児福法第43条）	第二種	通所	・障害児を日々保護者の下から通わせて、日常生活の基本的動作の指導、独立自活に必要な知識技能の付与、集団生活への適応のための訓練を行う（福祉型児童発達支援センター）	福祉型児童発達支援センター保育士、栄養士、調理員、児童発達支援管理責任者（機能訓練担当職員）（言語療法士）

施設				
			・福祉型児童発達支援センターの目的に治療も併せて行う（医療型児童発達支援センター）の２種類がある	医療型児童発達支援センター医療法の病院として必要な職員、児童指導員、保育士、看護師、理学療法士、作業療法士、児童発達支援管理責任者
児童心理治療施設 （児福法第43-2条）	第一種	入所・通所	家庭環境、学校における交友関係等により社会生活への適応が困難となった児童を短期間入所又は通所させて社会生活に適応するため必要な心理に関する治療や生活指導を行い、あわせて退所した者への相談・援助を行う	医師、心理療法担当職員、児童指導員、保育士、看護師、個別対応職員
児童自立支援施設 （児福法第44条）	第一種	入所・通所	不良行為をなし、又はなすおそれのある児童等を入所させ、又は通所させて個々の児童の状況に応じた指導を行い自立を支援し、あわせて退所した者への相談・援助を行う	児童自立支援専門員、児童生活支援員、嘱託医、個別対応職員、家庭支援専門相談員、栄養士、調理員
児童家庭支援センター （児福法第44-2条）	第二種	利用	地域の児童の福祉に関する問題や家庭その他からの相談のうち専門的知識・技術を必要とするものに応じ、助言を行い、市町村の求めに応じ技術的助言・援助などを行う。また、児童相談所・児童福祉施設等との連絡調整などを総合的に行う	担当する職員

格です。

・作業療法士：身体又は精神に障害のあるものに対し、応用的動作能力又は社会的適応能力の回復を図るため、手芸、工作その他作業を行わせる国家資格です。主に①日常生活における個人的活動〈日常作業活動：ADL〉②生産的、職業的活動③表現的、創作的活動④レクリエーション活動⑤認知的・教育的活動などを用いて身体機能、精神・心理機能、高次脳機能、日常生活活動能力、職業復帰能力、社会生活適応能力等の諸機能・能力の改善を図っています。

・機能訓練担当職員：障害を持った子どもに対して、日常生活を営むのに必要な機能訓練を行う場合に置かれる職員です。

・言語療法士：音声機能、言語機能を図るため、言語訓練、これに必要な検査及び助言、指導その他の援助を行う国家資格です。

・少年を指導する職員：母子生活支援施設において、少年の指導をする職員です。

・児童の遊びを指導する者：児童厚生施設で働く職員で、保育士の資格を有する者、

　　　　　　　　　　　　　社会福祉士の資格を有する者、学校等の教諭となる資格
　　　　　　　　　　　　　を有する者などがあたります。
・看護師（乳児院）：乳児院の看護師は、保育士、児童指導員をもってこれに代える
　　　　　　　　　　ことができるという規定があります。
・児童生活支援員：児童自立支援施設において、子どもの生活支援を担当する職員で
　　　　　　　　　す。保育士の資格を有する者、社会福祉士の資格を有する者など
　　　　　　　　　があたります。
・母子支援員：母子生活支援施設で、母子の生活援助等を行う職員です。保育士の資
　　　　　　　　格を有する者、社会福祉士の資格を有する者、精神保健福祉士の資格
　　　　　　　　を有する者などがあたります。

3　児童家庭福祉に係る資源の理解

（1）地域における社会資源の状況（子育て支援員の働く場）

　児童家庭福祉にかかわる地域の社会資源には、従来の児童相談所、家庭児童相談室、保健所、保育所、幼保連携型認定こども園、児童家庭支援センターなど多様にあります。このようなフォーマルなサービスに加え、地域のサークルやNPOなどが展開する子育てサロンなどのインフォーマルな社会資源も存在します。

　各地域の保育や子育て支援に関する社会資源の整備状況はそれぞれ異なります。子育て支援員には自分が就労する地域の社会資源の状況を把握しておくことが求められます。ですから、自分が住んでいる地域にはどのような社会資源があるか調べてみましょう。市町村でも利用者への情報提供のために、子育て支援のためのハンドブックを作成したり、ホームページなどを活用し子育て支援マップなどを掲載したりするなど、広く子育て家庭に地域の社会資源を告知する努力をしています。

　こうした社会資源の中にも子育て支援員としての活躍の場があります。子育て支援員は、小規模保育・家庭的保育、ファミリーサポートセンターなどで従事することが可能な知識や技能を習得し、子育て支援の担い手として期待されています。

図表 2-3　利用者支援専門員の役割

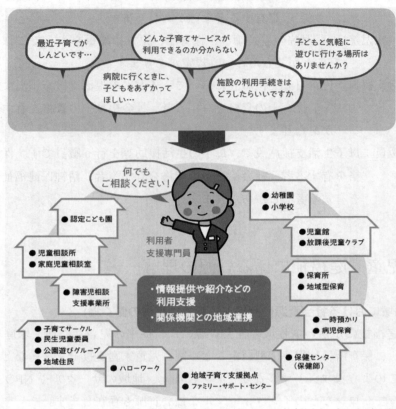

出典：内閣府「子ども・子育て支援新制度 なるほどBOOK」（平成28年4月改訂版）

[引用・参考文献]

・内閣府・文部科学省・厚生労働省「幼保連携型認定こども園の学級の編成、職員、設備及び
　運営に関する準備」2014年

・内閣府「子ども・子育て支援新制度について」2019年

③ 子どもの発達

生涯にわたるヒトの発達には様々な特徴があります。各発達段階の特徴や、発達と環境の関係、子どもの遊びが発達のなかで果たす役割などについて理解し、援助のあり方を考えます。

1 発達への理解

（1）子どもの発達を理解することの意義

　ヒトの発達は胎児期から老年期まで一生涯続きますが、そこには「言葉を話す」、「一人で歩く」などの大きな変化もあれば、一見目につきにくい緩やかな変化もあります。また、発達は順調に進むだけではなく、「行きつ戻りつ」の発達や個人差もあります。これらの特徴を知ることが援助の第一歩と言えるでしょう。発達過程では、身体や運動、視覚や聴覚などの感覚・知覚、思考や判断といった認知、そして対人関係における社会的な能力など、多くの側面が互いに関連しながら変化していきます。何が、いつ、どのように発達するのかを理解し、子どもの今とこれからを見越した援助を考えることが必要となります。

（2）子どもの発達と環境

　発達は生まれながらの遺伝的な特性と、生まれた後の経験や学習の両方で形作られると考えられています。また、その経験や学習も周囲から与えられるだけではなく、子ども自身が能動的に環境に働きかけることで獲得されていきます。もともと乳児は「生まれた時には何も経験がない白紙のようなもの」とされ、無力で、大人に育てられる存在とされてきました。しかし、現在では、生まれながらに様々な能力を持ち、能動的に環境に働きかける「自ら育つ」存在として見直されています。

　そのため、保育者は子どもの能動的な行動を保証し、それらを促すような環境作りを考えます。ここで言う環境とは、物や空間などの物理的環境や自然環境に加え、人との関わりを含む人的環境を指します。子どもとの信頼感を築き、体験を共有するといった関わりも、子どもの能動的な探索を促す重要な環境作りです。それにより、子どもは環境との活発な相互作用から新たな知識や能力、そして、他者への信頼感や主

体性を深めていくことができます。

2　胎児期から青年期までの発達

（1）生涯発達と発達援助

　かつて、発達のゴールとは大人になることであり、乳児期から青年期にかけての発達が中心でした。ですが、私たちの寿命や生き方の変化を受け、現在では胎児期から老年期までの生涯発達を考える立場が一般的になっています。発達というと「小さいうちは右肩上がりに向上し、年を取ると減退していく」というイメージが強いかもしれません。しかし、運動能力や情報処理の速度は確かに老年期に向かうにつれ下がっていきますが、言語能力や洞察力のように老年期でも変化しない、または向上する能力もあります（西田、2016）。逆に、乳児期であっても、初めはできていた外国語の音の区別が次第にできなくなるという現象も見られます（Werker & Tees, 1984）。

　これは、生きる上で必要性の低い能力よりも、重要な能力を伸ばすための乳児期の取捨選択と考えられています。つまり、喪失や停滞は必ずしもマイナスではなく、私たちの発達のひとつの形であるということです。そして、ヒトの発達は生涯にわたる連続した過程であり、後からの取り戻しも効く可塑性を持っています。乳幼児期はもちろん、それ以降のより良い発達を目指した援助が求められます。

（2）胎児期及び新生児期の発達

　身体や運動、感覚・知覚の能力は胎児期から発達が始まります。例えば、受精後8週頃には頭部や手足、指などの身体の形成が進みます。そして、腕や足、頭の運動、あくびや伸びといった自発運動が始まります。感覚・知覚にも発達が見られます。胎児は受精後4カ月頃には、羊水を通して匂いや味を経験しているようです。また、胎内は母親の心音や消化音などの音であふれていますが、胎児の聴覚は受精後24週にはすでに機能していて、27週以降には外界の音に反応します。さらに、胎内ではすでに音の記憶や学習も始まっています。一方、もっとも遅いのは視覚の発達です。受精後6カ月頃には眼球を動かす筋肉ができますが、視覚そのものが十分機能するのは出生後からとなります。

　新生児期には視力はまだ大人の4分の1ほどで、視力が完成するのは生後8カ月頃のため、新生児・乳児はかなりの近眼と言えます。ですが、物の認識はすでに機能し、特にヒトの顔にはとても敏感で、生後5日以内であっても顔とその他の図形を区別できます（Fantz, 1963）。また新生児期には「原始反射」と呼ばれる運動が見られ

ます。例えば、指で口に触れるとそれを吸おうとする「吸啜反射」や、脇を支えて立たせると歩くような足踏みをする「原始歩行」などがあります。これらの反射はその後数カ月で消える（消えたように見える）、またはより複雑な運動に統合されていきます。原始反射は意図に関係なく自動的に起きるとされていましたが、現在では、新生児がすでに主体的に運動を調整していると考えられています（Lejeuneら，2010）。

（3）乳児期の発達

　生後2年頃までの乳児期には、移動や姿勢の保持といった粗大運動の発達が顕著です。個人差はありますが、生後4〜5カ月頃には寝返り、生後7〜8カ月頃にはハイハイ、1歳前後には歩行が始まります。また、手指の運動である微細運動にも発達が見られ、1歳頃には親指と人差し指の先で物をつかむ細かな運動が可能です。また言語の発達も顕著です。生後6〜10カ月頃には、母音の繰り返しである喃語が盛んになります。その後、1歳頃には意味のある初めての言葉である初語が現れます。さらに、生後9カ月頃には人や物との関係に大きな変化も見られます。それまでの「自分―人」・「自分―物」という1対1の関係（二項関係）から、「自分―物―人」を含む三項関係を作れるようになります。これにより、他者とおもちゃのやり取りをするなど、物を介した楽しみや経験の共有ができるようになります。

　乳児期において子どもが主体的に環境と関わるには、信頼できる他者の存在が重要です。このような存在を「安全基地」と言います。図2-4はエリクソンが示した各発達段階で私たちが直面する人生の課題を示しています。乳児期の課題は「基本的信頼対基本的不信」であり、乳児期に信頼と不信を経験し、できる限り信頼を身に付けることが、それ以降のより良い発達につながるとされています。乳児にとっての安全基地は必ずしも保護者とは限りません。子どもに日常的に接する保育者もまた信頼の対象となります。そして、生育環境などの事情で他者との信頼を築けなかった場合にも、後の保育者や仲間からの働きかけにより発達上のリスクを減らせるという報告もあります。発達は周囲の働きかけ次第で可塑的に変化すること、また、保育者は子どもに大きな影響を与える存在であることを意識する必要があるでしょう。

（4）学童期から青年期の発達

　長期的な発達援助の目標を定めるうえで、学童期以降の発達理解も重要です。学童期には思考の発達が見られ、7〜11歳頃には物事の色々な側面を同時に考慮できるようになり、数や量などの抽象的な事柄についても考えることができるようになります。対人面では、大人との関係から子ども中心の関係へと移行し、同一行動による一

図表 2-4　エリクソンの発達課題

老年期Ⅷ							統合 対 絶望　嫌悪
成人期Ⅶ						生成継承性 対 停滞	
前成人期Ⅵ					親密 対 孤立		
青年期Ⅴ				同一性 対 同一性拡散			
学童期Ⅳ			勤勉性 対 劣等感				
遊戯期Ⅲ		自主性 対 罪悪感					
幼児期初期Ⅱ	自立性 対 恥　疑惑						
乳児期Ⅰ	基本的信頼 対 基本的不信						

出典：エリクソンの発達課題（Erikson, 1963）をもとに筆者作成

体感でつながった「ギャンググループ」と呼ばれる集団を形成するようになります。また、自分の身体や行動的特徴に関心を持ち、他者との比較から劣等感を持つようにもなります。そして、４歳頃から自己の主張や欲求を抑える自己抑制も発達します。このような自己抑制の高さが仲間関係の円滑さにも影響を与えるとされています。

　青年期にはさらに自己や対人関係に関する発達が進みます。青年期には「同一性対同一性拡散」が課題となります（図表2-4）。同一性はアイデンティティとも言い、自分が何者になろうとしているかのイメージを持ち、それに向かって発達していると実感できる状態を指します。対して、同一性拡散はこれらの方向性を持たない自己が未成熟な状態を指します。青年期は身体的・心理的な発達を通して、独立した個人であろうとする時期です。そのため、親子関係の変化や自分とは何かという葛藤を抱える時期でもあります。

3　発達への援助

（1）基本的生活習慣の獲得と発達援助

　基本的生活習慣とは、食事や睡眠、排泄、着脱衣、身の回りを清潔にするなどの、心身ともに健全な社会生活を送るうえで欠かせない習慣のことです。子どもは保育園や幼稚園での集団生活を通してこれらの習慣を身につけます。保育者は全てを援助したり失敗を責めたりせず、自分でやる・自分でできたという主体性を重視してこれらの援助を行います。

（2）発達の課題に応じた援助や関わり

　乳児期の大きな課題は愛着の形成です（図表 2-4）。そのためには、子どもからの働きかけに応答的に応えることが重要です。子どもは応答的な関わりを返されないことに非常に敏感で、大きな不安を感じます。また、自分の働きかけで周囲が変化し応えてくれるという体験は、子どもの主体性の獲得にもつながります。

　幼児期には自立心を育てることが課題となります。自我が芽生え、自己主張をし、自分でやりたいという主体性が強くなります。保育者との間でも、気持ちや行動の面でぶつかることがあるかもしれませんが、発達の一過程として、できるだけ子ども自身が選択や判断をできるようにすることが大切でしょう。また 1 歳半頃からすでに、自分の能力を認識し、できないことを人前でしたがらないといった、自尊感情の発達も見られます（Kagan, 1981）。保育者は集団生活の中で、子どもの自尊感情への配慮も意識する必要があるでしょう。

4　子どもの遊び

（1）子どもの生活と遊び

　お店屋さんごっこやままごとなどの遊びでは、日常生活が表現されます。このような遊びは、大人のやっていることを見て、それを真似してみたいという子どもの観察力や好奇心のあらわれです。また子どもの遊びには「積み木を家に見たてる」などの見たてが使われますが、これは象徴機能の発達を示しています。象徴機能とは、目の前の実物をそのまま受け取るだけではなく、自分の心の中で別の物に置き替えて表現する認知能力です。子どもにとって日常生活は遊びを生み出すものであり、遊びの中で様々な能力が育まれていきます。

（2）子どもの遊びと学び

　遊びには運動や物の操作など多くの学びの要素が含まれますが、人との関わりも大事な要素です。パーテンによれば、子どもの遊びは「おもちゃなどを使い一人で行うひとり遊び」、「他の子の近くで同じような遊びをするが、一緒にではなくそれぞれで行う平行遊び」、「同じ遊びの中で会話ややり取りなどはあるが、個人の興味が優先され集団としてのまとまりのない連合遊び」、「役割分担やルールのある組織化された集団での協同遊び」に分類されます。集団で行う遊びは互いが協力し、ルールを守らなければ成立しません。複数の子どもが集団で遊ぶ保育の場は、社会ルールや対人スキルを学ぶ最適の環境と言えます。

（3）生涯にわたる生きる力の基礎を養う

　遊びとは楽しいという感情によって起こるものです。つまり、遊びとは強制によらない自発的な活動と言えます。そして、遊びは生涯にわたる行動の原動力となる好奇心や主体性、探索への欲求を培います。例えば乳児期には、動くものをじっと見る、音の鳴るおもちゃを振り続ける、口に入れて確かめるといった、五感を使った遊びを通して物事の特性が理解されます。そして、それらを自分で発見したという満足感は、次の好奇心や主体的な探索へとつながるでしょう。大人になるにつれ学習の多くは義務感を伴っていきますが、このような好奇心による探索や発見の体験は、その後の学習のモチベーションになると言えるでしょう。

（4）遊びによる総合的な保育

　保育における遊びには、子どもが集団で遊べるだけでなく、発達を考慮した遊びの援助ができるという特徴もあります。保育者が子どもの興味を刺激するような環境を整え、遊びが発展するような提案や関わりをすることで、子どもの遊びは広がります。また、子どもの様子を見極めた対応も必要です。例えば、同じひとり遊びでも、子どもが自分の課題や目的を達成するために没頭しているのか、それとも、他の子どもと混じれずにいるのかによって援助の形も変わるでしょう。さらに、発達を考慮した遊びの工夫を保護者に見せたり、伝えたりすることは、保護者との信頼や安心感にもつながるのではないでしょうか。

[引用・参考文献]

・西田裕紀子「中高年の知能の加齢変化」『第 21 回中部老年期認知症研究会誌』21、2016 年、PP. 84-87

・Werker, JF& Tees, RC「Cross-language speech perception: Evidence for perceptual reorganization during the first year of life」『Infant behavior and development』7, 1984, PP. 49-63

・Fantz,RL「Pattern vision in newborn infants」『Science』, 140（3564）, 1960, PP. 296-297

・Lejeune, F., Audeoud, F., Marcus, L., Streri, A., Debillon, T., Gentaz, E.「The manual habituation and discrimination of shapes in preterm human infants from 33 to 34 + 6 post-conceptional age」『PLoS ONE』, 5, 2010, e9108.

・Kagan, J.『The second year: The emergence of self-awareness』. Harvard University Press, 1981

・ヴォークレール, J. 明和政子・鈴木光太郎訳『乳幼児の発達　運動・知覚・認知』新曜社、2012 年

④ 保育の原理

皆さんが意欲的に行動しようとしているときに、他の人から「何もできない」と決めつけられるとどのように感じますか。私たち大人は子どもをどのような存在と捉え、子どもとどのように関わっていくことが大切なのでしょうか。

1 子どもという存在の理解

「人間は教育されたがっているのではないのです。教育したがっているのはおとなや社会であって、人間は、それぞれ自分で自分を育てていき、死んでいきたいのです。（中略）子どもを、『子どもだからこそ、それだけ余計に教育することが必要だ』とは、くれぐれも思わないでほしい。子どもは自分で自分をつくりたいという根源的な欲求をもっている人間なんです。そして子どもは自分を自分の力で十分に育てることができるのです。」

（汐見稔幸「人間は教育されたがっているのではない」より）

教育学者の汐見稔幸氏の言葉から、以下の2点を大切にしてほしいと思います。
　①　子どもは自分の意志を表現する一人の人間として尊重される。
　②　子どもは能動的な意思を持ち、自分で育つ力を備えている。

児童福祉法第1条には、下記のように児童の権利の大切さが明記されており、①の視点と符合します。子どもは心身の発達が十分ではないため、「適切に養育され」「生活を保障され」「愛され、保護され」ることも必要と言えるでしょう。

全て児童は、児童の権利に関する条約の精神にのつとり、適切に養育されること、その生活を保障されること、愛され、保護されること、その心身の健やかな成長及び発達並びにその自立が図られることその他の福祉を等しく保障される権利を有する。

（児童福祉法第1条）

　子どもは自ら主体的にさまざまな行動をする中で、より成長・発達が促されていきます。1 〜 2 歳頃のイヤイヤ期（第一次反抗期）以降の子どもは明確に意思を示しますが、0 歳児についても、視覚的な選好・聴覚・数の概念・道徳的概念の芽生え等のさまざまな有能性を示唆する研究結果（長谷川）から、生まれて間もない段階から既に意思を持っている可能性も指摘されています。子どもの能動的な意思を尊重して自分で育つ力を大切にする姿勢が重要だと言えるでしょう。

　「子どもは何もできないものだ」という先入観を持って子どもに教え込むことに重きを置くのではなく、子どもを大人と同様の一人の尊い人間として捉えることが大切です。十分な子ども理解の上に、大人が子どもたちの意思を尊重し、子どもたちの意欲が促されるような環境を整えることで、子どもが自ら育とうとします。そんな姿の子どもたちにおだやかに優しく関わってくれる大人のことを子どもたちが信頼し、いろいろなことに意欲的に関わり子どもたちはさらに成長し発達していきます。子どもたちの育ちや興味・関心の変化を大人が理解して応答的に関わり、さらなる子どもの意欲が促されるような環境を作っていく保育のプロセスは、まさに「子どもと大人との協働」と言えるでしょう。

2　情緒の安定・生命の保持

> 　保育所が、乳幼児期の子どもにとって安心して過ごせる生活の場となるためには、①健康や安全が保障され、快適な環境であるとともに、②一人の主体として尊重され、信頼できる他者の存在によって情緒的な安定が得られることが必要である。
> 　　　　　　　　　　保育所保育指針解説　第 1 章　2（1）「養護の理念」より
> 　　　　　　　　　　　　　　　　（①・②の付記および下線は筆者による）

　保育所保育指針解説の「養護の理念」において、上記の①は「生命の保持」、②は「情緒の安定」に関わる内容です。子どもの生命を守り、健康で安全かつ快適に過ごせるようにすることが必須であることは言うまでもないことですが、一人ひとりの子どものさらなる健康増進を図る配慮も大切です。生活リズムが崩れると、乳幼児は体調を崩しやすくなります。日々の家庭での状態と保育所等での状態の両方を、家庭と保育所等の両者がしっかりと理解し連携をとることが大切です。

　自分を主体として尊重してくれる保育者に受け止められ、心からその保育者を信頼して「ここにいて安心できる」実感を持ち、情緒が安定した状態にあることで、一人ひとりの子どもが自分の意思や気持ちを安心して表すことができるようになります。

3　健康の保持と安全管理

（1）子どもの心身の健康状態の把握

　子どもの心身の状態は、その日の家庭の状況や時間帯等をはじめ、さまざまな影響を受けます。子どもの発育・発達の状態等も踏まえて、一人ひとりの子どもの心身の状態を丁寧に把握して無理のない生活をすることが、子どもたち全員のためにつながります。

　特に集団で子どもたちが過ごす場においては、いったん感染症が発生すると急速に拡大する場合もあります。自宅での子どもの様子を保護者からよく聞き、保育に関する連携を家庭としっかりととることが大切となります。

（2）子どもの事故の特性を踏まえた事故防止の注意事項

　子どもの活動により、かすり傷等の事故が完全に起こらないようにすることはできません。しかし、避けられる事故については避けたほうがよいことは言うまでもありません。その中でも死亡事故は取り返しがつかない事態であり、決してあってはいけないことです。以下、保育園等に通う子どもたちの事故の状況を年齢ごとに見てみましょう。

　「医療機関を受診」する事態に至ったものを「事故」と定義し、平成13年に東京都区内の保育園53園で実施した医療機関受診事故の発生頻度（田中）を図表2-1に示します。医療機関受診に至った事故のうち0歳の子どもは0.6％に過ぎず、年齢の高い子どもの受診率が高いことがわかります。年齢の高い子どもは活発に活動し、けが等での受診率が高いことがわかっています（田中）。

　次に、残念ながら発生してしまった死亡事故についてみてみましょう。内閣府の「教育・保育施設等における重大事故防止策を考える有識者会議年次報告」（平成30年）において公開されている、平成27（2015）年から平成29（2017）年の期間の保育施設等における死亡事故件数データを使用して、保育施設等における死亡事故の発生頻度を図表2-2にまとめました。保育施設等にて発生する死亡事故は、0歳および1歳に非常に多いことがわかります。

　図表2-1から、医療機関受診事故の発生は2歳以上の子どもたちに多いことがわかります。また図表2-2から死亡事故にまで至る重篤なケースは0歳および1歳の子どもに多いということがわかります。0歳および1歳の子どもたちの死亡事故は、主に睡眠中や食事中に発生しやすいことがわかっています。

図表 2-1　医療機関受診事故の発生頻度　　　　　　（件／781 件）

	0 歳	1 歳	2 歳	3 歳	4 歳	5 歳	6 歳	不明
件数	5	80	120	152	163	188	69	4
割合	0.6%	10.2%	15.4%	19.5%	20.9%	24.1%	8.8%	0.5%

出典：田中氏の文献 p.25 のデータをもとに筆者作成

図表 2-2　保育施設等における死亡事故の発生頻度（2015 年～ 2017 年の発生件数／35 件）

	0 歳	1 歳	2 歳	3 歳	4 歳	5 歳	6 歳
件数	16	11	2	1	2	0	3
割合	45.7%	31.4%	5.7%	2.9%	5.7%	0.0%	8.6%

出典：内閣府データをもとに筆者作成

　子どもの事故に詳しい小児科医の山中達宏先生（緑園こどもクリニック院長）が保育中もっとも気をつけたい時間を「くう・ねる・水あそび」と名づけました（猪熊他）。保育中の死亡事故は、0・1 歳の時期の睡眠時（「ねる」）に最も多く発生しています。睡眠中は仰向けにし、こまめな呼吸チェックを欠かさないことが大切です。保育中の死亡事故の例として、特に 1・2 歳の時期の食事中（「くう」）に喉をつまらせてしまうことがあります。機嫌よく食事をしていると見えても、子どもの様子の変化にはくれぐれも注意しましょう。

　水あそびについては、すべての年齢で注意が必要です。「くう」「ねる」が 3 歳未満児において特に重篤な事故が発生しやすいことに比べて、「水あそび」は 3 歳以上でも重篤な事故が起こります。年齢によらず「十分に監視できる体制を整えられなければ水あそびはしない」という気持ちで、子どもたちの水あそびに立ち合う姿勢が必要となります。

　以上、保育施設等における子どもの特性を踏まえ、大人が行うべき事故防止の注意事項について説明しました。これらの配慮に加えて、成長発達とともに、子どもたち自らが危険を察知し、避けることができる力（危険回避能力）を身につけていくことができるような保育をすることもとても大切です。事故につながらないことに細心の注意は必要ですが、日々の園生活等において多様な経験を積み重ねることができるような保育環境を整えていくことが子どもの危険回避能力の獲得において重要となります。

38

［引用・参考文献］

・猪熊弘子・新保庄三・寺町東子『重大事故を防ぐ園づくり　研修＆実践＆トレーニング』（園力アップ Series 3）p.20、ひとなる書房、2019 年

・汐見稔幸「人間は教育されたがっているのではない」佐伯胖・大豆生田啓友・渡辺英則・三谷大紀・高嶋景子・汐見稔幸『子どもを「人間としてみる」ということ』ミネルヴァ書房、2013 年

・田中哲郎『保育園における事故防止と安全保育　第 2 版』日本小児医事出版社、2011 年

・内閣府「教育・保育施設等における重大事故防止策を考える　有識者会議　年次報告（平成30 年）」2018 年（https://www8.cao.go.jp/shoushi/shinseido/outline/pdf/houkoku/jiko_houkoku.pdf）

・長谷川真里『発達心理学　心の謎を探る旅』pp.21-50、北樹出版、2014 年

5 対人援助の価値と倫理

子育て支援員は、どのように子どもや保護者とかかわり、どうすれば子どもの育ちと家庭の養育力を支えることができるのでしょうか。ここでは、対人援助の原則や考え方について考えていきたいと思います。

1 利用者の尊厳の厳守と利用者主体

（1）専門職としての価値と倫理

　子育て支援員は、従事する事業によりその役割は異なりますが、いずれも子どもや保護者とかかわり、その対象者に寄り添いながら対人援助を行っていくことになります。このような対人援助職と呼ばれる職種は、専門職として必要な知識や技術だけでなく、実践における様々な場面で具体的な判断をしていくために専門職としての「価値」や「倫理」を持つことが求められています。では、専門職としての「価値」や「倫理」とは具体的にどのようなことなのでしょうか。渡邊は「『価値』とは、その時専門職が大切にしようとしている考え方のものさしになるもの[1]」であり、「『倫理』とは、そうした考え方に基づいて行われる専門職としての行動の指針となるもの[1]」であると定義しています。

　子育て支援員独自の「価値」や「倫理」を明文化したものはありませんが、社会福祉、医療、教育、保育、臨床心理、保健などの対人援助職は、各団体で専門職としての価値や倫理を明文化した「倫理綱領」を持っています。実践において多様なニーズを持った子どもや保護者とかかわる際の行動指針として、社会福祉士の倫理綱領である「ソーシャルワーカーの倫理綱領」や保育士の「全国日本保育士会倫理綱領」などを読んでおく必要があります。本節ではこれらの倫理綱領にも共通する事項であり、子育て支援員として活動する際の「価値」や「倫理」について確認していきましょう。

（2）利用者の尊厳の遵守と利用者主体

　まず、子育て支援員として活動する際に最も大切にしてほしいこととして、対象となる子どもや保護者の尊厳を遵守するということが挙げられます。尊厳の遵守とは、

子どもや保護者などの利用者は一人ひとりが権利の主体であり、いかなる状況であれ、その文化的・民族的多様性が保障され、尊重される必要があるということを意味します。

　子どもや保護者の性別や年齢、国籍、身体的・精神的・経済的な状況、社会的な地位などがどのような状況であっても、それぞれがかけがえのない存在として尊重されるということが、対人援助における大原則です。

　そして、子どもや保護者などの利用者の尊厳を遵守するという考え方を徹底するには、利用者主体、受容、自己決定の尊重などが子育て支援員に求められる倫理となります。利用者主体とは、利用者が権利主体であることを念頭に置き、利用者の主体性を尊重し、一人ひとりの利用者が自分らしく生きるために選択、判断していくことができるよう支援していくことです。受容とは、現在のその人のありのままの姿を受け止め、関わることを言います。たとえ、好ましくない言動があったとしてもはじめから否定せずに、その背景や利用者の状況を受け取とめ、理解していくことが大切です。

　そして、ありのままの姿を受け止めてもらいながら、個々が自分で判断し、決定することを尊重し支援していくことが自己決定の尊重です。子どもや保護者は自分で判断し決定していく力をもつ存在であると信じ、自己決定を迫るのではなく、柔軟な対応をしながら個々の能力や状況に応じた援助をしていくことが求められるのです。

2　子どもの最善の利益

（1）子どもの最善の利益の尊重とは

　次に「子どもの最善の利益」の尊重について考えていきましょう。「子どもの最善の利益（the best interest of the child）」は、「児童の権利に関する条約（以下、子どもの権利条約）」において提唱され、「児童福祉法」や「保育所保育指針」などにも示されている子どもに関わる全ての人にとって大切な概念です。子どもの権利に対する保障の思想は、子どもが労働力として考えられ、小さな大人として扱われていた時代の子ども観から長い歴史や戦争を経て変化してきました。現在は、「子どもの権利条約」に示されているように、生きる権利や育つ権利、守られる権利、参加する権利など、子どもはその権利を保障される存在であるとともに、権利の主体であるとの捉え方に変化しています。

（2）子どもがより良く生きるための支援

　では「子どもの権利条約」でも大切な概念とし提唱されている「子どもの最善の利

益」とは具体的にどのようなことなのでしょうか。網野は、子どもの最善の利益を「子どもの生存、発達を最大限の範囲において確保するために必要なニーズが最優先されて充足されること」と定義しています。また、「子どもの最善の利益」という視点で子どもを捉える際には「子どもの思いやニーズをいつも配慮してどうかかわるか[2]」ということと、子どもは「価値ある人間であるということを常に考えて、子どもの人権や権利に配慮[2]」することの 2 つの趣旨が大切であるとしています。つまり、子育て支援員として活動する際に、みなさんが出会う一人ひとりの子どもの権利が保障され、その子がその子らしく安全に安心して日々遊んだり、生活ができたりするよう支援していくということが「子どもの最善の利益」の尊重になるのです。子どもがより良く生きるための支援が求められています。

3　守秘義務・個人情報の保護と苦情解決の仕組み

（1）プライバシーの保護と守秘義務

　子育て支援員として業務に当たる場合、それぞれの現場では利用者である子どもや保護者の様々な個人情報があふれています。名前や性別、年齢、家族構成、保護者の職業や住所、電話番号、家庭状況など、その内容は個人のプライバシーに関わるものばかりです。

　このような情報に対して最も大切な姿勢が、秘密保持の原則（守秘義務）です。児童福祉法第 18 条の 22 には「保育士は、正当な理由がなく、その業務に関して知り得た人の秘密を漏らしてはならない。保育士でなくなつた後においても、同様とする。」と秘密保持の原則が示されています。さらに、これに違反した場合については第 61 条の 2 で「第 18 条の 22 の規定に違反した者は、1 年以下の懲役又は 50 万以下の罰金に処する。」という罰則規定も明記されています。また、児童福祉の設備及び運営に関する基準第 14 条の 2 においても、この秘密保持の原則が明記されており、保育士だけでなく、子どもに関わるすべての人が大切にすべき事項として位置づけられているのです。

　しかし、この秘密保持の原則も子どもの虐待が疑われる場合や、子どもの最善の利益が損なわれる可能性がある場合、一人の職員で抱えきれない事項の場合など、正当な理由がある場合には、他の職員との共有や他機関への通告が優先される場合があることも理解しておきましょう。

（2）利用者の権利擁護と苦情解決

　利用者の尊厳の遵守や子どもの最善の利益の尊重、秘密保持の原則など、対人援助における原則をみてきましたが、利用者を権利の主体と捉え、実践においてその権利が守られるような法的な整備も進んでいます。2000（平成12）年には、社会福祉事業法が社会福祉法に改称され、利用者への情報の提供や、申し込み時の説明や利用契約時の書面の交付、苦情への対応など、具体的な利用者の権利擁護の仕組みが導入されました。

　また、苦情については社会福祉法第82条「社会福祉事業の経営者による苦情の解決」において、社会福祉事業の経営者は利用者等の苦情の適切な解決に努めなければならない旨が明記され、苦情解決の窓口の設置等が実施されています。保育所等においても同様であり、苦情解決の窓口の設置が義務づけられていますが、実際には利用者への周知が十分ではない場合も見受けられます。子育て支援員として活動する際には、従事する機関にどのような仕組みがあるのかを把握し、その対応について他の職員と共有しておくことが必要でしょう。

4　保護者・職場内・関係機関・地域の人々との連携・協力

（1）保護者・職場内・関係機関・地域の人々との連携・協力

　子育て支援員として事業に従事していく際には、これまで見てきたような原則を大切にしながら、様々な立場の人や関係機関と連携・協力しながら活動していくことが必要です。子どもの最善の利益を守るために、子どもの最も身近な存在である保護者と連携していくとともに、職員間での連携も大切にしながら、子どもの育ちを支えていくことが求められています。

　また、支援は一つの機関や事業のみでは行えません。子どもや保護者の状況により同じ家庭であっても必要な支援や、関係する機関は変化していきます。そのため、地域における様々な関係機関が連携し、ネットワークを作っていくことが大切なのです。

　例えば保育所の連携・協力先には、市区町村役場、児童相談所、福祉事務所、保健所、保健センター、家庭児童相談室、児童発達支援センター、乳児院、児童養護施設、母子生活支援施設、社会福祉協議会、病院、小学校、中学校、高等学校、教育委員会、児童委員、民生委員、児童館、家庭的保育（保育ママ）、ベビーシッター事業、ファミリー・サポート・センター事業、関連ＮＰＯ法人、地域の活動団体など、多くの機関や団体が挙げられます。子どもを安心して産み育てていくために、また保護者が必要な支援とつながっていくためにも関係機関同士の連携が不可欠なのです。

（2）子育てを支える社会資源

　子育てをしている家庭がそれぞれの抱えているニーズを充足するために、利用できる有形・無形の資源を社会資源といいます。子育て支援員は、子どもの育ちと家庭の養育力を支えることが求められています。特に、家庭の養育力について考える際には、保護者のみで子育てを完結することが必要なのではなく、それぞれの家庭が必要に応じた支援を選択できるようにするとともに、社会全体で子育てを支えていくという視点が大切です。そのためには、地域にある関係機関なども含め、多岐に渡る社会資源をできるだけ把握し、その機能や役割を理解した上で、情報を的確に収集・提供したり、適切な支援につないでいくことが必要になってきます。

5　子育て支援員の役割

　これまで見てきた子育て支援員に求められる価値や倫理を踏まえ、実際の役割について考えてみましょう。第 1 章でも説明したように、子育て支援員研修制度は平成27 年度から施行された「子ども・子育て新制度」を支える全国共通の研修制度です。研修は、全ての受講者が受ける「基本研修」と専門的な内容を学ぶ「専門研修」の 2 段階に分かれ、専門研修は従事する事業の内容等によって「地域保育コース」「地域子育て支援コース」「放課後児童コース」「社会的養護コース」の 4 つのコースがあります。具体的な役割は従事する事業の機能によって異なりますが、どの事業においても新制度の目的にある「一人一人の子どもが健やかに成長することができる社会の実現」を目指し、子どもの育ちと家庭の養育機能を支える取り組みを担う役割が求められています。

　具体的な業務内容については、「保育業務の補助」「親子が集う場の提供や交流促進」「子育て家庭と地域の社会資源のコーディネート」等の役割があげられます。「保育業務の補助」としては、家庭的保育事業、小規模保育事業、事業所内保育事業、企業主導型保育事業、放課後児童健全育成事業（放課後児童クラブ）、一時預かり事業、社会的養護関係施設などで、保育の補助を行います。子育て援助活動支援事業（ファミリー・サポート・センター事業）は、互助的な市民活動が始まりであり、子どもの預かりの活動が主なため、補助ではなく主として子どもを預かり保護者のニーズに応じた援助活動を行いますが、役割としては保育業務と多くの共通点があります。

　また、地域子育て支援拠点事業に従事する際には「親子が集う場の提供や交流促進」の役割を、利用者支援専門員として利用者支援事業に従事する際には「子育て家庭と地域の社会資源のコーディネート」の役割を担うことになります。このように、

子育て支援員として活動する際には、第1章に書いてあるような、従事する業務の機能を理解した上で、各機関の保育の専門職である保育士等の指示や指導を仰ぎ、連携しながら、それぞれの事業の機能に応じた役割を担っていくことが求められるのです。

[引用・参考文献]

1) 才村純・芝野松次郎・新川康弘・宮野安治編著『子ども家庭福祉専門職のための子育て支援入門』第11章　ソーシャルワークの倫理（渡邊慶一）（p 90）、ミネルヴァ書房、2019年

2) 大場幸夫・網野武博・増田まゆみ編著『保育を創る8つのキーワード』（p 69）、フレーベル館、2008年

・亀崎美沙子編著『保育の専門性を生かした子育て支援　「子どもの最善の利益」をめざして』わかば社、2018年

・長島和代・石丸るみ・前原寛・鈴木彬子・山内陽子『日常の保育を基盤とした子育て支援─子どもの最善の利益を護るために』萌文書林、2018年

・柏女霊峰監修・全国保育士会編『改定版　全国保育士会倫理綱領ガイドブック』全国社会福祉協議会、2014年

・F・P・バイスティック著『ケースワークの原則　【新訳改定版】援助関係を形成する技法』誠信書房、2006年

⑥ 児童虐待と社会的養護

2019 年 1 月に、千葉県野田市で小学 4 年女児が実の父親から虐待を受けて死亡した事件を記憶されている方も多いでしょう。児童虐待とはどのようなことでしょうか。また、虐待を受けた子どもには、どのような対応をしたらよいのかについて学びましょう。

1 児童虐待と影響

　昨今、子どもの虐待死が急増していることは大変痛ましく残念なことです。本来、健やかに成長・発達していくはずの子ども達が、虐待によりどのような影響を受けるのでしょうか。生来障害はなくても、虐待を受けたために、言語遅滞や知的発達の遅れ、脳を始めとした心身の成長・発達が遅れる、という影響があることがわかってきました。虐待の影響を理解して、虐待の早期発見・早期対応、虐待防止の一助となれるような支援者を目指しましょう。

（1）児童虐待とは（児童虐待の定義、躾と虐待の違い、種別、実態、配偶者間暴力DV）
A　児童虐待の定義

　児童虐待防止法によれば、「保護者が、18 歳未満の児童に対して行う、①身体的暴行、②わいせつな行為をすること、また、させること、③著しい減食、長時間の放置、保護者以外の同居人による行為に適切な対応をとらないこと、④児童に対する暴言、拒絶的な対応、家庭における配偶者に対する暴力、心理的外傷を与える言動など。」と児童虐待を定義しています。上記の虐待の定義以外に、現時点で虐待実態がなくても将来に危険性のあるグレーゾーンの状態を、マルトリートメント（不適切な養育・関わり）といいます。児童虐待に関連する法律は、児童福祉法とこの児童虐待防止法等に関するものがあります。

B　躾と虐待の違い

　それでは「虐待」と「躾」とはどう違うのでしょうか？「躾」とは、国語辞典によると「社会生活に適応するために望ましい生活習慣を身につけさせること、人間社

会・集団の規範、規律や礼儀作法など慣習に合った立ち振る舞いができるように訓練すること」とあります。「虐待」とは「自分の保護下にある者（ヒト、動物等）に対し、長期間にわたって暴力をふるったり、日常的に嫌がらせや無視をするなどの行為を行うこと」を言います。躾と虐待の線引きが難しいとも言われますが、躾は、子どもにセルフコントロール力（自己調整力）を身に付けさせるために行うものです。反対に、虐待は養育者の感情を、暴力・暴言や罰という形で子どもに与えて緩和・発散することです。暴力や罰で自己調整力は身に付きません。躾と虐待は全く異なる概念と言えるのです。

C　種別と実態について

虐待の定義で記したように、虐待は以下の4つに大別されます。

①身体的虐待：段る、蹴る、熱湯をかける、布団蒸しにする、溺れさせる、逆さ吊り、異物を飲ませる、食事を与えない、冬戸外にしめ出す、一室に拘束する等の身体的暴行です。

②性的虐待：子どもへの性交、性的暴行、性的行為の強要・示唆、性器や性交を見せる等の行為、また、ポルノグラフィーの被写体等に子どもを強要する等です。

③ネグレクト（養育の放棄・怠慢）：衣食住の不適切な対応や環境、病気でも医者に診せない、乳幼児を自動車に放置、乳幼児を残し度々外出、家に閉じ込める、学校に行かせない等の保護の怠慢・拒否・放置により子どもの健康状態や安全を損なう行為です。

④心理的虐待：言葉による脅かし・脅迫、心を傷つけることを繰り返し言う、子どもの自尊心を傷つける言動、きょうだいと著しい差別をする等です。加えて、夫婦間のDV等を子どもの前で見せ苦痛を与える行為も、心理的虐待に含まれます。

虐待の実態として＜虐待の種類＞では、身体的虐待が一番多くなっています。また、＜虐待者＞としては実母が57.3％と最も多く、次いで実父が29.0％という数値が出ています。さらに、＜虐待を受けた年齢＞としては、小学生が35.2％と最も多く、次いで3歳から学齢前幼児が24.7％、0歳から3歳未満が18.8％という数値になっています。この結果から、小学校入学前の虐待を受けた子どもの合計は、43.5％と高い割合を占めています。

D　配偶者間暴力（DV）

DV（ドメスティック・バイオレンス）とは、配偶者や親密な関係のパートナーからの暴力をいいます。殴る蹴るなどの「身体的暴力」、怒鳴ったり侮辱する「言葉の暴力」、無視や行動制限する「精神的な暴力」、性的行為の強要等の「性的暴力」、生活費を渡さない等の「経済的な暴力」があります。夫婦間の暴力を子どもが目撃したり、暴力を受けていた母親が子どもに暴力をふるうという暴力の連鎖に繋がってしまう等、子どもへの影響は非常に深刻です。子どもへの虐待の陰に、配偶者間暴力の影響がないか等の注意が必要です。

（2）虐待が子どもに及ぼす影響

DV の目撃等も含めて、虐待が子どもに及ぼす影響についても理解しておきましょう。身体の発育・発達の遅れや言語・知的発達の遅れ、心理的な影響もあることがわかっています。

①身体的発育への影響：養育者から虐待を受けると、身長や体重が健常児に比べて極端に小さい（例えば、5 歳女児は 120cm前後が平均ですが 80cmしかない）、永久歯の歯牙がない等の発育不全、成長・発達への多大な悪影響を及ぼすといわれています。

②知的発達への影響：身体的虐待やネグレクト等により、脳機能の損傷や大脳辺縁系（海馬・扁桃体）が委縮して、知的障害等の脳の発育が阻害されることが明確になっています。

③心理的な影響：虐待によって「心に傷（トラウマ）が生じ心に様々な問題が起こる。劣等感や無力感を強くもってしまう情緒不安定、感情抑制が難しい、強い攻撃性などの精神症状がでる、良好な人間関係をつくることが困難」等が生じることがあります。このように虐待は心身全てに多大な影響を及ぼしますので、早期発見・早期対応・予防を心掛けたいものです。

2　虐待の発見と通告

虐待は早期発見・早期対応が重要です。保育現場で虐待に気付き、早期対応・通報等が保育者の担う役割として期待されています。ここでは発見や通告のポイントを学びましょう。

（1）児童虐待の発見のポイント

児童虐待が疑われる様子には、子どもの様子と保護者の様子を注意深く観察しま

しょう。

A　子どもの様子

季節に合わない服装をしている、衣服が酷く汚れて毎日同じ服を着ている、入浴していない様子で髪の毛がゴワゴワになっている。表情が乏しく受け答えが少ない、自暴自棄・乱暴な言動がある、おやつ等を貪（むさぼ）って食べる、お腹等に複数の火傷の跡がある、保護者といるとおどおどする、理由のはっきりしない欠席・遅刻・早退が多い、等です。

B　保護者の様子

「可愛くない、憎い」等の発言がある、子育てに対して強い不安がある、発達に適さない厳しい言動対応をする、理想の押し付けや年齢不相応な要求がある、等です。

上記した項目が当てはまるといって虐待とは限りませんが、こうした項目が見られる際は他の保育者とも相談しましょう。

（2）児童虐待の通告

児童福祉法第25条では国民の義務として「保護者に監護させることが不適当であると認める児童を発見したもの」は児童相談所等に通告（通知・知らせる）義務があるとしています。さらに、児童虐待防止法第5条では学校の教職員や福祉施設等の職務上関係のある人は「発見した者は、通告しなければならない」と規定されています。虐待の確証がない場合も通告の義務があり、通告者の保護も盛り込まれています。この場合、守秘義務（職務上知り得た個人情報を他に漏らしてはいけない）違反にはなりません。

3　虐待を受けた子どもに見られる行動

（1）虐待が疑われる子どもに見られる行動

乳幼児期には、過食・盗み食い・異食などの食行動の異常、痛みに対してほとんど反応しない。多動・乱暴、落ち着きがない、という行動もよく見られます。対人関係では、警戒的か、一見人懐っこいかの2つのタイプが認められます。集団内での問題行動や反抗的、攻撃的、指示に従わない、虚言傾向、動植物への残酷な仕打ち、盗み等の行動もみられることがあります。

（2）事　例

＜父親が兄への虐待を見聞きした子の事例：3歳男児A・3人兄弟の末っ子、幼稚園にて＞

> 　A児は誕生日会の教室移動やトイレに行く時等必ず列の一番でなければ気が済まず他の子どもを押し退けても一番に拘（こだわ）る。また、教員が高い所の物を取ろうと手を挙げると反射的に両手で頭を覆ってしゃがみ込む。⇒父親が長男（兄）に対して「何でも一番」を強要し、一番でないと朝方まで正座や、投げ飛ばす等の虐待をしていたことが判明し、専門家と対応した事例があります。

4　子どもの権利を守る関わり

（1）子どもの権利擁護について

　国連総会で採択された「すべての子どもは、子ども自身や親の人種、性別、意見、障がい、経済状況など、どのような理由でも差別されず、条約の定めるすべての権利が保障されます」という「子どもの権利条約（児童の権利に関する条約）」に1994年、日本も批准しました。

　生きる権利（すべての子どもの命が守られること）、育つ権利（もって生まれた能力を十分に伸ばし成長できるよう、医療や教育、生活への支援などを受け、友達と遊んだりすること）、守られる権利（暴力や搾取、有害な労働などから守られること）、子どもの最善の利益（子どもにとって最もよいことを第一優先する）、子どもの意見の尊重（意見を自由に表明し参加できること）等、すべての国の子どもの保護と対応の重要な判断の基準になる「子どもの権利条約」を私たちは熟知して、子どもの育成に関わっていきたいものです。

（2）子育て支援員が不適切な関わりを行わないための注意事項

　子育て支援員自身が、子どもに対して虐待や不適切な関わりを行わないために、どのようなことに注意したらよいでしょうか。「全国保育士倫理綱領」や「保育所保育指針」等も参考になります。また、㋐自分自身の健康状態や環境を良好に保つ、㋑子どもに100%の完璧を求めない、㋒子どもの発達段階の理解、㋓子どもの個性・特徴の理解、㋔イライラした時は深呼吸する、㋕他の保育者に話す、等を心掛けてみましょう。保育は「愛情豊かに応答的に関わる、受容的に受け止める」ことが重要です。一方的に怒ることは「応答的な関わり」とは言えません。「子どもがやりたいこ

となのか」、「大人がやらせたいと思っていることなのか」という視点で、子どもたちに「どう関わるか」が重要になることを理解しておきましょう。

5　社会的養護の現状

（1）社会的養護の理念

　社会的養護とは「保護者のいない児童や、保護者に監護させることが適切でない児童を公的責任で社会的に養育し保護すると共に、養育に大きな困難を抱える家庭への支援を行うこと」です。「子どもの最善の利益」と「社会全体で子どもを育む」ことを理念としています。

（2）社会的養護の実態

　要保護児童数の増加に伴い、ここ数十年で児童養護施設の入所児童数は 1.13 倍、乳児院が 1.2 倍、里親委託児童は 1.8 倍に増加しています。また、障害児等も養護施設に 23.4% 入所し、社会的養護の質・量共に拡充が求められるようになってきました。

（3）施設養護と家庭的養護

　社会的養護の方法には 2 種類あげられます。1 つは施設養護（児童養護施設や乳児院等）です。もう 1 つは家庭的養護（里親やファミリーホーム）です。里親に典型的に見られる「親と子ども」的な家庭環境で子どもを養育する取り組みで、規模が小さい施設（定員が 6 人等）もあり、このような小規模施設での施設養護も家庭的養護と呼びます。施設養護よりも家庭的養護の方が子どもにとっては望ましく、政府も可能な限り家庭的養護（里親委託やファミリーホーム）を推進しようとしています。この観点から、施設養護でも大規模施設より小規模施設のほうが望ましいとされ、最近では児童養護施設の小規模化（家庭的養護の推進）も進んでいます。

［引用・参考文献］

・公益財団法人児童育成会監修　松原康雄・圷洋一・金子充編集『社会福祉』（新基本保育シリーズ④）中央法規、2019 年

・須永進編著『事例で学ぶ保育のための相談援助・支援〜その方法と実際〜』同文書院、2014 年

・山懸文治・岡田忠克編『よくわかる社会福祉第 9 版』ミネルヴァ書房、2012 年

・厚生労働省：児童虐待の防止等に関する法律（平成十二年法律第八十二号）最終改正平成 16 年 6 月 1 日　https://www.mhlw.go.jp/bunya/kodomo/dv22/01.html

・文部科学省：「児童虐待の防止等に関する法律の一部を改正する法律」の施行について（通知）http://www.mext.go.jp/a_menu/shotou/seitoshidou/04121502/046.htm

7　子どもの障害

2020年の東京オリンピックとパラリンピック開催に際して観覧等の話題に湧いていますが、皆さんはTV等で視聴し応援しようと思っている競技はありますか？　水泳やテニス、バスケットボール等、障害があっても活躍が期待される選手や競技が沢山あります。

1　障害の特性についての理解

　最近の保育現場・子育て広場や学童クラブ、児童養護施設等には障害を持った子ども達も多数、来所・在園しています。同じ障害名と診断されていても、障害の特性や個人差が大変異なります。様々な障害の種類や特性について理解し対応できるように学んでおきましょう。

（1）発達障害について

　発達障害は「自閉症、アスペルガー症候群その他の広汎性発達障害、学習障害、注意欠陥多動性障害などの脳機能の障害で、通常低年齢で発症する障害」と発達障害者支援法で定義されています。ただし、最近では「自閉症、アスペルガー症候群その他の広汎性発達障害」は「自閉症スペクトラム」と総称で捉えられるようになってきました。発達障害は、ⓐ脳の機能障害であること、ⓑ低年齢（生まれつき・乳幼児期）で発症することが分かってきています。

①　自閉症スペクトラム障害（ASD）の特徴

　自閉症スペクトラム障害（ASD=Autism Spectrum Disorder）の「スペクトラム」は「連続体」という意味です。自閉症の特徴として、ⓐ言語発達の遅れ、ⓑ他者とコミュニケーションが取りづらい、ⓒ特定のもの・場所・行為への強いこだわり、などの3つの特徴が挙げられます。自閉症は知的・言語障害を伴う場合がありますが、アスペルガー症候群はⓐの言語発達の遅れや知的障害はありません。知的レベルの高い人もおり、研究者や芸術家も多数います。このアスペルガー症候群は、最近では、高機能自閉症と同様と捉えられています。

② 注意欠陥多動性症候群（ADHD）の特徴

　注意欠陥／多動性症候群（ADHD = Attention Deficit/Hyperactivity Disorder）は、アメリカ精神医学会の診断基準 DSM-5 で「年齢あるいは発達に不釣り合いな注意力、及び又は衝動性、多動性を特徴とする行動障害で、社会的な活動や学業の機能に支障をきたすもの」と規定されています。ADHD は、1）注意欠陥／優位型、2）多動・衝動性優位型、3）混合型＜ 1）と 2）が合わさった＞の 3 種類に分類され 3）の混合型が一番多く 8 割近くいるといわれています。また、ADHD は神経伝達物質のドーパミン不足による機能障害と判明しており、投薬により、落ち着きがない、集中力が続かない等の症状を改善することができるといわれています。

③ 学習障害（LD）の特徴

　学習障害（LD = Learning Disabilities）は「基本的には全般的な知的発達に遅れはないが、聞く、話す、読む、書く、計算する又は推論する能力のうち特定のものの習得と使用に著しい困難を示す様々な状態を指すものである。学習障害は、その原因として、中枢神経系に何らかの機能障害があると推定されるが、視覚障害、聴覚障害、知的障害、情緒障害などの障害や、環境的な要因が直接の原因となるものではない」（下線部は筆者）と文部科学省のホームページに記載されています。学習障害は教科学習が本格化する小学校の中学年以上になると顕著になるといわれています。「聞く、話す、読む、書く、計算する、推論する」の 6 項目の 1 つだけが難しい、あるいは 2 〜 3 項目が重複した特徴を持つ人もいます。米・英等の英語圏では「読む」ことが難しい「ディスレキシア」の特徴を持つ人が多いようです。

（2）視覚・聴覚障害、知的・言語障害、肢体不自由について

　障害児とは「身体に障害のある児童、知的障害のある児童、精神に障害のある児童」と児童福祉法第 4 条第 2 項に記されています。障害の種類としては、視覚障害、聴覚障害、言語障害、知的障害、肢体不自由、発達障害等が主に挙げられます。発達障害以外の障害についても、理解して、対応できるようにしておきましょう。

① 視覚障害

　視覚障害とは、ⓐ盲とⓑ弱視に大別されます。弱視の種類にも「視野狭窄、中心暗転」等があり、視覚以外の聴覚や臭覚、触覚、味覚等の感覚育成を通して発達する子どもが多いです。

② 聴覚障害

　聴覚障害とは「聴覚の構造や機能に障害があり、音が聞こえにくい、聞き分けづら

い状態」をいいます。伝音性難聴は外耳と中耳、感音性難聴は内耳と原因部位により分かれます。伝音性難聴は外耳炎や中耳炎が原因になることが多く、早期発見・早期対応が大切になります。

③　知的障害

知的障害の共通の目安は「1 知的な能力発達に明らかな遅れがある、2 適応行動する事に明らかに難しさがある、3 障害が発達期（18 歳まで）に起こっている」という3 点です。知的機能の基準を知能指数（IQ）で表し、知的機能水準（IQ レベル）を 4段階で表します。

軽度：IQ70 〜 55、中等度：55 〜 35、重度：35 〜 20、最重度：20 以下

（筆者作成）

④　言語障害

言葉発達には段階があり、生後 2 ヶ月頃から「あー、うー」等の喃語に始まり、「ワンワン来た」等の 2 語文へと発達します。言葉発達と知的発達は密接な関連があります。言語障害には 1）構音障害、2）言語発達遅滞 [言語理解能力の遅れ]、3）吃音 [言葉の流暢性障害]、4）聴覚障害、5）音声障害 [発声問題]、6）自閉的傾向 [脳の機能障害に起因] 等があります。

⑤　肢体不自由

肢体不自由とは「両手足と体幹（心臓等の臓器を含まない）に不自由や障害がある」ことをいいます。原因としては脳性まひが 8 割を占め、出生前に原因がある場合が多いです。また、脳性まひには、痙直型・アテトーゼ型・失調型・混合型等の特徴があります。

2　障害の特性に応じた関わり方・専門機関との連携

障害には、前項1で記したように、様々なものがあります。障害の特性を理解すると共に、障害特性に応じた関わり方が必要になります。また、地域や専門機関との連携や協力がとても大切です。

（1）障害特性に応じた保育支援や発達援助の理解

障害特性に応じた保育援助や支援をするために、次頁の 3 項目を充分理解しておくと、より良い支援が可能になります。目の前の子どもと遊びなどを通して観察して、

好きな事・得意な事、苦手な事や癖などをしっかり理解しておくことが大変重要になります。

①一般的な子どもの発達段階や発達過程を学んでおく。
②各障害について、それぞれの障害特性を理解しておく。
③障害児、一人ひとりの個性や特性（好きな事や苦手な事）を観察して理解する。

（2）特別な支援を必要とする子どもの発達を促す生活や遊びの環境

　医師による診断や障害名が同じでも、育った環境や一人ひとりの子どもの個性や特性も異なります。また、診断はされていないけれど、気になる様子や状態がある場合もあるでしょう。子どもの特性をしっかり理解した上で、子ども自身が安心して楽しく過ごせる環境設定が必要となります。例えば、知的障害や自閉的傾向がある子どもの朝の支度を促すために、絵カード等の視覚教材を使用するのも有効です。さらに、子どもの好きな絵本や遊びを一緒に繰り返し行い見守ることで、信頼関係を築くことができるでしょう。

（3）子ども同士の関わり合いと育ち合い（共生とインクルージョン）

　保育者や健常児と共に生活をする中で、さまざまな刺激を受けます。日常生活を共にする事で、保育者や健常児を見て模倣しながら食事、衣服の着脱、手洗い・うがい、排泄等の自立が進んでいきます。障害児との関わりを通して、健常児も子どもなりに「みんな違ってみんないい」という個性や特性の違いを受け入れつつ思いやりの心が育っていくでしょう。「一人ひとりの違いや個性を求めつつ」共に育っていくことが重要です。この事は、障害者基本法第1条の「全ての国民が、障害の有無によって分け隔てられることなく、相互に人格と個性を尊重し合いながら共生する社会（共生社会）」を目指す考え方だといえるでしょう。

（4）地域や専門機関との連携

　障害の有無に係らず、保育していく上で、保育現場がある地域や専門機関との連携・協力が必要になります。臨床心理士やカウンセラーの巡回で、具体的なアドバイスを貰ったり、就学前に医師に相談、地域や専門家の人的資産を有効に活用・連携することが必要になります。

3 障害児支援等の理解

（1）障害児支援制度の概要

2006 年に「障害者が能力や適正に応じて自立した生活を営めることを目的」とした「障害者自立支援法」が施行されました。さらに、2010 年には「障害者自立支援法改正案」が制定施行されています。この法律に関連して児童福祉法も改正されて、障害種別に分かれていた施設を一元化して、放課後等デイサービスや保育所への訪問支援も実施されるようになりました。また、障害児の範囲を改めて、知的障害と身体障害のある児童に加え「発達障害児」も含めることになりました。ショートステイや通所施設（児童発達支援、放課後等デイサービス）、入所施設（福祉型・医療型）、相談支援等の利用や支援体系が整いつつあります。

（2）障害児支援サービスの実情と最近の動向

障害児保育は幼稚園や保育所、こども園等の通園施設で実施されています。地域の保健所や療育センターでは、障害児や保護者向けの相談所も多くなっています。さらに、医療機関、専門相談機関、地域の民生委員等も連携・協力できる体制が整えられています。また、市区町村から補助金を得て支援サービスを実施する NPO 法人の療育施設も増加しています。レスパイト（Respite ＝息抜き）サービスも公的事業、民間等で実施されるようになってきました。

（3）障害のある子どもの保護者支援

子育てには不安や迷いがつきものです。障害がある場合、障害の特性も理解して対応しなければならず、負担を考えると保護者支援が大変重要になります。①保護者の気持ちに寄り添い、②障害児の特性や対応方法の援助や助言、③障害児の兄弟姉妹への支援、④障害受容への援助、⑤専門家等への橋渡しなどが必要となります。まずは、障害児や保護者との信頼関係を築いて、保護者の良き理解者となって他の職員と協力して相談援助をすることが望まれます。

[引用・参考文献]

・谷田貝公昭・石橋哲成監修、青木豊他『新版　障害児保育』一藝社、2018 年
・文部科学省「特別支援教育について　発達障害とは」
　　　http://www.mext.go.jp/a_menu/shotou/tokubetu/hattatu.htm
・日本版 PRIM 作成委員会編、榊原洋一・佐藤暁『発達障害のある子のサポートブック』学研
　　　プラス、2014 年
・柴崎正行編著『障がい児保育の基礎』わかば社、2014 年

8 総合演習

基本研修で学んだことは保育や子育て支援の際に欠かせない知識です。学びを定着させるためには、どのような課題を設定し、取り組めばよいのでしょうか。

1 総合演習の目的

　総合演習は基本研修で学んだことを定着させるための科目です。そのため、総合演習の目的は、（1）履修した内容についての振り返りを図るためのグループ討議、（2）子育て支援員に求められる資質についての理解の確認、（3）履修した内容の総括と今後の課題認識の確認、となります。なお、（1）のグループ討議の進め方については、地域保育コースの科目「グループ討議」（184頁）を参考にしてください。

2 総合演習の内容

　総合演習の内容は、次の（1）から（5）の項目のいずれかをテーマとして取り上げて、グループ討議や事例検討によって学習した内容が定着するようにします。

（1）子ども・子育て家庭の現状の考察・検討
　・多様な子ども・子育て家庭の状況やニーズ及びその背景について、等
（2）子ども・子育て家庭への支援と役割の考察・検討
　・支援の対象となる子どもの発達や成長について
　・子ども・子育て家庭への支援の意味と役割について、等
（3）特別な支援を必要とする家庭の考察・検討
　・特別な支援を必要とする家庭の理解について
　・「子どもの最善の利益」の意義について、等
（4）子育て支援員に求められる資質の考察・検討
　・社会性、公平性、子どもや家庭の特性への対応について、等

（5）専門研修の選択など今後の研修にむけての考察・検討
・基本研修の履修後の子育て支援に対する理解について
・専門研修の履修に向けた基本研修の意義について、等

3　レポートによる代替

　総合演習は、レポートを提出することで代替することができます。レポートを作成する際は、以下の３つに留意してください。

（1）前項で示した１から５までのなかからテーマを選択します

　例えば、総合演習の内容「（2）子ども・子育て家庭への支援と役割の考察・検討」から「支援の対象となる子どもの発達や成長について」を選択したのなら、選択したテーマがわかるようにレポートに記載します。

（2）テーマと関係のある基本研修を確認する

　大きなテーマのままレポートを作成しようとすると、内容にまとまりがなくなり、伝わりません。そこで、テーマと関係のある基本研修を確認します。この例では、「子どもの発達」が該当します。この科目では、「発達への理解」、「胎児期から青年期までの発達」、「発達への援助」、「子どもの遊び」の４つの項目が含まれます。ここから１つか２つ選んでください。

（3）選んだ項目について、学んだことや課題等をまとめます

　例えば、「発達への理解」を選択した場合は、発達とは保育者が子どもに一方的に働きかけることではなく、保育者をはじめとする人的、物的な環境と子どもとの相互作用であることを学んだというように、学んだことを振り返りつつ整理していきます。

　レポートでは、基本研修で学んだことを整理するだけではなく、保育や子育て支援をする際に学んだことをどうやって活用していくか、そのためにはさらに何を学ぶ必要があるのかも考えるようにしてください。それが今後の課題です。

　なお、ここでは「子どもの発達」という１つの科目を取り上げましたが、複数の科目から論じる箇所を抽出してもよいです。

第3章

放課後児童コース

① 放課後児童健全育成事業の目的及び制度内容

放課後児童健全育成事業（放課後児童クラブ）は、年々増加し続けています。いま、この事業は社会から何を求められ、我が国の法律及び子ども子育て支援新制度の中でどのように位置づけられているのでしょうか？

1　放課後児童健全育成事業（放課後児童クラブ）の目的

　まず、下のグラフ（厚生労働省「放課後児童クラブ関連資料」、2018年5月1日現在）をご覧ください（図表3-1）。

　全国の設置個所数は、25,328か所に及び、利用児童数は1,234,366人を数えています。この数字は、小学校はもとより乳幼児保育所の設置個所数をも上回る数になっています。あわせて、この20年間にわたって2.5倍以上も増加していることや、年々右肩上がりを維持していることもわかります。さらに、利用できていない児童（待機児童）数は、いまだに17,000人を上回っていることも看過できない状況です。

図表 3-1　クラブ数、登録児童数及び利用できなかった児童数の推移

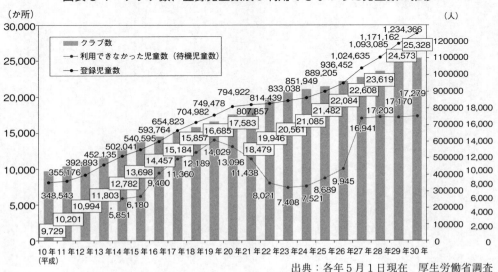

出典：各年5月1日現在　厚生労働省調査

　なぜ、これほどまでに増加の一途をたどっているのかについては、乳幼児保育所と同様に両親共働き家庭や離婚率の増加に伴い、「働く親」が増え続けている点が背景にあります。さらに、交通事故や不審者による被害の不安感も相まって、放課後にわが子の安全を確保してくれる人と場所へのニーズが高まっているのです。こうした社会的背景と働く親たちのニーズに比例するように、放課後児童クラブは増え続けている現状をまずは確認しておきましょう。

　ところで、我が国の放課後児童クラブはいつ頃から始まったのでしょうか？　名称だけの点からいえば、図表 3-1 のグラフの通り、平成 10（1998）年から始まったといえます。厳密には、1997 年に児童福祉法の第 6 条の 2 第 2 項（当時）で「放課後児童健全育成事業」として明記（法制化）され、翌 98 年に施行されました。

　もちろん、その以前にも放課後児童クラブは存在しており、一般的には「学童保育所」という名称で親しまれていました。戦後、働く親たちが小学生になるわが子の放課後保育の必要性を強く感じ、全国各地で草の根式に広がっていったという経緯があります。このような中で、当時の文部省や厚生省からの後押しを受けるようになり、遂に 1997 年に児童福祉法へ明記されるに到ったのです。

　そして、現在は児童福祉法第 6 条の 3 第 2 項に、以下の通り位置づけられ、事業の目的が明示されています。

児童福祉法第 6 条の 3 第 2 項

　この法律で、放課後児童健全育成事業とは、小学校に就学している児童であつて、その保護者が労働等により昼間家庭にいないものに、授業の終了後に児童厚生施設等の施設を利用して適切な遊び及び生活の場を与えて、その健全な育成を図る事業をいう。

（下線筆者）

2　放課後児童健全育成事業の一般原則とその役割

　前節の通り、いわゆる留守家庭児童を対象として、放課後の時間帯に「①適切な遊び及び生活の場」を与えて、「②健全な育成」を図ることを目的として、法律で明記されました。

　それでは、この①と②をさらに具体化していくとどのようになるのでしょうか？この具体化こそが放課後児童健全育成事業の一般原則とその役割になります。そこで、次節でも紹介する「放課後児童健全育成事業の設備及び運営に関する基準（以下、設備運営基準）」の第 5 条第 1 項を見てみましょう。

> **設備運営基準第5条（放課後児童健全育成事業の一般原則）第1項**
>
> 　放課後児童健全育成事業における支援は、小学校に就学している児童であって、その保護者が労働等により昼間家庭にいないものにつき、家庭、地域等との連携の下、<u>発達段階に応じた主体的な遊びや生活</u>が可能となるよう、当該児童の<u>自主性、社会性及び創造性の向上、基本的な生活習慣の確立等</u>を図り、もって当該児童の健全な育成を図ることを目的として行われなければならない。

　ここで下線部（筆者による）の通り、「発達段階に応じた主体的な遊びや生活」が①の「適切な遊び及び生活の場」に相当し、「自主性、社会性及び創造性の向上、基本的な生活習慣の確立等」が②の「健全な育成」に相当することがわかります。

　この点を踏まえると、対象となる児童（児童期）の発達段階を理解した上で、個々の児童の意思決定を尊重することが求められています。また、単に児童を見守るだけでなく、個々の児童が自ら考え行動でき、他者と協調・協働できるように支援し、創造的な力を高めていく役割もあるのです。

　それこそが、適切な遊び及び生活の場を提供し、健全な育成を図る放課後児童健全育成事業の一般原則及び役割になります。

3　放課後児童健全育成事業の設備及び運営に関する基準及び放課後児童クラブ運営指針の内容

　放課後児童健全育成事業は、児童福祉法第6条に位置付けられた内容が、設備運営基準などでさらに具体化されていきました。まずは、厚生労働省省令第63号として「設備運営基準」が、そして局長通知として「放課後児童クラブ運営指針（以下、運営指針）」ができました。これらは、放課後児童クラブ（学童保育）の歴史から見ても、極めて画期的なこととしてとらえられるでしょう。

　なお、設備運営基準には、先ほどの第5条をはじめ全21条の条文が明記されており、そこには児童1人につきおおむね1.65㎡以上必要であること（9条）、1支援単位が40人以内であることや放課後児童支援員（以下、支援員）及び補助員の配置が必要であること（10条）などが示されています。また、この設備運営基準に基づき、同年には各市町村の条例も策定・施行されました。

　運営指針は、全国の放課後児童クラブが望ましい方向を目指していくために策定されました。全7章で構成されており、特に育成支援の基本的な考え方（第1章）や6〜12歳の児童期の発達の特徴（第2章）、支援の具体的な方法や障がいのある子ども

への対応、保護者との信頼関係の構築（第3章）について書かれています。また、職場倫理（第8章）が示されたのも特筆すべき点といえるでしょう。

② 放課後児童クラブにおける権利擁護とその機能・役割等

放課後児童クラブに従事する上で、専門的な知識が必要です。特に、その前提でもある対象児童に保障されるべき子どもの権利とはどういったものでしょうか？　また、この権利をどのように意識していけばよいでしょうか？

1　放課後児童クラブにおける子どもの権利に関する基礎知識

18 歳未満の「子ども」だからこそ護られるべき権利があります。それは、日本だけでなく、国連によって「子どもの権利条約（児童の権利に関する条約）」として 1989 年に採択された国際レベルの権利です。我が国は 1994 年に締約国として名を連ねることとなり、以降はこの子どもの権利を護っていく国になったのです。

「子どもの権利条約」は、前文と本文全 54 条で構成されており、「生きる権利」「育つ権利」「守られる権利」「参加する権利」といった大きくは 4 つの権利を子どもの最善の利益のために護っていかねばならないと示されています。

ここでは、これらすべての権利について紹介することはできませんが、特に放課後に関係する以下の条文を見てください。

子どもの権利条約（児童の権利に関する条約）

第 12 条　1．締約国は、自己の意見を形成する能力のある児童がその児童に影響を及ぼすすべての事項について自由に自己の意見を表明する権利を確保する。この場合において、児童の意見は、その児童の年齢及び成熟度に従って相応に考慮されるものとする。

第 31 条　1．締約国は、休息及び余暇についての児童の権利並びに児童がその年齢に適した遊び及びレクリエーションの活動を行い並びに文化的な生活及び芸術に自由に参加する権利を認める。

第 12 条は意見を表明できる権利です。子どもたちが自由な放課後の時間に、自分の意思や主張を大人たちから拒否されることのないようにしなければなりません。た

だし、大人たちはなんでも子どもの意見を受け入れるということではなく、いったん受け止めた上で受け入れることもあれば、ときには別な提案や示唆を与える場合もあります。お互いの意見が異なっていれば、そこから平和的な合意形成を図ることが大切です。

　第 31 条は、余暇・遊び・文化的活動ができる権利です。放課後児童クラブは生活と遊びの場です。ぼーっとすることも含めて、子どもたちが余暇や遊びに没頭できる時間をできるだけ確保したいものです。大人の勝手な価値観で「遊んでばかりではなく○○しなさい！」などと押し付けることはくれぐれも控えるようにしましょう。

2　放課後児童クラブの社会的責任

　子どもだからこそ護らなければならない権利があることを知った上で、権利擁護の意識に立って放課後児童クラブが果たすべき社会的責任を確認していきましょう。

　まず、虐待の禁止と予防です。この点については、次項で説明します。次に、差別の禁止です。子どもや保護者の国籍や信条・社会的身分などで差別的な扱いをすることは、当然のことながら禁止されています。

　こうした虐待や差別の禁止を踏まえて、さらに放課後児童クラブでは子どもたちの生命を護るために危機管理や衛生管理に努めなければなりません。いくら自由な放課後の主体的な生活と遊びの場だとはいえ、子どもの身体に危険が及びそうなときには、毅然とストップをかけられるようにしましょう。

　あわせて、子ども同士の誹謗中傷やいじめに対しても注意が必要です。もし仮にそのような事態が起きた場合にも、放課後児童クラブでは毅然とストップをかけなければなりません。誰かの「なんでもアリ」が、誰かの「なんでもナシ」を生み出してしまいかねないことを肝に銘じておきたいものです。

　ここまでは、子どもに直接かかわってくる社会的責任でしたが、さらに個人情報保護法に則った守秘義務とプライバシー保護についても遵守していかなければなりません。職場を通じて知り得た子どもやその家庭の情報を口外したり SNS 等で発信したりすることは禁じられています。また、職場内で管理している様々な子どもや家庭の情報源についても、鍵をかけられるロッカーへの保管やパスコードをかけたパソコンでの保管が求められています。

　もう一つ、放課後児童クラブに従事する職員たちにとって、自己研鑽や相互研鑽も社会的責任といえるでしょう。支援員や補助員は、マニュアルに則ってできる仕事ではないため、常に「これでよかったのだろうか？」と振り返りながら、そこから新し

い気づきを見出し、高め合っていくことが必要です。職場内での事例検討や様々な研修会での学びを通じて、質的な向上に寄与していただけることを願っています。

3 利用者への虐待等の禁止と予防

前節の社会的責任でもふれた虐待の禁止ですが、ひとことで虐待といっても、虐待には以下の通り大きく4種類に分けることができます。

①身体的虐待

多くの場合、「体罰」として該当するものです。指示の通りにくい子どもへ叩くなどの行為はもちろん該当します。また、一定時間以上続けて立たせたり正座させたりした場合についても該当しますので注意が必要です。

②性的虐待

男性職員が女子児童へといった性的な虐待もありますが、最近では女性職員が男子児童へ、さらには異性に限らずといったこともあり得ますので注意しておきましょう。

③精神的虐待

上の①と②については見えやすくわかりやすい虐待でしたが、この精神的虐待は精神面へダメージを与えているため、とてもわかりにくくなってしまいます。特に、言葉がダメージの原因になりやすいので要注意です。「あなたなんかうちのクラブの子どもじゃないよ！」とつい口にした言葉が、その子を深く傷つけてしまう場合があります。何がその子を傷つけてしまったのか判別が難しいため、職員間でも注意し合うことをおすすめします。

④ネグレクト

ネグレクトは「育児放棄」とも訳せるため、親子関係だけに起こり得る虐待だと思われがちですが、放課後児童クラブの中でも起き得るものです。特に、子どもに不利益な事態が生じているにもかかわらず、それを知っていてなお無関心を続けることはネグレクトそのものとなります。例えば、「うちの子どもがクラブでいじめられているんです」という相談を受けていたのに、一向に対応をしないというケースはネグレクトに該当するでしょう。

このように、虐待にも4つの種類があることを知った上で、子どもたちをクラブ内で被虐待児にしないよう、職員間で注意し合い予防に努めていきましょう。

4　放課後児童クラブにおける保護者との関わり方や学校、保育所・幼稚園等及び地域との連携

（1）保護者との関わり方

　近年、福祉や教育の分野にまで「消費産業化」が浸透してきています。例えば、「お金さえ払っておけば、あとは預けっぱなしでいいんでしょ！」という考え方です。まるでモノを買うような感覚で福祉や教育を利用されることは、決して子どもたちの最善の利益にはつながりません。やはり、子どもを中心にしながら、保護者と放課後児童クラブとはパートナーになる必要があるのです。

　もちろん職員側は自らの責任を果たさなければなりません。同時に、保護者側もわが子が18歳になるまでの間、児童擁護義務があります。この責任や義務を持つ両者が、それぞれの責任や義務を押し付け合うのではなく、共にわかち合える関係こそがパートナーとなる上で重要といえるでしょう。

　この点を保護者たちと説明会等の機会を使って共通認識を図りたいものです。そして、保護者たちと日常的に連絡を取り合う中で、保護者からの理解と協力を得ていきたいものです。

（2）学校、保育所・幼稚園及び地域との連携

　放課後児童クラブは、保護者と連携するだけでなく、子どもたちを中心として学校や保育所・幼稚園、さらには地域と連携していく必要があります。例えば、次頁の図表3-1をご参照ください。小学校との連携といっても、校長先生や教頭先生との連携もあれば、担任の先生、保健室の先生との連携もあります。それぞれの先生方の役割に応じて、必要な連携をしていきましょう。

　また、保育所や幼稚園との連携も欠かせません。特に、発達障がいのある子どもをはじめとした特別なニーズのある子どもについては、クラブへ入所する前から保育所や幼稚園との情報共有をおすすめします。さらに、地域となると町内会や公民館、児童館、お店や個人に至るまで、様々なところで連携をしていくことになるでしょう。

　このような連携については、連携しなければならない義務的な関係ではなく、むしろお互いにとって有益（WIN&WIN）な関係にしていきたいものです。そして、開かれた放課後児童クラブを目指していきましょう。

図表 3-1　放課後児童クラブの連携

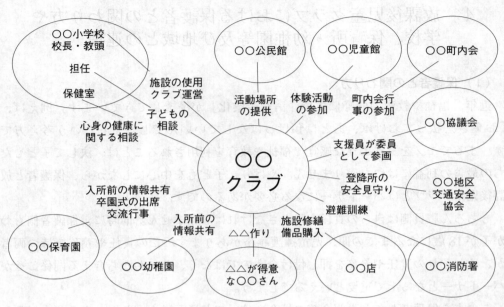

③ 子どもの発達理解と児童期 （6歳〜12歳）の生活と発達

小学生（6〜12歳）の発達段階は一般的に「児童期」と呼ばれています。この発達段階の特徴を知った上で、子どもとかかわることが求められています。それでは、児童期の発達には一体どんな特徴があるのでしょうか？

1　子どもの発達理解の基礎

　まずは、「発達」そのものについて理解をしておきましょう。発達とは、広い意味での環境（自分以外のすべての人・もの・こと）から影響を受けながら、変化していく過程であると定義されています。

　ここで重要なポイントは、発達は自分一人で勝手にするのではなく、周囲からの影響を多分に受けているという点です。「オギャー」と生まれてきたときから身を置く家庭環境に始まり、その後の保育所や幼稚園、小学校や地域、そして放課後児童クラブ…これらの環境の中で個々の子どもの発達は、それぞれに異なってくるわけです。

　そして、もう一つ重要なポイントは、発達は変化の過程を指しているという点です。何かができるようになるということばかりが発達なのではなく、ともすれば何かができなくなることも発達（＝変化）なのです。従順に大人の言うことを聞き入れられていた子どもが、変化の過程の中でそれができなくなることもあります。この変化は、一方で自分の意思をはっきりと持つことができるようになったともいえるでしょう。

　このように発達をとらえると、変化していく過程の中で「行きつ戻りつ」を繰り返してみたり、何かができるようになる一方で、ほかの何かができなくなってきたりということもあり得るのです。さらに、変化していく過程は決して子どもだけではありません。大人もまた変化しています。「生涯発達」という言葉があるように、子どもも大人も一生涯にわたって変化し続けていることを忘れてはならないでしょう。

　この生涯発達には、年齢という客観的な指標に基づいた「発達段階＝ライフステージ」があります。0〜1歳未満を乳児期といい、1〜6歳までを幼児期、そして6〜12歳までを児童期といいます。以降も、青年期（13〜20歳頃）や成人期（20代・

72

30代）、壮年期（40代・50代）、老年期（60代以降）と呼ばれています。これらの発達段階ごとに特徴があり、その特徴は一般化されています。そのため、一般化された発達段階の特徴を理解し、目の前にいる個々の子どもの現状を探っていくのです。

　ただし、あくまでも多くのデータに基づいた一般的な特徴であるため、必ずしも個々の子どもに当てはまるとは限りません。したがって、一般論と比較してより早く何かができているからと喜んだり、できていないからと心配したりするのではなく、子どもの現状をとらえるための「地図」として活用することをおすすめします。

2　発達面からみた児童期（6〜12歳）の一般的特徴

　小学生の時期に該当する児童期の一般的な特徴を説明する上で、身体的な発達と精神的・社会的な発達の2つに分けておきます。

（1）身体的な発達

　一般的に、児童期の子どもたちの筋肉や骨（一般型）は、大人の半分程度の発育を示しています。そのため、筋トレのような活動や、特定の動きに限定されたような活動はおすすめできません。しかし、頭の大きさや脳の重さ（神経型）は、おおむね10歳頃に大人と同レベルになるため、力の差さえなければ、大人と同じように動くことができるといわれています。

　だからこそ、生活と遊びの場を通して、指先を動かしたり、バランスをとったり、体全体を動かしたりといろんな動きをすることが望ましいのです。このとき大人は、子どもの動きに制限をかけ過ぎないように気を付けなければなりません。

（2）精神的・社会的な発達

　低学年（1・2年生）の時期は、まだ幼児期のような自己中心性が残っています。そのため、自分の主張を押し通そうとするような子どもも少なくはありません。しかし、次第に周囲が見えるようになってくる時期でもあります。そのため、気の合う仲間（同質集団）を探し始めます。特に、同じ活動（主に遊び）に興味・関心を示す子ども同士がつながっていく傾向が見られるでしょう。

　中学年（3・4年生）の時期になると、さらに周囲が見えてきて、大人という異質な他者に気づき始め、心理的な距離を取り始めます。そのため、これまで従順に大人の指示を聞いてくれた子どもも、改めて理由を尋ねてきたり、はっきりと拒否してきたりという姿も見られます。そして、子どもたちの中で自分たちのルールをつくり、

そのルールを重視するようになります。同時に、頭の中でも様々な思考ができるようになり始め、現実とファンタジーを区別したり、辻褄の合っていないことに違和感を持ったりするようになります。これらの変化が、大人たちから「生意気」「反抗的」という印象を持たれがちです。9・10歳の節目といわれる「ギャングエイジ」が「子どもが生意気になる時期」と誤解されるのも、このような特徴からでしょう。しかし、大人に依存していた時期から、自分の頭で考えて自律し始める時期へと移行し始めたと考えてみてください。むしろ、大人への第一歩を踏み出し始めた大切な時期としてとらえたいものです。

　高学年（5・6年生）は、思春期を控え始めて精神面と身体面のバランスが崩れやすく、理想の自分と現実の自分とのギャップに不安感を抱く時期でもあります。そのため、自らを安定させられるような居場所を求めるようになってくるでしょう。ゲームや井戸端会議などを、単なる娯楽のためでなく自らを安定させるために行っている場合もありますので、大人からむやみに禁じることはリスクが伴います。まずは、その子がやっていることの意味をしっかり見極めておきましょう。

3　子どもの遊びや生活と発達

　このように、児童期の発達の一般的な特徴を知った上で、日常的な遊びや生活の場面でどのように支援していけばよいのかを考え、実践に移していくことが育成支援です。

　しかし、そのためにはやはり個々の子どもの発達の現状へと注意を向けていかなければなりません。例えば、同じ1年生であっても「いれて！」とはっきり言ってから遊びに入れてもらう子どもと、それができない子どもがいるのです。後者の子どもがどうして「いれて！」と言えないのか、その理由について丁寧に検討していく必要があるでしょう。その上で、どのような支援をすればその子が「いれて！」と言えるようになるのか、支援のための方針を立て、実際の支援に移していきます。

　一人ひとりの子どもが、遊びや生活のあらゆる場面の中で、自分一人でできていることは何か、ほかの人たちの支援があればできそうなことは何かを見出していくことは、放課後児童クラブで子どもとかかわる上で、とても大切な専門性であることを知っておいてください。

④ 子どもの生活と遊びの理解と支援

放課後児童クラブで子どもの健全な育成を支援することを「育成支援」と呼びます。この育成支援は実際にどのようなことをするのでしょうか？　また、そのためにはどんなことを大切にしていけばよいのでしょうか？

1　放課後児童クラブにおける育成支援の基本

　放課後児童クラブにおける育成支援の基本として、運営指針に書かれている以下の内容（下線部は筆者による）を確認しておきましょう。

> **放課後児童クラブ運営指針　第1章**
> **3（1）放課後児童クラブにおける育成支援**
> 　放課後児童クラブにおける育成支援は、<u>子どもが安心して過ごせる生活の場としてふさわしい環境を整え、安全面に配慮しながら子どもが自ら危険を回避できるようにしていく</u>とともに、子どもの発達段階に応じた主体的な遊びや生活が可能となるように、自主性、社会性及び創造性の向上、基本的な生活習慣の確立等により、子どもの健全な育成を図ることを目的とする。

　科目②で紹介した設備運営基準第5条とも重なる内容ですので、重なっているところの説明は割愛します。特に、前半の下線部を見ると、まず「子どもが安心して過ごせる生活の場としてふさわしい環境を整える」ことが育成支援として掲げられています。ここでいわれている「環境」は、単に物的な環境だけでなく、人間関係などの人的な環境も含まれています。つまり、安心できる人間関係を支援員や補助員と子ども、子ども同士の中で築くことが育成支援の重要な柱なのです。

　そのためにも支援員や補助員には、その時々の子どもの思いや感情を共にわかち合うことで、子どもから「何か困った（うれしかった）ことがあれば、この人に伝えたい！」と思ってもらえるような関係づくりが求められます。同時に、子ども同士の安心できる関係づくりも大切です。子どもたちが、ほかの子どもとつながりたいと思えるような環境にしていきましょう。

　また、安心できる人間関係に加えて、安全面への配慮も育成支援の中で欠かせません。ただし、年中「危ない！」「やめなさい！」などの声かけがクラブに飛び交っていればよいわけでもないのです。「子どもが自ら危険を回避できる」ための教育も必要なのだと掲げられています。

　つまり、いつも子どもの危険な行為を止めて終わりにするのではなく、これ以上続けていたら、自分は周囲の人たちはどうなっていただろうかと想像できるような問いかけも求められるのです。また、クラブ全体の子どもたちと危険だったことについて共有したり、必要に応じてクラブのルールやきまりを変更したりという働きかけもできます。

　一人ひとりの子どもが、自ら危険を予測し、判断し、危険なことへ対応できるように教育することも育成支援なのです。また、子どもの自主性、社会性及び創造性の向上を支援することももちろん教育です。つまり育成支援とは、子どもの思いや感情を共に分かち合い安心感を生み出すケア的な支援と、子どもの生命や身体を守るための養護的な支援と、先ほどのような教育的な支援とが一体となっていることがわかります。

　なお、具体的な育成支援の内容としては、運営指針第3章1. 育成支援の内容の中で、以下の9項目が挙げられます。

　①子どもが自分の意志と足で児童クラブへ通えるための支援
　②子どもの出欠席と心身の健康状態の把握及び援助
　③子どもが見通しを持って主体的に過ごせるための支援
　④基本的な生活習慣を習得できるための支援
　⑤発達段階に応じた主体的な遊びや生活の支援
　⑥子どもが放課後児童クラブの生活にかかわるための支援
　⑦子どもの栄養面・活力面に必要なおやつの提供
　⑧安全な環境の整備、緊急時の対応
　⑨保護者への連絡・伝達と保護者との連携

2　子どもの遊びと発達

　支援員や補助員は子どもの遊びを見守るだけでなく、子どもに新しい遊びを提案することもあります。しかし、ときには遊びを終えた子どもの中から「もうあそんでいい？」と言われてしまうという事例を耳にします。この事例はとても興味深く、「遊び」とは何かを考えさせられます。

　広く考えると「遊び」には、「（自分が）楽しいからやりたい！」という自分の内側

図表 3-1：遊びの中で伸びていく力の例

身体的な力	運動能力、体力、敏捷性、器用さ、バランス感覚 …など
知的な力	想像力、創造力、言語能力、量認識力、形認識力、空間認識力 …など
そのほかの力	自制心、忍耐力、気遣い、好奇心、楽観性、コミュニケーション力 …など

出典：著者作成

からこみ上げてくる意欲（内発的意欲）こそ必要なのです。先ほどの子どもは、提案された遊びをやってみたものの「楽しいからもっとやりたい！」という思いには至らなかったのでしょう。いまやっていることが遊びなのかどうかは、自分自身で決めることであり、ほかの人から遊ばされても、その子にとって遊びにはなり得ないのです。もちろん、だからといって遊びの提案を支援員や補助員がしてはいけないということではありません。ただし、あくまでも提案なのでその提案を受け入れ、それが遊びになっていくかどうかは、その子次第であり、その子に委ねるしかないということを知っておかなければならないでしょう。

　子どもが遊びの世界へ没頭することで、いろいろな力を伸ばしていきます。その前提には、子どもの「やりたい！楽しい！」という自発的な意思があることを忘れてはいけません。その上で、例えば図表 3-1 のような力を子どもは様々な遊びを通じて伸ばしていくと考えられます。

　しかし、これらの力を伸ばすために遊ばせるのではなく、自分たちから自発的に遊びたくて遊んだ結果、これらの力が伸びていくということを再度確認しておきます。

3　子どもの遊びと仲間関係及び環境

　子どもの遊びには、ドッジボールやサッカーのような運動系の遊びから、ブロックや積み木のような創作系の遊び、けん玉やコマ回しのような伝承遊び、さらにはごっこ遊びなど、屋外から屋内で繰り広げられる様々な遊びがあります。また、一人で遊べるもの、2〜3人程度の少人数で遊べるもの、10人以上の人数で遊んだ方が面白いものがあります。

　このように様々な遊びにかかわる支援員や補助員は、遊びの中での仲間関係にも注意を向けなければなりません。当然のことながら、複数の子どもたちが一緒に遊んでいれば、お互いの主張や意見の行き違いによるトラブルも起きます。ルールのある遊びであれば、ルールを守らなかったことからの衝突も生まれます。また、集団の中での仲間外れが起きてしまうこともあるでしょう。科目②の通り、子どもの人権にかか

わることであれば、その場で毅然とストップをかけることが求められますが、お互い
の意見の行き違いであれば、その対応も変えなければなりません。どちらかが一方的
に非があるのではなく、まずはそれぞれの主張や考えが違っていることをお互いが理
解しようとするところから始めていきましょう。子どもが感情的になっていれば、ま
ずは気持ちを落ち着かせることも、うまく言葉にして表現できないのであれば、代弁
したり言葉を引き出したりという支援も必要になります。いずれにしても、こういっ
た遊びの中での仲間関係のトラブルは、子どもが人間関係づくりや課題解決を学んで
いく上でも大切なチャンスになります。そのような視点から支援ができればよいです
ね。

　また、子どもたちが遊んでいる環境についても、安全な環境かどうかに注意を向け
ていきましょう。予め危険な設備・備品などがあれば修繕をしていくことが求められ
ます。また、遊んでいる時、すぐにストップをかけなければならないような危険な状
況であれば、科目②と同様になります。ただし、ここでも子どもが安全に遊べる環境
を自分たちで改善していけるような支援もしていきたいものです。

4　子どもの遊びと大人の関わり

　1・2年生（低学年）の子どもたちだけでオニごっこをしていたとします。そのよ
うな中、オニになった瞬間にその子が急に「や〜めた！」と言って、その場から離れ
ていきました。このとき、どのようにその子へかかわるのかが問われるのも支援員や
補助員の重要な役割です。

　一般的には、まだ自己中心性が残っているこの子に対して強制的にオニごっこへ戻
したとしても、この子は急に遊び仲間へ配慮できるように変わることは難しいでしょ
う。だからといって、この子へ何も言わずに黙って容認することもできません。そこ
で、例えば「○○ちゃんが抜けていったら、オニごっこが面白くなくなっちゃう
よ！」と伝え、それ以上でもそれ以下でもないままにしておくというのはどうでしょ
う。急にこの子を変えようとする強制でもなく、この子をそのままにしておく容認で
もなく、この子が育っていく中で気が付いてほしいという願いを込めて伝えるのです。

　このように、子どもの発達段階をとらえながら、「こうあるべき」というかかわり
ではなく、個々の子どもの状況に応じた柔軟なかかわりが求められます。

⑤ 子どもの生活面 における対応等

放課後児童クラブでは、個々の子どもの心身の健康状態をそのつど把握し、必要に応じて適切な対応ができなければなりません。それではどのように把握して、どのように適切な対応をしていけばよいのでしょうか?

1　子どもの健康管理及び情緒の安定

　放課後児童クラブでは、子どもの出席確認を必ず行う必要があります。なぜなら、放課後児童クラブの目的・役割から考えても、放課後に子どもたちが来たいときだけ来ればよいという場所ではないからです。子どもが確実に通ってくれているからこそ、保護者は安心して働くことができます。支援員や補助員には、子どもの健全な育成を支援する役割に加えて、保護者の子育てと仕事の両立を支援するという責務があるのです。

　したがって、子どもがクラブへ無事に帰ってきたことを確認して、出席簿等へ記録を残すところから子どもの迎え入れが始まります。そこで万一、帰ってくるはずの子どもが帰ってこなければ、同じ学級の子どもに聞いたり、保護者や学校の先生と連絡を取ったりして、その子の所在確認に努めなければなりません。しかしながら、同じ学年や学級の子どもたちであっても、学校から一斉に帰ってくることはほとんどないため、出席確認を確実に取るだけでもそんなに簡単ではないのです。

　さらに、この出席確認時に子どもの心身の健康状態も把握することが求められます。このタイミングで、子どもの表情や行動、反応などを見ながら、身体的な不調者はいないか、情緒的に落ち込んでいる子どもなどはいないかを探ります。もし、ここでできるだけ早くにこうした子どもを見つけられれば、その後の対応も早められることができるのです。

　また、放課後児童クラブでは子どもたちが屋内外問わずあちこちでそれぞれに活動を始めます。そうなれば、ますます心身の健康状態を漏れなく把握することは難しくなります。そのため、職員間の連携や保護者からの連絡、学校の先生との連携、さらには子どもからの訴えなどをフルに活用して、子どもたちの心身の健康状態を守るた

めのセーフティネットを張っておかなければなりません。

2　子どもの健康管理に関する保護者との連絡

　前項の通り、保護者からの密な連絡は必要不可欠になってきます。出席確認時に、保護者からその日の欠席連絡がされていなかったら、それだけで職員たちは必要以上の手続き（保護者に確認の連絡をするなど）を強いられます。そのため、保護者には欠席連絡を確実にしてもらえるよう依頼が必要です。

　また、欠席連絡に限らず、前日や当日の朝などに健康状態で気になることなどがあれば、その点についても連絡をしてもらいたいところです。事前に連絡をもらえていれば、子どもの様子を把握しやすくなり、不調時の対応もより素早くできることでしょう。

　保護者からの連絡を依頼するだけでなく、職員から保護者への連絡も必要不可欠です。特に、子どもが不調を訴えたときには、職員から迅速かつ的確な連絡を行い、必要に応じて早退や医療機関への受診を促すことになります。図表3-2（日本放課後児童指導員協会「放課後児童指導員認定資格研修テキスト」より引用）を確認してみてください。

図表 3-2

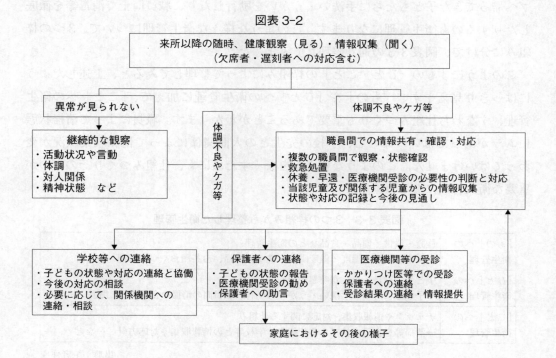

　これは、不調者が出たときの対応フローチャートです。不調者が出た際に、複数の職員間で観察・状態確認を行い、救急処置を行うとともに、保護者へ連絡します。連絡帳での事後連絡でよい場合もあれば、即時連絡を要する場合もあります。さらに緊急性が高い場合には、保護者を待たずして、救急車等による医療機関への搬送が必要なこともあり得ます。これらの判断についても複数の職員で行いましょう。なお、引き渡しの際には「いつ不調の訴え（気づき）があり、その後の経過と処置はどうだったのか」を記録に残しておくと、保護者とも医療機関ともスムーズに的確な情報の共有ができます。また、医療機関の受診後や帰宅後についても、引き続き保護者と連絡を取り合い、今後の対応へつなげていきましょう。

3　衛生管理、食物アレルギーのある子ども等への対応

（1）衛生管理

　放課後児童クラブで行われる具体的な衛生管理には、非常に様々なことが挙げられます。例えば、クラブへ入室した職員は、まずカーテンや窓を開けます。これも採光や換気という衛生管理になります。以降の衛生管理としては、清掃はもちろんのこと、お茶やおやつなどの食品管理、温度や湿度の調整、などがあります。また、クラブへ帰ってきた子どもたちに手洗い・うがいを励行したり、職員同士で消毒等を徹底したりするのも衛生管理になります。このような様々な衛生管理について、3つの枠組みに分けて、図表3-3の通り整理してみました。

　このように「もの・ひと・こと」の枠組みによって整理してみると、上述したようにはっきり見えやすい「もの」や「ひと」への衛生管理に加えて、「こと」への衛生管理、すなわち仕組みづくりも重要であることがわかります。職員によって清掃状態にムラがあってはいけないし、学校の先生との人間関係によって情報収集状況が変わってはいけません。このような個人差をなくすためにも、仕組みづくりそのものが重要な衛生管理になるわけです。

図表3-3：3つの枠組みから整理した衛生管理

「もの」への 衛生管理	施設・設備・備品・食品などの衛生管理 →採光、換気、温度・湿度調整、洗濯、清掃、お茶やおやつの管理　…など
「ひと」への 衛生管理	子どもや職員への注意喚起や徹底 →子どもに対する手洗い・うがいの励行、職員間の清掃や食品管理の徹底　…など
「こと」への 衛生管理	チェックや情報収集、対応に関する仕組み →清掃等を自己点検できる仕組み、学校等との情報収集や対応方針　…など

出典：筆者作成

（2）食物アレルギーの対応

　おやつなどの場面では、食物アレルギーへの対応も必要になります。アレルギー反応を未然に防ぐためにも、予め個々の子どものアレルギーを把握しておきましょう。

　また、実際に起こり得るアレルギー症状として、以下の項目（東京都保健福祉局「食物アレルギー緊急時対応マニュアル」）が挙げられます。

全身の症状：意識がない、意識もうろう、ぐったり、尿や便を漏らす、脈が触れにくい、唇や爪が青白い
呼吸器の症状：声がかすれる、咳、息がしにくい、ゼーゼー、ヒューヒュー
消化器の症状：（激しい）腹痛、吐き気、おう吐、下痢
皮膚の症状：かすみ、じんま疹、赤くなる
顔面などの症状：顔面の腫れ、目のかゆみ、鼻水、鼻づまり、口の中の違和感、唇の腫れ

　特に、全身や呼吸器、消火器の症状の中には生死にかかわるような重大なレベルのものがあります。これらの症状については5分以内で緊急性を判断してエピペンを注射するとともに、救急車等による医療機関への搬送が必要になるので注意しておいてください。

4　子どもの安全と安全対策及び緊急時対応の内容

　「ハインリッヒの法則」では、1件の重大な事故は29件の軽微な事故の中で起こるといわれています。さらに、この29件の軽微な事故は、300件のヒヤリ・ハットの中で起こるといわれているのです。つまり、放課後児童クラブでの安全対策（危機管理）でも、日常的なヒヤリ・ハットへ注意を向け、起こり得るリスクを想定し、これらをできる限り回避・軽減していくことが求められます。

　そのためにも、例えば「あの子はどこで何をしているのか？」「この場所で危険な所はないだろうか？」「ここであの子たちはどんな危ないことをするだろうか？」などと意識的に注意を向けてリスクを想定しておきましょう。そうすれば、日常的なヒヤリ・ハットも減らすことができます。

　なお、起こり得るリスクを予め想定して安全対策に努めることは大切ですが、実際に緊急時が起きたときの対応策を講じることも必要です。先ほど紹介したフローチャート（図表3-2）も含めて、各クラブでどのような緊急対応策が整備されているのかを確認しておきましょう。

⑥ 放課後児童クラブに従事する者の仕事内容と職場倫理

放課後児童クラブでは、子どもや保護者へ直接かかわること以外にも大切な仕事があります。それはどのような仕事でしょうか？　また、支援員や補助員になる以上、どのようなことを守らなければならないでしょうか？

1　放課後児童クラブの仕事内容

　放課後児童クラブでは、子どもを健全に育成していくための支援（育成支援）が最も重要な柱となります。そして、この育成支援を通じて、働く保護者の仕事と両立の支援につなげていくことになります。しかし、このような支援をするためには、直接的な子どもや保護者へのかかわりだけでは十分とはいえません。子どもや保護者を支援するために、子どもたちのいない時間にも様々な仕事が求められているのです。

　放課後児童クラブ運営指針の第3章には、全国標準的な仕事として、以下のような内容（下線部は筆者による）が示されています。

運営指針第3章　放課後児童クラブにおける育成支援の内容

5．育成支援に含まれる職務内容と運営に関わる業務

（1）育成支援に含まれる職務内容

　　放課後児童クラブにおける育成支援に係る職務内容には、次の事項が含まれる。

○子どもが放課後児童クラブでの生活に見通しを持てるように、育成支援の目標や計画を作成し、保護者と共通の理解を得られるようにする。

○日々の子どもの状況や育成支援の内容を記録する。

○職場内で情報を共有し事例検討を行って、育成支援の内容の充実、改善に努める。

○通信や保護者会を通して、放課後児童クラブでの子どもの様子や育成支援に必要な事項を、定期的かつ同時にすべての家庭に伝える。

　これらの仕事については、「育成支援に含まれる職務内容」と位置付けられているように、子どもたちへの育成支援とは切っても切り離せない仕事になります。そして、これらの仕事を子どもたちのいない時間に取り組むことで、行き当たりばったり

にならない支援（育成支援の目標や計画）、記憶だけに頼らない支援（記録）、やりっ放しにしない支援（情報共有や事例検討）、保護者と連携した支援（通信や保護者会等）が可能となるのです。そして、このように育成支援の質を高めていくことができれば、保護者への支援にもつながっていくことになります。

　そのほかにも、運営指針第3章では「運営に関わる業務」として、以下のような内容が示されています。

・業務の実施（子どもの出欠席、職員の服務状況等）に関する日誌
・おやつの発注、購入等
・遊びの環境と施設の安全点検、衛生管理、清掃や整理整頓
・保護者や学校や地域の関係機関（団体）との連絡調整
・会計事務　　　　　　　　　　　　　　　　…など

　これらも含めた仕事を職場内の支援員や補助員が連携して、日々の時間を有効活用しながら取り組んでいきましょう。

2　放課後児童クラブに従事する者の社会的責任と職場倫理

　前項の通り放課後児童クラブだからこそ必要な仕事内容があるように、放課後児童クラブに従事するからこそ果たさなければならない責任や、守らなければならない職場倫理があります。特に、守らなければならない職場倫理については、運営指針「第7章　職場倫理及び事業内容の向上」の中で、以下の事項が明示されるようになりました。

①子どもや保護者の人権に十分配慮するとともに、一人ひとりの人格を尊重する。
②児童虐待等の子どもの心身に有害な影響を与える行為を禁止する。
③国籍、信条又は社会的な身分による差別的な扱いを禁止する。

　これら3つは、子どもや保護者の人権にかかわる職場倫理となります。人権を擁護するためにその職務を全うしなければならない支援員や補助員が、人権を侵害してしまうようなことがあればそれは本末転倒ですので、くれぐれも守ってください。

④守秘義務を遵守する。
⑤関係法令に基づき個人情報を適切に取り扱い、プライバシーを保護する。

　この2つは、科目②でも確認した通りですが、いわゆるコンプライアンス上で守らなければならないことです。くれぐれも細心の注意を払っておきましょう。

⑥保護者に誠実に対応し、信頼関係を構築する。

⑦放課後児童支援員等が相互に協力し、研鑽を積みながら、事業内容の向上に努める。

⑧事業の社会的責任や公共性を自覚する。

　これら3つは、それぞれに保護者との関係、職員との関係、社会との関係のあり方が示されています。保護者との信頼関係なくしては十分な子どもの育成支援はできませんし、職員間がお互いに高め合える同僚性を築けていなければ、クラブとしての育成支援の質的な向上はできないでしょう。そして、社会の中で公共性の高い放課後児童クラブですので、そこに従事する支援員や補助員は、くれぐれもクラブを私物化することなどないようにしなければなりません。

　以上の8項目を職場倫理として守ることで、放課後児童クラブ従事者としての社会的責任を果たしていってください。

3　放課後児童クラブにおける職員集団

　放課後児童クラブには、異年齢の子どもたちが同じ空間で生活しているという独自性があります。さらに、2人以上の複数の職員が同じ空間で同じ対象の子どもたちとかかわっているという独自性もあるのです。

　そのため、職員集団の意思疎通や連携は欠かすことができません。意思疎通や連携ができていなければいないほど、「1＋1＝2」になるどころかマイナス方向へ向かってしまうことさえあるのです。逆に意思疎通や連携ができていればいるほど、「2以上」の力を発揮することもできるでしょう。

　例えば、2人の職員が子どもたちの外遊び（例えば、小学校の運動場や広い公園）のために配置していたとします。外には20人程度の子どもが別々のことをして遊んでいて、1人の職員はドッジボールに、もう1人は砂場遊びに加わっています。ほかに、ジャングルジム、竹馬、ドロ団子づくり、なわとびをしている子どもたちもいたとすればどうでしょうか？　一般的には、このような職員配置は適切とはいえません。ドッジボールと砂場遊び以外の子どもの状況を把握する職員がいないからです。仮に1人が何からの意図（遊びの盛り上げや子ども間のトラブル解決など）を持って遊びに加わるなら、もう1人は全体の状況を把握する必要があるわけです。

　しかし、このような職員間の連携は、いきなりできるものではありません。アイコンタクトや阿吽の呼吸でスムーズに連携できればよいのですが、そこに到るまでには日々のミーティング（情報共有や事例検討の場）が必要です。子どもたちとかかわる

前には、ぜひとも以下のような内容について職員間でミーティングを行い、意思疎通と連携ができるようにしておきましょう。

＜ミーティングの内容＞

・子どものこと（個人及び集団、人間関係など）について
・職員のかかわり（育成支援の内容）について
・職員間の具体的な連携について
・クラブでの生活や遊びの内容について
・その他の職務にかかわること

4　運営主体の人権の尊重と法令の遵守（個人情報保護等）

　支援員や補助員が子どもや保護者の支援に注力することができるのも、運営主体者がその役割をいかに果たしてくれているのかにかかってきます。先ほどの職場倫理にあった8項目は運営主体者も守っていかなければなりませんし、職員たちへ職場倫理を提示して守っていけるようにする役割も求められています。

　つまり、運営主体者には支援員や補助員とは、異なった役割があるのです。例えば、保護者や行政への説明責任を果たすことも、運営しているクラブの自己評価をして、公開できるようにしておくこともそうです。また、職員のみなさんが自己研鑽や相互研鑽をできるように、研修等への参加を促すことも重要な役割です。

　そして、個人情報保護法に則った法令遵守（守秘義務やプライバシー保護）についても同様です。特に、運営主体者の法令遵守に関しては、個々の職員が職場倫理として自覚を持って遵守できるようにしていくとともに、法令遵守のための仕組みを導入・改善していく役割が求められます。個々の職員の倫理観だけを頼りにするのではなく、職場環境としてより一層強固に個人情報を守ることができなければなりません。

　支援員や補助員たちは、こうした運営主体者側が取り組むべきことについて、積極的に協力していきたいものです。

[引用・参考文献]
・厚生労働省「放課後児童クラブ運営指針」
・（特非）日本放課後児童指導員協会「放課後児童支援員認定資格研修テキスト」
・東京都保健福祉局「食物アレルギー緊急時対応マニュアル」

第4章

第4章

社会的養護コース

① 社会的養護の理解

社会的養護とは、どのように展開されているでしょうか。子どもの権利と社会的養護の在り方について考えてみましょう。

1 社会的養護とは

（1）社会的養護とはなにか

何らかの理由で家庭において、保護者等と一緒に暮らすことのできない子どもを保護者などに代わって養育する社会的な仕組みを社会的養護といいます。保護者のいない児童、または保護者の養育が不適切と思われる児童（何らかの理由で家庭において保護者などと一緒に暮らすことのできない子ども）のことを要保護児童といいます。では、何らかの理由とは何かというと、例えば両親の離婚、病気、失踪、拘禁、貧困、就労、虐待などによる養育困難などがあげられます。

児童福祉法第1条には「全て児童は、児童の権利に関する条約の精神にのっとり、適切に養育されること、その生活を保障されること、愛され、保護されること、その心身の健やかな成長及び発達並びにその自立が図られることその他の福祉を等しく保障される権利を有する」と児童福祉法の理念が明記されています。どのような家庭で生まれ育った子どもも、心身ともに健やかに育てられる権利を持っているのです。

同法第2条1項には「全て国民は、児童が良好な環境において生まれ、かつ、社会のあらゆる分野において、児童の年齢及び発達の程度に応じて、その意見が尊重され、その最善の利益が優先して考慮され、心身ともに健やかに育成されるよう努めなければならない」と国民には努力義務を述べています。また、同条2項には「児童の保護者は、児童を心身ともに健やかに育成することについて第一義的責任を負う」と子どもの養育の一義的な責任は保護者にあるとし、同条3項には「国及び地方公共団体は、児童の保護者とともに、児童を心身ともに健やかに育成する責任を負う」と国、地方公共団体には、保護者とともに児童育成の責任を負うことが明記されています。

また、第3条の2には、「国及び地方公共団体は、（中略）児童を家庭及び当該養育

環境において養育することが適当でない場合にあつては児童ができる限り良好な家庭的環境において養育されるよう、必要な措置を講じなければならない」とあるように、家庭が何らかの理由で子どもを養育できない場合は、家庭に代わって国や地方公共団体が責任をもって養育することで、子どもの福祉を保障することが規定されています。

（2）社会的養護の歴史的背景と社会問題の関連

　児童福祉法が制定された 1947（昭和 22）年の日本は、終戦直後であり、多くの孤児や浮浪児がいました。そのような状況から、要保護児童が街にあふれ、ある者は、栄養不良、ある者は窃盗などを働き、みな生きるために必死でした。子どもを保護し、街の治安を維持するために福祉の法律の中で一番先に成立したのが児童福祉法でした。しかし、70 年たった今はどうでしょう。70 年前は保護者がいないという理由から保護された子どもが多くを占めていましたが、現在の要保護児童の多くは虐待された児童です。また、現代の子どもに関わる社会問題としては、少子化、子どもの貧困、家庭における配偶者等からの暴力など新たな課題も挙げられます。このように、時代が変われば社会問題も変化します。そのため、社会的養護の在り方や法律も変化してきました。

　児童福祉法などの子どもの福祉に関する法律が整備されていなかった明治時代には、慈善活動として篤志家や宗教家によって社会的養護が実践されてきた歴史があります。1887（明治 20）年には、医学を志していた石井十次によって岡山孤児院が設立されました。石井十次は、キリスト教を信仰しており、その立場から医学をあきらめ、今の児童養護施設である孤児院の教育に力を入れ、小舎制の養育や里親委託などの実践を行っていました。また、石井亮一は、1891（明治 24）年に女子のための孤児院である孤女学院を設立しましたが、女児の中に障害を持った者がおり、障害児教育を実践するために、孤女学院を滝野川学園と改称し、障害児のための教育と福祉に力を注ぎました。石井亮一もまた、キリスト教の信仰心からこのような社会事業を展開したといわれています。

2　子ども家庭福祉、社会的養護の理念

（1）子ども家庭福祉、社会的養護の理念

　前項で、児童福祉法について少し見てきました。子ども家庭福祉とは、以前は児童福祉といっておりましたが、児童の福祉を守るには、その家庭も含めて考えていかな

ければならないという観点から、子ども家庭福祉と今日では言っています。すなわち、児童福祉と子ども家庭福祉は同じ意味です。児童福祉法でも明記されているように、子どもが心身健やかに生まれ、育成されるための制度は、国連で作られた「児童の権利に関する条約」（以下、子どもの権利条約）の理念に則りわが国でも展開されています。と同時に子どもの権利を守るということは、権利が守られていない、または守られない可能性のある子どもの権利をいかに守るか、ということにつながっていきます。子どもの健やかな成長、発達、自立が何らかの形で阻害されようとするとき、それらを平等に保障しようとする営みが社会的養護の実践だといえるでしょう。

（2）社会的養護原理の基礎

　社会的養護の共通した基本理念として、①子どもの最善の利益のために、②すべての子どもを社会全体で育む、という2点が厚生労働省により示されています。これは前述したように子どもの最善の利益を考慮し、何らかの事情で保護者の養育に子どもをゆだねることができない場合は、社会全体で育てる、その対象は、現在要保護児童となっている子どもだけではなく、すべての子どもである、ということです。

　また、社会的養護の原理として、①家庭的養護と個別化、②発達の保障と自立支援、③回復を目指した支援、④家族との連携・協働、⑤継続的支援とチームワーク、⑥ライフサイクルを見通した支援、の6つが挙げられています。これらのことは、子どもが安心して自分をゆだねることのできる大人との関係構築や、「当たり前の生活」の保障、未来の自立した生活を作り出していけるような基礎を培うための子ども期の発達保障、虐待や保護者等との分離体験というマイナスの影響からの癒しや脱却、また自己肯定感の醸成を意味しています。また、保護者を支えながら家族との関係構築を目指すための連携やアフターケアまでの一貫性のある養育支援、虐待や貧困の世代間連鎖を断ち切っていけるような支援が目指されています。

3　社会的養護体系について

（1）社会的養護体系について

　本来、子どもの養育の第一義的な責任は保護者にありますが、家庭において子育てが困難になったり、不適切な養育と疑われる場合、国や地方公共団体が責任をもって保護者に代わって子どもを養育する仕組みが社会的養護である、ということは前節で学びました。では、実際にそのような場合はどうすればよいのでしょうか。わが国では、都道府県・政令指定都市に子どもや保護者からの相談を受ける児童相談所という

機関があります。児童相談所には、虐待を受けたと思われる子どもを発見したすべての人からの通告も受け付けています。児童相談所は相談や通告を受けて、調査・判定の結果、子どもの養育についての判断をします。実際に保護者と分離して暮らすことになった場合には、施設養護、もしくは家庭養護のどちらかの社会的養護の場が提供されます。

（2）児童相談所と措置制度

　児童相談所の業務は、①相談、②調査・判定、③指導、④一時保護、⑤措置、⑥里親への援助、です。要保護児童を発見した者や保護者からの相談によって、児童相談所に相談、通告がなされると、それが受理され子どもの家庭的背景等の調査や医学的、社会学的、教育学的観点など多面的な視点から判定されます。場合によっては、一時的に保護をして子どもの状態を観察したり、保護者等から分離したりする緊急を要する「一時保護」も行われています。判定の結果、指導、もしくは代替養育として、児童養護施設や里親委託等の社会的養護の場で代替養育される措置が採られます。

　措置とは、行政による行政処分のことです。この場合は、行政（児童相談所）が子どもの養育について決定するという意味です。日本の社会福祉分野の多くは、従来措置制度をとっており、福祉施設入所等については、行政がその決定を行ってきました。しかし、自分でサービスを決定できないなどの弊害から社会福祉基礎構造改革を経て、高齢者福祉分野、障害者福祉分野は、措置から契約制度に移行しています。児童の分野においても、一部利用契約制度に移行しているサービスもありますが、社会的養護のように保護者等の養育が不適切である場合や、子ども自身が契約の判断をすることが難しいサービスについては、国や地方公共団体が責任を持って子どもを養育するという観点から、措置制度が残っています。

（3）社会的養護関係施設と里親制度

　社会的養護には、大別すると①施設養護、②家庭養護の2つの種類があります。

　施設養護は、児童福祉施設12種類のうち、乳児院、児童養護施設、母子生活支援施設、障害児入所施設、児童心理治療施設、児童自立支援施設があります（2章図表2-2参照）。家庭養護は、里親と小規模住居型児童養育事業（ファミリーホーム）です。里親は、養育里親、養子縁組里親、専門里親、親族里親の4種類あります（図表1-1参照）。

図表 1-1　家庭養護

家庭養護	
里親	・養育里親：要保護児童を養育することを希望し都道府県知事が委託する者として適当だと認めた者 ・養子縁組里親：要保護児童を養育することを希望し養子縁組によって養親となることを希望する者であって都道府県知事が委託する者として適当だと認めた者 ・専門里親：①児童虐待によって心身に有害な影響を受けた児童②非行のある児童③身体障害、知的障害、精神障害がある児童のうち都道府県知事が養育について特に必要だと認めた者を養育する者 ・親族里親：要保護児童の３親等以内の扶養義務者その配偶者である親族で要保護児童の保護者等の死亡等によりこれらの者の養育が期待できない要保護児童の養育を希望し都道府県知事が委託する者として適当だと認めた者
小規模住居型児童養育事業	里親のうち５〜６名の要保護児童を家庭的環境の下でファミリーホームの養育者が養育する。ファミリーホームの養育者は、養育里親経験者や児童養護施設等で児童の養育経験のある者があたる。

4　社会的養護の課題と将来像

（1）社会的養護の課題と将来像

　従来の社会的養護は、施設入所中心で大舎制といって生活単位が 20 人以上であり、一緒に食事をし、大きなお風呂に入り、数人の居室で就寝するといった集団での生活でした。そのため、家庭から分離され、生活している子どもたちは、家庭の生活がわからず、退所した後、家族での生活がイメージできないなどの弊害がありました。こうした背景から、2000 年代に入って施設の小規模化やユニット化、地域で暮らす地域小規模児童養護施設（グループホーム）など、小さい単位での生活や家庭的な養育が目指されています。また、近年では、より家庭的な養育が目指され、里親養育への期待や里親委託への割合を増やすことが目標となっています。2017 年に「新しい社会的養育ビジョン」が打ち出され、特別養子縁組の成立の年間目標や乳幼児の里親委託率の増加など「家庭と同様の養育環境」が目指されています。

（2）実施自治体における社会的養護の状況

　2018 年に出された「都道府県社会的養育推進計画の策定要領」では、2016 年に改正された児童福祉法の子どもの最善の利益の理念のもと、「新しい社会的養育ビジョン」に掲げられた目標をもとに「家庭養育優先原則」を徹底することが求められています。同要領は、都道府県の社会的養育の全体像や子どもの権利擁護の取り組み、里親委託の推進、施設の小規模化・地域分散・多機能化転換に向けた取り組み、児童相談所の強化等に向けた取り組みなどの内容になっています。

5　社会的養護と自立支援

　児童福祉法では、児童とは満 18 歳に満たない者が対象であるので、社会的養護による代替養育を受けた子どものうち多くは、18 歳になると自立しなくてはなりません。そのため、施設や里親では、保護し、養育することはもちろんですが、退所に向けて、自立支援を行います。この退所に向けた支援のことをリービングケアといいます。リービングケアでは、金銭管理や調理など一人暮らしの予行や自己決定ができるような進路指導の他、自立後のトラブルを学ぶグループワークの設定などをしています。退所前のリービングケアを経て、退所した後のアフターケアに繋いでいくことが重要だといえるでしょう。

[引用・参考文献]
・厚生労働省「ファミリーホームの要件の明確化について」2012年
・厚生労働省「都道府県社会的養育推進計画の策定要領」2018年
・厚生労働省「里親制度（資料集）」2018年

② 子ども等の権利擁護、対象者の尊厳の遵守、職業倫理

権利擁護とは、権利を主張することが困難な人々の権利を守ったり、代弁したりすることです。子どもの権利をどのように守るのか、人権や尊厳をどのように保障するのか、そのための働く職員等の職業倫理や姿勢を考えてみましょう。

1　子どもの最善の利益

　人権は人類の闘争を経て確立してきましたが、子どもの権利が確立したのは、最近のことです。特に、第一次世界大戦や第二次世界大戦などの大きな戦争を通して、子どもをめぐる惨状や命を大切にする思想が高まったことにより、国連により 1989 年に「児童の権利に関する条約（以下、「子どもの権利条約」）」が採択された歴史があります。この条約が採択されたことにより、国際的に子どもの権利を守るという気運が高まりました。日本では子どもの権利条約を 1994 年に批准し、2016 年の児童福祉法改正で、第 1 条には、子どもの権利条約の精神に則り様々な福祉の保障がされること、第 2 条には、子どもの最善の利益が優先し考慮されるという内容の条項が盛り込まれました。

　子どもの権利条約の特徴は、それまでの「子どもは保護される」存在であるという受動的な権利から、子ども自身が権利の主体として「権利を確保する」という能動的権利として、子ども観を転換されたことにあります。ですので、子どもの権利を大人が守ることは当然ですが、子ども自身が能動的に権利を確保する環境を整えることも重要となります。

2　子ども・保護者の意見表明、苦情解決の仕組み

（1）子ども・保護者の意見表明
「子どもの権利条約」第 12 条には子どもの意見表明権について明記されています。

以下、条文を見てみましょう。

> 1、締約国は、自己の意見を形成する能力のある児童がその児童に影響を及ぼすすべての事項について自由に自己の意見を表明する権利を確保する。この場合において、児童の意見はこの児童の年齢及び成熟度に従って相応に考慮されるものとする。

　子どもの権利条約が対象とする児童は満18歳までの児童なので、ここでいう「自己の意見を形成する能力のある児童」とは、0歳から18歳までのすべての児童を指します。

　では、0歳の子どもの意見表明とはどのようなものでしょうか。例えば、赤ちゃんが泣いている場面を想像してみましょう。赤ちゃんはなぜ泣いているのでしょうか。おなかがすいた、おむつを替えてほしい、おなかが痛いなど様々なことが考えられます。赤ちゃんがなにかを訴えて泣いていることも意見として捉えることが大切です。

　社会的養護の場では、新しい職員や実習生に対して子どもが「先生、きらい」と言ったり、無視したりすることなどがあります。そのようなことを言われた場合、養育者は、やる気をなくし、落ち込んでしまいそうになると思います。しかし、子どもは本当に嫌いと思っているのでしょうか。新しい職員は、どんな人かわからないなか、子どもも自分を大切にしてくれる存在なのか、色々な方法でコミュニケーションをとっているのです。理路整然とした意見だけではなく、一見、マイナスと思えるような言動であっても、子どもにとっては意味のあることである場合が多いのです。子どもの言動の裏にある真実に目を向けてみましょう。また、この条文については、話すことが困難な障害等を持った児童も対象となります。子どもの声なき声に、耳を傾ける姿勢が重要です。

　保護者は、子どもを代替養育に委ねている立場ですので、スティグマを感じていたり、「お世話になっている」といった遠慮の感情があるかもしれません。福祉サービスを受ける立場と提供する立場は本来、対等であり保護者は、サービス受給者として意見や思いを表明する権利があります。そのような保護者の立場を理解して保護者の意見にも耳を傾けましょう。

（2）苦情解決の仕組み

　福祉サービスの苦情は、一般の苦情とは違い、利用者のサービスに対する意思表示であり、ニーズの表現です。福祉サービスそのものの営みが生活上の困難を抱える人々に寄り添い生活上のニーズを満たしていったり、利用者自身が力をつけていったりするものであるので、この苦情解決の仕組みというのは、福祉サービスの質の向上

につながる制度でもあります。

　2000 年に社会福祉事業法が社会福祉法と名前が変わるとともに、利用者への情報提供や利用者の利益を保護するために、苦情解決を図る制度などが導入されました。これにより、①社会福祉事業経営者による苦情解決の責務の明確化（社会福祉法第 82 条）と、②都道府県の区域内における苦情解決のための運営適正化委員会の設置（社会福祉法第 83 条）が新たに規定され、福祉サービスの苦情解決が明確化されました。また、「児童福祉施設の設備及び運営に関する基準」には「苦情への対応」（第 14 条の 3）が明記されました。「苦情解決責任者」や「苦情受付担当者」は、施設や事業の関係者であることから、第三者委員会を設置するなどを示した指針も存在します。

3　被措置児童等虐待の防止

（1）被措置児童等虐待とは何か

　被措置児童等虐待とは、里親、ファミリーホームにおける養育者又はその同居人、児童福祉施設の職員等、一時保護所の職員等による措置又は委託・一時保護された児童（以下、被措置児童等）の身体的・精神的・性的虐待、ネグレクトのことを指します。被虐待児の受け皿になっている、社会的養護の現場である施設内等での、子どもの権利侵害が行われていることが、2000 年代にクローズアップされ、それを受けて 2008 年の児童福祉法改正で都道府県市等が本人からの届出、周囲からの通告を受け調査・確認しその状況を都道府県知事が公表することになりました。2017 年度における届出、通告は 277 件であり、虐待の事実が認められたのは 99 件でした。このような施設等での権利侵害事件の発生にみられる特徴として、全国社会福祉協議会の調査では、以下のようにまとめています。

権利侵害事件の発生にみられる特徴

1．意識や基本的資質次元の問題：ケア理念や人権意識が十分に浸透していないなど。
2．職員の専門性の問題：複雑化する問題、子どもたちの多様な心理状況や行動様式に対して職員のケア能力、対処能力が不十分であるなど。
3．組織次元の問題：施設長などの管理者や特定の職員がかもしだす権威や暴力による支配傾向、ボランティア・実習生・地域住民への参加に対して消極的であるといった閉鎖性、世襲制など。伝統に拘束され新しい状況に組織が対応できていないなどの硬直性、理事会が機能していないなど。

４．権利擁護制度の機能不全：第三者委員や運営適正化委員会が機能していないなど。

出典：全国社会福祉協議会（2009）「児童福祉施設における権利侵害検証調査」『子どもの育みの本質と実践』P190 より筆者作成

（２）被措置児童等虐待の防止に向けた取り組み

　被措置児童等虐待の防止に向けた取り組みについては、2008 年の児童福祉法改正を受けて翌年に出された「被措置児童等虐待対応ガイドライン」（2009）があります。子どもたちへの虐待等による権利侵害を防ぐためには、本節の第２項（2）で述べた苦情解決制度があります。虐待等を受け傷ついて、社会的養護の場で暮らす子どもたちが二次被害に遭わないように、職員の一層の人権意識の理解と実践、自己研鑽や施設等での研修、施設内等での健全な人的環境を作ることが求められます。また、第三者や地域住民の参加を促し、オープンな環境を作るなどの健全な組織運営と意識改革、そして職員等が閉鎖的にならないような環境も求められます。

４　養育者・支援者の資質、メンタルヘルス

（１）養育者・支援者の資質

　ここでは、社会的養護に携わる支援者の倫理や責務について考えてみたいと思います。倫理とは、「人として守るべき道」「道徳」「モラル」などを指しています。子育て支援員は、支援者の補助として働きますが、社会的養護に携わる人的資源として、しっかりとした職業倫理のもとで行動することが求められます。職業倫理とは、その職業に応じた社会的役割や責任を果たすことです。そのために、社会的養護の現場で働く支援者自身が自分自身の行動を律するための基準として「全国児童福祉施設協議会倫理綱領」などの倫理綱領があります。社会的養護には、要保護児童を公的責任で社会的に養育し保護するとともに、養育に困難を抱える家庭への支援を行うという大きな役割があります。「子どもの最善の利益」のために、「社会全体で子どもを育む」ということを念頭に置き、子どもや保護者を支援する支援者の姿勢を理解することが養育者・支援者の資質の第一歩です。

（２）養育者・支援者のメンタルヘルス

　養育者や支援者の仕事は「やりがい」につながる一方、ときには心のエネルギーを消費してストレスとして抱え込み、感情の疲弊や無力感に陥ることがあります。仕事

熱心で献身的に絶え間なく働いていた人が突然徒労感、無気力感に陥ることを「燃え尽き症候群（バーンアウト・シンドローム）」といい、対人サービス従事者のメンタルヘルスとして問題となっています。

　養育者・支援者は、自分で考えて子どもたちとコミュニケーションをとらなければならず、様々な対応についてもその場で判断しなければならないことも多いです。しかも、その判断には答えがないため、常に子どもや親への対応を省みる必要があります。仕事をきちんとこなそうとすればするほど、仕事を自分や同僚に課し、無定量、無制限となり精神的に疲弊したり、子どもや親との関係がうまくいかないことを悩んで無気力になる場合もあるかもしれません。

　このように、自分に自信をなくしたり疲れた時には、職場のカウンセリングやスーパーバイズ（経験の浅い援助者が経験豊富な指導者から定期的な指導を受けること。専門的スキルの向上やバーンアウトを防ぐ役割がある）を受けながらセルフケアすることも大切です。養育者自身の心身が健康でなければ子どもの権利を守ることはできないのです。

[引用・参考文献]
・田中卓也他編著『保育者・小学校教諭・特別支援学校教諭のための教職論』北大路書房、2014 年
・厚生労働省「社会福祉事業の経営者による福祉サービスに関する苦情解決の仕組みの指針」（厚生労働省関係部局長通知）、2012 年
・全国社会福祉協議会「児童福祉施設における権利侵害検証調査」『子どもの育みの本質と実践（社会的養護を必要とする児童の発達・養育過程におけるケアと自立支援の拡充のための調査研究事業）』報告書、P190、2009 年
・厚生労働省「平成 29 年度における被虐待児童虐待への各都道府県市などの対応状況について」2018 年

③ 社会的養護を必要とする子どもの理解

社会的養護を必要とする子どもを理解するためには、どのような視点から何に着目して考えればよいでしょうか。子どもの発達段階や虐待が子どもに及ぼす影響など、様々な視点から考える方法を学びましょう。

1 発達段階ごとの理解

　社会的養護を必要とする子どもの年齢は0歳から18歳と幅広いです。ですから、それぞれの年齢や発達に応じた対応が必要になります。社会的養護を必要とする子どもは、施設等入所前の家庭での不適切な養育や虐待などを経験しています。例えば、衣食住が十分に整っていない、貧困のため十分な栄養がとれていない、学校に行っていないなどの状況から通常の年齢よりも体が小さい、学習が遅れているなど、一般的な発達だけ学んでいたのでは理解できない側面があるでしょう。また、虐待等によるトラウマやいじめ体験から、自己肯定感が低いなど、子どもらしい主体的に遊ぶ、学ぶ、大人と関わるなどの面が一時的に損なわれている場合もあります。

　そのため、支援者には、まずそれぞれの年齢に応じた発達を理解し、そのうえで個々の子どもの状況を理解することが必要となります。また、なんらかの障害を抱えている子どももいます。それぞれの子どもの様子をよく観察しながら、子ども一人ひとりの発達の課題に向き合い、回復や自立に向けた支援をすることが求められているのです。

2 発達支援を必要とする子どもの理解

　厚生労働省の調査によると、社会的養護を必要とする子どものうち、なんらかの障害のある子どもは、図表4-1のとおりとなっています。厚生労働省では5年ごとに社会的養護を必要とする子どもの調査をしており、その調査によると施設等に措置された子どもの「障害等あり」の割合は増加傾向にあります（図表3-1）。

　「障害等あり」の内訳は、身体虚弱、肢体不自由、視聴覚障害、言語障害、知的障

図表 3-1　心身の状況別児童数

	総数	障害等あり
里親委託児	4,534	933 (20.6%)
養護施設児	29,979	8,558 (28.5%)
情緒障害児※	1,235	900 (72.9%)
自立支援児	1,670	780 (46.7%)
乳児院児	3,147	899 (28.2%)
母子施設児	6,006	1,056 (17.6%)
ファミリーホーム児	829	314 (37.0%)

出典：厚生労働省雇用均等・児童家庭局（2015）「児童養護施設入所
　　　児童等調査結果（平成 25 年 2 月 1 日現在）」をもとに筆者作成
　　　（※現在は児童心理治療施設）

図表 3-2　被虐待経験の有無

	総数	障害等あり
里親委託児	4,534	1,409 (31.1%)
養護施設児	29,979	17,850 (59.5%)
情緒障害児※	1,235	879 (71.2%)
自立支援児	1,670	977 (58.5%)
乳児院児	3,147	1,117 (35.5%)
母子施設児	6,006	3,009 (50.1%)
ファミリーホーム児	829	459 (65.7%)

出典：厚生労働省雇用均等・児童家庭局（2015）「児童養護施設入所
　　　児童等調査結果（平成 25 年 2 月 1 日現在）」をもとに筆者作成
　　　（※現在は児童心理治療施設）

害、てんかん、ADHD（注意欠陥多動性障害）、LD（学習障害）、広汎性発達障害、その他の発達障害等となっています。児童養護施設等には、心理療法を担当する職員など、子どもの発達に寄り添い支援する職員もいますが、日々の生活の中で養育者や子育て支援員も障害のある子どもの援助にあたります。児童養護施設等に入所している「障害等あり」の子どもは、比較的軽度な場合が多いですが、知的障害を含む発達障害やその特徴を十分に学習し、支援していくことが大切です。

3　虐待が子どもに及ぼす影響

　児童相談所における虐待の対応件数は年々増加しており、2018 年度の件数は、159,850 件でした。

　児童虐待は、連日、マスメディア等でとりあげられており、社会問題となっています。実際、児童相談所による虐待の対応件数は、年々増加しています。児童虐待は、子どもにとって最も信頼している保護者からの権利侵害行為であり、生活の中で繰り返される虐待によって、辛い苦しい、悲しい気持ちや、自分には価値がないと感じるようになります。また、著しい虐待の場合には、命の危険や何かしらの障害を抱えることにもつながります。2000（平成 12）年に成立した「児童虐待の防止等に関する法律」には、児童虐待として次のように定義しています。

図表 3-3　児童虐待の種類

児童虐待の種類	定義	事例
身体的虐待	身体に外傷が生じ又は生じるおそれのある暴行を加えること	殴る、蹴る、溺れさせる、熱湯をかける、逆さ吊りにするなど
性的虐待	児童にわいせつな行為をすること又は児童をしてわいせつな行為をさせること	性器や胸を触る、触らせる、裸の写真を撮るなど
ネグレクト	児童の心身の正常な発達を妨げるような著しい減食又は長時間の放置、保護者以外の同居人による虐待等同様の行為の放置、その他の保護者としての監護を著しく怠ること	車内や居宅への長時間の放置、著しい減食、入浴させない、病院に連れて行かない、学校へ行かせないなど
心理的外傷（心理的虐待）	児童に著しい暴言、若しくは拒絶的な対応、児童が同居する家庭における配偶者に対する暴力、その他児童に著しい心理的外傷を与えるような言動を行うこと	無視、兄弟との比較、産まなければよかった、お前はバカだなどの言動、家庭内の DV を見ること、など

出典：児童虐待の防止に関する法律より筆者作成

　図表 3-2 のように、施設等に措置される子どもの「虐待等あり」は、乳児院児と里親委託児以外で 50％を超えており、入所する子どもの半数以上はなんらかの虐待を経験してきた子どもたちです。そのような子どもたちは、施設等に入所後も PTSD（心的外傷後ストレス障害）やトラウマに苦しんだり、暴力的になる、夜尿、緘黙など、回復に至るまで様々な問題行動などを起こしたりすることもあります。ですから、子どもの苦しみを理解し、なぜこのような行動をするのか、とその理由などを考えながら支援していくことが大切です。

4　保護者からの分離を体験した子どもの理解

　子どもの権利条約第 9 条では、「児童がその父母の意思に反してその父母から分離されないことを確保する」と記されています。しかし、虐待等により保護者からの分離が子どもの最善の利益のために必要とする場合は、この限りではないとしています。

　子どもは、どのような親であっても一緒に暮らしたい、家に帰りたい、というニーズを持っています。しかし、虐待等により生命の危険にさらされているなどの場合は親子をいったん分離するという方法が、子どもにとっても保護者にとっても有効なときがあります。保護者と子どもを分離しても、その家族の課題がすぐに解決するわけではなく、少しずつ家族関係を再構築していくことが重要です。また、「児童の代替的養護に関する指針」に記されているように、「親からの分離を防止するための活動」（養育困難な家族への支援措置や弱い立場にある子どもの適切な養護や保護の提供措置、様々な差別の撤廃、貧困への支援など）も同時に進めていく必要があります。

　保護者からの分離を体験した子どもは、大人を信じられない、また自分はここにいて良いのだろうかと不安になり、またどこかに行かなければならないのではないかのように、保護者と離れたことやそれに伴う自分自身の居場所への不安など、不安定な状態が続くことがあります。そのため、家族関係の再構築を中心としたパーマネンシー（永続的解決）保障の努力がいっそう求められ、保護者と子どもそれぞれの課題に向けた支援が必要となります。子どもへの支援としては、親から裏切られた、大切にされなかったという否定的な感情を受容しつつ、写真などを活用しながら生い立ちの整理などをするなかで、そのような養育しかできなかったその時の保護者の状況を伝えつつ、親子の間の関係を改善できるよう支援します。

5 支援者からの二次被害

　施設等は、子どもの権利が守られ、子どもが安心、安全な環境の下で暮らすことができる社会的養護の場です。養育者は、子どもの最善の利益を考慮しつつ、子どもの成長・発達を保障するように養育していきます。

　しかし、養育者も人間であり、時には子どもの態度に憤慨したりします。態度にでてしまうこともあります。自分は、どのようなとき、感情があらわになるのか、自分を知ること（自己覚知）が重要です。また、養育者の発言や行動が、傷ついた子どもにどのように受け止められるのかを理解し、不用意な言動はないか、子どもの傷をさらに広げることになっていないか（二次被害）のように、常に自己の言動を振り返るようにしましょう。

　また、他の養育者の言動で子どもが傷ついたというような相談を受けた場合は、自分だけで解決するのではなく、主たる養育者に相談したり協働したりしましょう。養育者全体が子どもがどのようなときに傷つくのか、何が好ましくなかったのかを話し合い、共有することで、より適切な支援につなげていくようします。

[引用・参考文献]
・厚生労働省雇用均等・児童家庭局「児童養護施設入所児童等調査結果（平成25年2月1日現在）」2015年
・厚生労働省雇用均等児童家庭課（仮訳）「児童の代替的養護に関する指針」2009年
・厚生労働省子ども家庭福祉課「平成30年度の児童相談所での児童虐待対応件数」2019年

④ 家族との連携

子どもたちが何らかの事情で保護者等から離れて生活しなければならない場合、家族関係はどのようになることが望ましいでしょうか。また、子どもとその家族が再び共に暮らしていくためには、どのような支援が必要か、考えてみましょう。

1 家族との連携の意義

　家族とは、夫婦の配偶関係や親子・兄弟などの血縁関係によって結ばれた親族関係を基礎にして成立する小集団です。子どもにとって、家族とは、最も基本的な人間関係をはぐくむ場であり、信頼できる大人と一緒に心身ともに安心で安定した生活を営み、成長していく場です。

　しかし、社会的養護の現場には、最も信頼している保護者や生活の基礎となる家庭での虐待等を含む不適切な養育によって、家庭から離れて生活している子どもがいます。子どもは、保護者からの虐待や不適切な養育を経験しても「親に会いたい」、「親と一緒に生活したい」という願いを持っています。また、虐待や不適切な養育を行ってしまった親にとっても、子どもに愛情がないというわけではなく、生活の中でのちょっとした環境の変化や思い違いなど、環境上の不均衡によって虐待などの問題が生じてしまっているケースが多いです。ですので、その家族と環境の均整や調和のとれた状態を再び構築することが、子どもの支援や家族の支援として必要になってきます。家族と環境のバランスの不均衡に対して、バランスがとれるように様々な角度からコンピテンス（社会的自律性）に働きかける支援を行うためには、家族との連携は不可欠なのです。

2 支援を必要とする保護者との連携

　児童福祉法や児童の権利に関する条約にも明記されているように、子どもの第一義的な養育者は、保護者です。何らかの理由により保護者による養育が困難になった場合に、社会的養護が必要になります。そのため、保護者に対しては、子どもの健全な

成長発達を支える機能を担っていけるような支援が必要です。

　保護者によっては、養育体験が少ない、自身が抱えている様々な問題や自信のなさ、生育歴上の課題などを抱えている場合もあります。保護者自身も社会の中で傷つき、頑張ってもがき、精一杯生きてきた結果、生活バランスが崩れ悪循環に陥り、助けを求めていることもあるのです。そのような保護者に対して、支援者は、時には共感し、時には助言し、子どもの共同養育者として尊重しながら信頼関係を築く姿勢を忘れてはなりません。社会的養護の場では、親子を分離し子どもを保護するだけではなく、子ども自身がよりよく生きるために、また保護者自身が親としての機能を果たすために、親子が再び良い関係を築く親子関係再構築支援が求められています。

　児童養護施設等では、2008（平成 16）年度より、家庭支援専門相談員（以下、「ファミリーソーシャルワーカー」）（2章2節（22頁）参照）が配置され、家族関係への支援や家庭復帰に向けた支援が積極的に行われています。施設では、日常生活や子どもの成長を伝えつつ、通信や面会、外出などを通して、子どもと保護者のかかわりを大切にしていきます。保護者自身も、子どもと離れて施設で生活しているが、施設と一緒に子育てを継続しているという意識を持ち、施設と協働関係を形成しながら支援プランの作成にかかわるなど、主体的にかかわることができるような支援体制が求められています。

3　家族再構築支援の実際

　「社会的養護関係施設における親子関係再構築支援ガイドライン」では、親子関係

図表 4-1　親子関係再構築支援の種類

○ 分離となった家族に対して
① 親の養育行動と親子関係の改善を図り、子どもが家庭に復帰するための支援
② 家庭復帰が困難な場合は、親子が一定の距離をとった交流を続けながら、納得してお互いを受け入れ認め合う親子の関係を構築するための支援
③ 現実の親子の交流が望ましくない場合、あるいは親子の交流がない場合は、子どもが生い立ちや親との関係の心の整理をしつつ、永続的な養育を受けることのできる場の提供
○ ともに暮らす親子に対して
④ 虐待リスクを軽減し、虐待を予防するための支援
⑤ 不適切な養育を改善し、親子関係を再構築し維持するための支援
⑥ 家庭復帰後等における虐待の再発を防止し良好な親子関係を維持するための支援（アフターケア）

出典：親子関係再構築支援ワーキンググループ「社会的養護関係施設における親子関係再構築支援ガイドライン」p6（2014 年）

再構築を「子どもと親がその相互の肯定的なつながりを主体的に回復すること」と定義しています。家族関係再構築は、分離となった家族だけでなく、共に暮らす家族に対しても関係の改善や再構築を目指しています（図表 4-1）。

　家族関係再構築には、子どもへの支援、子どもの成長そして親の養育の改善が不可欠です。子どもへの支援では、安全・安心な「当たり前の生活」の提供や安心できる大人とのアタッチメント関係の形成、感情のコントロールを促すことやトラウマの治療、過去の保護者との生活で身に着けた否定的な感情や自己肯定感の欠如からの回復支援、などがあげられます。それらの支援と子どもの回復や成長を保護者に伝えることが重要でしょう。また、保護者には、親支援のプログラムやファミリーソーシャルワーカーの支援により、生活基盤の立て直し、アタッチメント関係の形成、子どもを大切に思っていることや過去の虐待への謝罪などを促すことが重要です（図表4-2）。このように、子どもを中心としながら、施設の支援者と保護者が連携していくなかで、子どもと保護者がお互いを認め合い、主体的に肯定的なつながりへと回復できるように支援していくことが必要となるでしょう。

　なかでも、子どもの生い立ちを整理することは、「自分は、どこの誰なのか」という子どもの出自を知る権利やこれからを生きるうえで、重要な意味を持ちます。施設に入所している子どもで、保護者との交流が希薄な場合やない場合でもこれらのこと

図表 4-2　子どもの回復経路と親子関係再構築

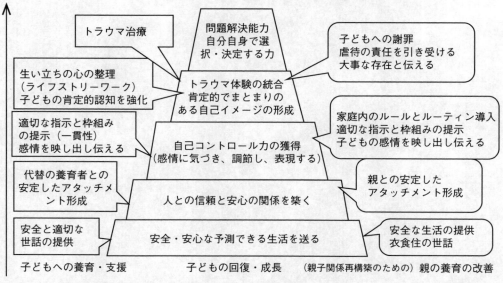

出典：親子関係再構築支援ワーキンググループ「社会的養護関係施設における親子関係再構築支援ガイドライン」p2、2014 年

は必要です。子どもの生い立ちを整理する実践の一つとして、ライフストーリーワークがあります。これは、様々な関係者が一体となって進める子どもの日常生活、ケースワーク、治療を含めた取り組みです。

　家族関係や生い立ちにまつわる事実を知ることは、非常に重く、受け入れがたいものである場合が多いです。関係職員とともに生い立ちを整理していくことで子ども自身が、これからの自分の人生を生きるうえで、自己を見失わないようにする手掛かりや道筋を作ります。子どもが自分の言葉で、生い立ちを語ることにより自己理解を促進し、生い立ちを基盤として、自己の物語を再構築する作業は、家族や親子の関係を再構築するために、不可欠だといえるでしょう。

［引用・参考文献］
・みずほ情報総研株式会社「親子関係再構築支援実践ガイドブック」（平成28年先駆的ケア策定・検証調査事業）、2017年
・親子関係再構築支援ワーキンググループ「社会的養護関係施設における親子関係再構築支援ガイドライン」2014年

⑤ 地域との連携

子どもや家庭を支援する地域の専門機関には、どのようなものがあるでしょうか。それぞれの機関の役割を考えてみましょう。

1 関係機関の理解

子どもや子育てに関係する機関として、下記のようなものがあげられます。

【公的機関】

・市町村 ・福祉事務所 ・児童相談所 ・子育て世代包括支援センター ・保健所・保健センター

【児童福祉施設】

・児童家庭支援センター ・児童厚生施設（児童館等）

【民間団体】

・社会福祉協議会

【ネットワーク機関】

・要保護児童対策地域協議会

【その他】

・民生委員や児童委員 ・医療機関 ・学校 ・NPO、など

　子どもや子育て家庭を様々な角度から支援する機関やサービスは、数多く存在します。しかし、そのような社会資源を知らない、また知ってはいるが場所がわからなかったり、サービス内容を知らないというようなこともあります。そこで、都道府県や市町村では、子育て支援のマップを作成・配布したりインターネットに掲載したりして情報を提供しています。社会的養護のもとで暮らす子どもたちやその家族は支援を必要としており、必要な支援機関が存在しながら情報を知らないために支援につながることができなかったという例は多々あります。生活上の困難は、顕在化しにくく、支援を求めている当事者であっても気がつかなかったり、自助努力でまかなおうとすることが多いのです。

図表 5-1　子育て支援マップ

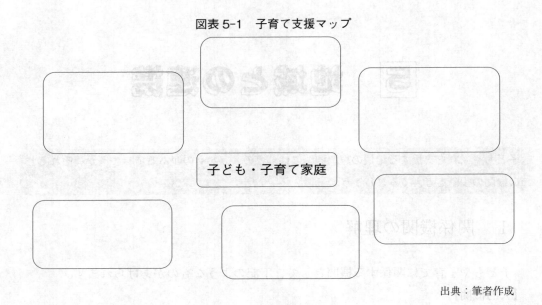

子ども・子育て家庭

出典：筆者作成

　こうした事情から、子どもに関わる機関やサービスには、当事者自身が相談などに出向くもののほかに、アウトリーチといって行政などが当事者のもとに出向いて支援する取り組みもあります。代表的な事業として、乳児家庭全戸訪問事業（こんにちは赤ちゃん事業）があります。この事業は、生後4か月までの乳児のいるすべての家庭を訪問し、子育ての悩みや不安に対して助言をしたり子育ての情報提供をしたりするものです。乳児のいる家庭と地域社会を結ぶ初めての機会を作ります。

　このように、様々な機関が子育て世帯の支援を行うとともに、養育者自身も地域にある社会資源について知り、普段から連携しようとすることも求められています。そこで、図表 5-1 を見ながら、あなたの住んでいる地域の子育て支援マップを作成してみてください。

2　地域との連携の意義

　子どもは社会的な存在であり、社会の中で暮らす権利をもっています。社会的養護には、保護者が何らかの理由で子どもを養育することが困難な場合、保護者に代わって社会全体で子どもを育てるという意味がありますが、施設という閉鎖的な環境で養育することにとどまっていた時代が長く続いていました。

　ですが、2000 年代に入ってから、家庭的な養護や地域の中で暮らす地域小規模児童養護施設が制度化され、施設自体も地域との交流や連携を積極的に行うことで地域

の多様な人々との交流を通して、社会性を身につけながら育つなど、子どもが社会の中で育つ権利の保障が実現しつつあります。子どもたちが地域で遊び、地域の幼稚園、小学校、中学校に通い、また地域でのアルバイトなど、子どもと地域の関わりは深いものです。子ども自身が「この地域で育ってよかった」と思えるような体験は、のちの社会での生活に生きることになります。そのため、地域のなかで子どもを見守りながら一緒に育っていくという関わりが必要でしょう。例えば、普段の地域での関わりや、お祭りなどの行事への参加などです。地域の人々と手を取り合って地域で子育てをしていくということを共有することが、地域との連携の意義といえるでしょう。

　施設の側からみた地域との連携では、「新しい社会的養育ビジョン」が策定されたことにより、施設の高機能化及び多機能化・機能転換、小規模かつ地域分散化が求められています。具体的には、一時保護委託の整備や里親支援機能の強化、市町村と連携した在宅支援等です。また、子どもの養育に関する専門的な知識を生かして、地域の子育て家庭との相談や、施設の地域開放の子育て支援による地域貢献が期待されています。

　地域連携では、施設の中でボランティア、実習生、学校、子ども会、要保護児童対策地域協議会などの担当を決め、関わりを深めていきながら施設について知ってもらうことが重要です。また、専門的な機関との連携においても、必要なときにいつでも連携できるように普段から担当者と密に連絡をとりあうことが必要です。関係機関の連携は、個人情報に配慮しながら、情報共有をすべき事項を把握し、お互いの専門性や役割を理解しながら行います。様々な立場の機関と協働することで、施設だけでは対応の難しい課題について、話し合い、連携することで、子どもの最善の利益を保障することにつながります。

3　より専門的な支援を必要とする場合の関係機関（医療機関等）との連携について

　特に困難な課題を抱えるケアニーズの高い子どもには、より専門的な支援が即時に必要となる場合があります。施設内の心理職や医師（嘱託医）、看護師との連携に加え、地域の医療機関との連携も必要です。子どもによっては、持病があったり、定期的な通院を必要としている子どももいたりするので、医療機関や担当医との連携も重要になります。子育て支援員も通院に同行することがあるかもしれません。また、急な高熱や命に危険があるような病状の悪化の場合もあります。さらに、精神的に不安定な子どもに対する専門職による心理的ケアなど、子どものケアニーズに応じた支援

が可能になるように関係機関との連携や関係づくりは不可欠です。8節でも触れますが、施設から無断外泊をした場合などには、地域の関係機関とともに警察との連携も必要となってきます。

　特に配慮の必要な子どもの情報については、主たる養育者や専門職員と十分確認し、緊急対応の方法や連絡体制を整え、子育て支援員としても対応する心構えをすることが重要です。

[引用・参考文献]
・厚生労働省子ども家庭局長「乳児院・児童養護施設の高機能化及び多機能化・機能転換、小規模かつ地域分散化の進め方」について、2018 年

6 社会的養護を必要とする 子どもの遊びの理解と実際

子どもにとって遊びとは、どのようなものか考えてみましょう。そのうえで、社会的養護を 必要とする子どもの発達や遊びについて理解しましょう。

1 「遊び」の意義

　遊びとは、ピアジェをはじめ様々な心理学者によって整理・分類されてきました。 子どもにとって遊びとは、楽しいこと、わくわくすること、やってみたいことのよう に、多くは主体的なものです。また、遊んでいるうちに身体的な発達が促される、知 的好奇心が高まる、覚えるなどの学習効果が高まる、人間関係が深まる、社会性が身 につくなど、子どもは遊びを通して、様々なことを獲得していきます。

　社会的養護を必要とする子どもは、遊びの体験が少ない場合も多く、例えばネグレ クトで外に出て遊びを体験することが少ない、他の子どもとの関わりを持つことがで きない環境である、あるいは身体的、精神的虐待などで心や体を開放して遊ぶ経験が 少ないなど、十分な遊びを体験できなかった子どもがいます。そのため、虐待を受け た子どもは遊びが断片的になりやすい傾向にあると言われています。また、遊びの道 具や一つの遊びに固執する傾向にあることもあります。遊びの中での子ども同士の関 わりも十分に経験していない子どももいるため、子ども同士のトラブルも発生しやす いのです。

2 年齢に応じた遊びの内容

　子どもの遊びは、年齢や発達に応じて変化していきます。乳児や1、2歳児では、 一人で遊んだり特定の大人を中心に遊んだりします。年齢が上がるにつれて、同じ遊 びをしているけれども、子ども同士がお互いにあまり関わらない平行遊びや、他の子 どもとおもちゃをやり取りして遊ぶ連合遊びに発展していきます。また、ごっこ遊び など模倣・想像する遊び、ルールのある遊び、共通の目的に向けた友達関係のなかで 役割を持って行う共同遊びなど、遊びのバリエーションは増えていきます。

　社会的養護を必要とする子どもは、愛着関係のある大人との遊び、子ども集団の中で遊ぶ体験の不足、虐待によって心を開放して遊ぶことが困難な場合があることは、前項でも説明した通りです。施設等で生活する子どものこのような現状を踏まえ、子育て支援員は、子どもとともに遊びを体験しながら関わっていくことが重要です。そのなかで、子ども同士のトラブルやその子どもの抱えている問題や課題がみえてくることもあります。子どもたちが遊びの中で育つことを念頭に置き、様々な遊びや遊び方があることを伝えていきましょう。

3　配慮すべきこと

　社会的養護を必要とする子どもたちは、施設等に入所する以前の家庭環境により、愛着関係の形成が不十分であったり他者との境界線がない傾向にあったり、また相手の気持ちを汲み取ることが苦手である場合が少なくありません。そのため、生活や遊びの中でも、不適切な身体接触によって、子ども間で性的な問題が発生することもあります。遊びの中では、子ども同士の距離が近づく、ルールのある遊びで上下関係ができるなどをきっかけに不適切な身体接触が発生し、性的な問題へと発展することがあります。このようなことを念頭に置き、子どもの距離が近くなりすぎないような配慮が必要です。もちろん、だからと言って性に対してタブー視するのではなく、子どもの年齢に応じた性の発達を理解し、それに関して正しい知識が持てるよう支援していくことも大切です。

　遊びや生活の中で、プライベートゾーン（口、胸、おしり、性器など）は触らない、適切な身体接触（良いタッチと悪いタッチ）の指導（腕の範囲を示すアームルールなど）を行い、他者を大切にする、また嫌なことは自分で拒否することなどを伝えていきましょう。

　こうした配慮をしつつ、遊びを通して、思いきり体を使って楽しむ、主体的に参加する、できないこともコントロールしながらチャレンジする、仲間と協働する等を経験して、自己肯定感を育み、自分を発揮できるようになっていく支援を行います。

[引用・参考文献]
・C.カミイ・加藤康彦編著『子どもの遊びと発達1』大学教育出版、2007年
・厚生労働省「児童養護施設運営ハンドブック」2014年
・みずほ情報総研株式会社「児童養護施設等において子ども間で発生する性的な問題等に関する調査報告書」（平成30年度厚生労働省委託事業）、2019年

7 支援技術

思い込みや経験による支援方法だけでは、子どもの最善の利益の実現や権利擁護は実現できません。子どもの最善の利益を保障する支援とは、どのようなものでしょうか。

1 子どものニーズに応じたコミュニケーションスキル

　子どもたちは、年齢、成熟度、その時の課題などによって、様々な言動をとります。そのような子どもの意見は、子どもの権利条約にも明記されているように尊重しなければなりません。しかし、子育て支援員にとって予期しないような子どもの生い立ちや虐待経験の話に戸惑うことがあるでしょう。そのようなときに、養育者は、落ち着いて話を傾聴したり、正しいメッセージを伝えたりすることが重要です。ケースワークの技術として、バイスティックの7原則があります。この原則は、対人援助の基本的な技法として広く活用されており、子どもに対する援助でもこの原則に即したやり方が有効です。以下のバイスティックの7原則についてみていきましょう。

（1）個別化の原則
　子どもや家族の抱える困難や問題、ニーズは、似たようなものであっても人それぞれ違うものです。子ども一人ひとりの問題や課題に対して、個々の問題であるという認識のもと、関わる姿勢が求められます。

（2）受容の原則
　子どもの考えや思い、願いは、子どものそれまでの家庭環境や経験からくるものです。例えば、夏でも保護者から長袖しか着させられなかった子どもはそれが常識であったり、児童虐待により食事を制限されていた子どもは少ししか食べないことが普通であったりします。そのような子どもの状況や言葉をあるがままに受け入れるということです。それは、その子の現実をみつめることでもあります。

（3）意図的な感情表出の原則

　子どもは、施設等での生活の中で、肯定的な感情だけではなく、時には否定的な感情も表出します。そのような子どもの感情表現の自由を認めることを指します。試し行動をしたり、うそをつく、暴れるなど否定的な感情は、養育者としては抑えることで対応しようとする傾向にあるかもしれませんが、そのような否定的な感情を表出させることで子ども自身が自分を見つめ直すきっかけとなることもあります。

（4）統制された情緒的関与の原則

　養育者自身が子どもの言動によって感情的にならないようにするという考え方です。子どもの生い立ちや虐待などの話は、時には壮絶であり、養育者であっても悲しくつらい気持ちになるような話もあります。虐待をした保護者に強い怒りを感じることもあるでしょう。また、子どもが身勝手な感情や思いをぶつけてくることもあるかもしれません。そのような養育者の感情がゆさぶられるような言動があるときにも、養育者は、常に「このようにしなければ（話さなければ）ならない」子どもの気持ちを理解し、自らの感情を統制して接することを忘れてはいけません。養育者は、常に自分がどのようなとき感情が揺さぶられるのかを把握し、自分を知ること（自己覚知）が求められます。

（5）非審判的態度の原則

　子どもの言動や考えに対して、養育者は善悪を判断しないという考え方です。一般的な通念上、倫理上よくないとされることであっても、その子やその家族にとってみれば普通の出来事ととらえる場合があります。例えば、ネグレクトを受けてきた子どもの中には、布団の上でご飯を食べることが当たり前だったというような場合があります。こうしたことは、子どもの生活習慣上、好ましいことではありませんが、そのようなときにすぐにそれは違うというような善悪を判断するような言葉を養育者はしないということです。養育者自身、自らの経験や育ち、社会通念などから子どもに対して善悪を判断してしまう傾向にあることを自覚しておきましょう。自らの話を否定された子どもは、それ以降本当の話をしてくれなくなり、信頼関係もなくなってしまう可能性があります。

（6）自己決定の原則

　子どもの人生は、その子ども自身のものです。家族関係の問題や自分の進路などを決める、目の前の行動を決定するのは子ども自身です。時には間違った自己決定をし

てしまうかもしれません。しかし、養育者が考えを押し付けるのではなく、子ども自身の問題を自分自身で解決できるよう支援することが養育者の務めです。

（7）秘密保持の原則

　子どもやその家族に関する情報は決して他人に漏らしてはならないという考え方です。子どもの支援に関する担当者とは連携して支援する必要があるため、情報共有は行う必要がありますが、子どもの個人的情報・プライバシーは絶対にもらしてはいけません。

2　生活における支援

　子どもの日々の生活を支え、支援していくことの総体を「インケア」といいます。施設等に入所している子どもたちは、虐待や不適切な養育を経験していることが多いです。そのため、「当たり前の生活」を営むことが困難だった子どももいます。安全で安心できる環境で暮らす、栄養が考えられた三食の食事をとる、清潔で季節感のある衣服を着る、定期的に入浴する、布団の上でぐっすりと睡眠をとる、落ち着いて学習をしたり、学校に行ったりすることができるなど、日々の当たり前の生活の提供が支援の第一歩です。入所以前の家庭での生活習慣により、食が細かったり、夜何度も起きてしまう、入浴を嫌がるなどの行動がある子どももいるかもしれません。そのようなときにも、子ども自身の生い立ちやこれまでの生活を理解し、注意したり、正しい姿を押し付けるのではなく、今の子どもの姿を受容し、できたときにはしっかりとほめるなど、子どもの良い面に着目した（ストレングス視点）声かけをしていきましょう。

　一般的に、子どもの保護者であっても、子どものできない点ばかり気になる、子どもに良かれと思いついつい言いすぎてしまい、子どもとの関係がうまくいかないということはあります。そのような親子関係を改善するためのプログラムとして、ペアレンティング・プログラムがあります。このプログラムでは、いかにほめるかなど子どもに対する保護者の姿勢や行動などを示しています。このようなプログラムの支援技術なども踏まえてみましょう。

　子どもたちの自立に向け年齢に合った生活や遊び、季節の行事などの生活体験を提供しながら支援していくことも大切です。

3　記録（日誌を含む）の書き方

　児童養護施設や乳児院、母子生活支援施設等では、職員の勤務は断続的であり、早番、遅番、夜勤などがあります。子どもの一日の生活の中で職員が入れ替わり、子どもの様子も異なるため、引継ぎや連絡のため記録や日誌を書くこともあります。子どもの様子を記録することは、日々の子どもの成長や変化などに気づき、よりよい支援へとつながるものです。

　記録には、子どもたちを支援するための「支援記録」と、業務日誌や日報、月報、会議記録などの業務を遂行するための「管理運営記録」があります。記録の記述方法には、①叙述体記録、②要約体記録、③説明体記録があります。時間の流れに沿って、出来事や人の様子を細部にわたって記述する過程叙述体で書くとよいでしょう。

4　個人情報の保護

　インターネットの普及等により個人情報の保護が課題となっています。特に、保育や福祉の現場では、子どもや利用者、その保護者に関するプライベートな情報が集約されており、福祉現場で働く支援者はそれらを知りえる立場にあります。このことは、子育て支援員であっても例外ではありません。例えば子どもの生い立ちに関することや、入所理由、保護者の状況などが挙げられます。そのため、特に社会福祉分野では個人情報を適正かつ慎重に取扱うことが求められています。

　このような状況を踏まえ、2005（平成17）年に全面施行した「個人情報の保護に関する法律」に基づいて、厚生労働省は、2013（平成25）年3月に「福祉分野における個人情報保護に関するガイドライン」を策定しました。

　このガイドラインでは、「個人情報」を次頁図表7-1のように捉えています。

　子育て支援員は、子どもであっても、子どものプライバシーに関する情報を知る立場にあることは変わりません。そのことを十分に認識し、主たる養育者から個人情報の扱い方を学びながら、支援にあたってください。

　また、通勤途中の交通機関の中や喫茶店などで、同僚と子どもについて話をすることなどは、守秘義務違反にあたります。なぜなら、関係者が近くにいて見たり聞いたりすることで、個人を特定できることがあるからです。携帯電話やスマートフォンで子どもや園内外を無断で撮影したり、それをインターネット上（SNSも含む）に掲載したりすることも個人情報の漏えいにあたります。子どもの権利擁護や人権尊重の

図表7-1　「福祉分野における個人情報保護に関するガイドライン」

第2　定義
〈1　個人情報〉
　「個人情報」とは、生存する個人に関する情報であって、当該情報に含まれる氏名、生年月日、その他の記述等により特定の個人を識別することができるもの（他の情報と容易に照合することができ、それにより特定の個人を識別することができることとなるものを含む。）をいう。
　「個人に関する情報」とは、氏名、性別、生年月日、住所、年齢、職業、続柄等の事実に関する情報に限られず、個人の身体、財産、職種、肩書等の属性に関する判断や評価を表す全ての情報を指し、公刊物等によって公にされている情報や、映像、音声による情報も含まれる。これら「個人に関する情報」が、氏名等と相まって「特定の個人を識別することができる」ことになれば、それが「個人情報」となる。
　福祉関係事業者、福祉関係事業に従事する者及びこれらの関係者が福祉サービスを提供する過程で、サービス利用者等の心身の状況、その置かれている環境、他の福祉サービス又は保健医療サービスの利用状況等の記録は、記載された氏名、生年月日、その他の記述等により一般的に特定の個人を識別することができることから、個人情報に該当する場合が多い。
　なお、生存しない個人の情報については法の対象とされていないが、福祉サービスの利用者が死亡した後においても、福祉関係事業者が当該者の情報を保存している場合には、漏えい、滅失又は毀損等の防止を図るなど適正な取扱いに取り組むことが期待されている。また、家庭環境に関する情報のように、生存しない個人に関する情報が、同時に、遺族等の生存する個人に関する情報に当たる場合には、当該生存する個人に関する情報として法の対象となる。
　また、福祉サービス利用者のみならず、利用者の家族、施設の職員、ボランティア等の個人情報も法の対象であり、「個人」には外国人も当然に含まれる。

精神を十分理解し、軽率な行動をとらないようにすることが求められています。
　何気ない行動によって、子どもが権利利益を阻害されることのないようにする必要があります。

[引用・参考文献]
・厚生労働省「福祉分野における個人情報保護に関するガイドライン」2013年
・F・P・バイスティック、尾崎新・福田俊子・原田和幸訳『ケースワークの原則（新訳改訂版』誠信書房、2006年

8 緊急時の対応

社会的養護の現場では、どのような危険が想定されるでしょうか。集団生活に伴う危険や発達段階における事故について考えてみましょう。また、その対策としてどのようなことが考えられるでしょうか。

1 子どもの発達段階における事故防止

　子どもの事故は、発達段階によって異なります。子どもは、発達段階で様々なことができるようになる一方、大人が考えないような思わぬ事故、予期せぬ事故に遭う危険性があります。また、体の機能も十分でない子どもは、病気が重篤化したり、そのことを周りの大人に伝えることが困難な場合もあるでしょう。図表8-1は0歳から19歳までの子どもの年齢別死因をまとめたものです。

　まず、乳児の体の特徴として、頭部が大きいことにより少し覗き込んだだけでも転倒や落下の危険があります。高いところからの落下や浴室への落下によりおぼれたりすることもあります。何でも口に入れる時期には、小さなおもちゃや電池、磁石、薬品等は子どもの近くに置かないようにしましょう。特に、0歳児に特徴的なものとして、乳幼児突然死症候群（SIDS）があります。SIDSは、睡眠中の赤ちゃんがなんの予兆、既往歴もないにも関わらず、死に至る原因不明の病気です。厚生労働省によると、SIDSの予防には1歳になるまでは、あおむけに寝かせる、母乳で育てる、禁煙することが推奨されています。

　また、幼児では、食べ物による窒息、海・川、プールでの事故、遊具や道路上での事故などが挙げられます。遊んでいるうちに大人が気付かないところにはい入り込んでしまったり、色々なものに興味を持って触れてしまったりすることが大きな事故につながる危険があります。

　さらに、小学校低学年では、色々なことが自分で判断できるようになる一方、運動能力が活発になり行動範囲も広がり、大人の目が届きにくい場合もあります。道路上や自転車での事故、海、川、プールなど水場での事故などの危険があるので、注意が必要です。小学校高学年から中・高生にかけての死因の一位は自殺となっています。

図表 8-1　緊急時の対応

年齢	第1位原因	死亡数	第2位原因	死亡数	第3位原因	死亡数	第4位原因	死亡数	第5位原因	死亡数
0歳	先天奇形、変形及び染色体異常	635	周産期に特異的な呼吸障害等	236	不慮の事故	77	乳幼児突然死症候群	69	胎児及び新生児の出血性障害等	64
1〜4歳	先天奇形、変形及び染色体異常	178	不慮の事故	70	悪性新生物〈腫瘍〉	60	心疾患	33	肺炎	24
5〜9歳	悪性新生物〈腫瘍〉	75	不慮の事故	60	先天奇形、変形及び染色体異常	51	心疾患	16	その他新生物〈腫瘍〉	12
10〜14歳	自殺	100	悪性新生物〈腫瘍〉	99	不慮の事故	51	先天奇形、変形及び染色体異常	37	心疾患	20
15〜19歳	自殺	460	不慮の事故	232	悪性新生物〈腫瘍〉	125	悪性新生物〈腫瘍〉	61	先天奇形、変形及び染色体異常	23

※死因順位（第5位まで）別にみた年齢階級・死亡数
出典：厚生労働省人口動態統計平成29年データより筆者作成

思春期を迎え、体も心も不安定になる時期であり、自分とは何者なのかを模索する時期です。心身ともに悩みはないか、悩みなどを抱え込んでしまっていないか、気にかけましょう。

　事故防止の環境整備としては、小さい子どもがいるところでは、誤飲の危険のあるものや薬品類、やけどにつながるものは置かない、角があるものは、クッション材等を使いぶつけたりしないようにします。また、衛生的にも清潔を心掛け、子どもが口に入れても危険がないよう消毒等を頻繁にしましょう。また、施設などでは、子どもの睡眠時、数時間おきに様子をみたり呼吸を確認するなどの対策も取られています。職員間でも子どもの発達の特徴やそれに伴う事故の危険について研修等を行い、危ない場所の告知などをして、危険に対して常に意識し、事故を未然に防ぐ努力が必要です。

2　緊急時の連絡・対応について

　子どもの事故はどれほど気を付けていても起きてしまう場合があります。児童養護施設運営指針には、事故発生対応マニュアル、衛生管理マニュアル等を作成し、職員に周知するなど組織として緊急時の安全確保のために、体制を整備し、機能させるこ

とが求められています。また、災害時に対する子どもの安全確保のために食料や備品類などの備蓄リストを作成し、備蓄を進めるなどの災害時の取り組みについても触れられています。さらに、多くの子どもが生活している社会的養護の現場では、感染症も蔓延しやすいので、感染症対応マニュアル等を作成し、感染症や食中毒が発生することへの想定も必要です。

　養育者は、安全確保・事故防止に関する研修に参加する、心肺蘇生法やAEDの使用法、止血法などを身につける応急手当講習を受けるなどして、「もしもの時」に備え準備をしておきましょう。また、不審者等外部からの侵入防止のための対策や訓練など組織として不測の事態に備えましょう。さらに、子ども、一人ひとりの健康や安全については、嘱託医、医療機関とも連携する必要もあります。

3　配慮を要する対応について

（1）アレルギーへの対応

　厚生労働省によると、国民の約5割がなんらかのアレルギー疾患に罹患しているという報告があります。アレルギー疾患とは、本来なら反応しなくてもよい無害なものに対する過剰な免疫反応です。子どもに多いアレルギー疾患としては、食物アレルギー、小児気管支喘息、アトピー性皮膚炎、アレルギー性鼻炎などですが、その他動物や昆虫に対するアレルギーやハウスダスト、花粉などもあります。

　ここでは、特に食物アレルギーについて説明します。食物アレルギーとは、特定の食物を食べた後、皮膚・呼吸器・消化器あるいは全身に生じる症状のことを指します。皮膚にかゆみが生じたり、せき込むなどの症状です。また、アレルギー反応により、じん麻疹、腹痛や嘔吐、息苦しさなどが複数同時に急激に出現した状態をアナフィラキシーといいます。その中でも、生命にかかわる重篤な状態、例えば、血圧が低下したり、意識レベルの低下や脱力をきたす、意識がないなどの状態をアナフィラキシーショックといいます。子どもに起こるアナフィラキシーは食物アレルギーに起因するものが多いとされています。

　食物アナフィラキシーを起こした場合、発現から心停止までの時間は約30分と言われており、アナフィラキシーの症状を緩和する補助治療薬エピペンというアドレナリン自己注射薬を処方されている子どもがいます。もし、食物が原因で重篤な状態が現れた場合、子ども自身が使用できない場合には人命救助の観点から保護者や教職員、保育士が使用してもよいことになっています。いざというとき、確実にエピペンを使うことができるよう練習用のエピペントレーナーで練習をしておくことや全職員

で使用の仕方を確認することが、子どもの生命を守ることにつながります。

（2）被虐待児や DV 被害者に対する加害者への対応

　子どもを虐待した保護者の中では、「しつけのつもりだった」として、施設入所を拒んだり、入所児童を執拗に連れて帰りたがる者がいます。子どもの虐待の場合、加害性が高い場合には保護者との面会や通信には一定期間制限を設け、児童相談所と連携しながら親子再構築への道を模索します。ですので、保護者の都合で面会に来ることや通信を行うということはできません。しかし、そのようなことを無視して、電話をかけてきたり、施設に直接来るようなことがあるかもしれません。そのようなときは、決して子どもに接触させてはいけません。脅しや加害の可能性がある場合には、警察とも連携をして、対応することが求められるでしょう。

（3）子どもの病気やけが、事故を発見した時の対応

　子どもは、心身ともに未熟なため、朝は元気でも夕方から急に熱を出したり、急に嘔吐したりするときがあります。乳幼児の場合には、高熱によるひきつけ、急激な高熱、便の異常が生じたり、頭をぶつけたり、出血があったりのような思わぬ事故も多々あります。そのようなときは、まず、養育者自身が落ち着いて子どもの様子を確認し、医療機関に連れていきます。緊急を要するような場合には、119 番通報をして救急車を要請することもあるでしょう。意識がなく、救急車を待てないような場合には、AED などを使用することができるよう確認しておくことが重要です。また、普段から子どもの持病や服薬についても確認しておくとよいでしょう。

4　現場で起こりうる危機場面について

（1）現場で起こりうる危機場面の理解と対応

　子どもは、一般的に自分の思いや要求を適切に相手に伝えることが困難な場面がありますが、保護者から日常的に身体的もしくは精神的に暴力を受けてきた、あるいは学校でいじめに遭ってきた子どもは、より自分の気持ちや要求を伝えることが困難です。そのため、自分の気持ちを暴力によって表現したり、大切にされてこなかった経験から他者を大切にできない場合があります。暴力やいじめは、決して許されるものではないので、子ども同士の不適切な関係については、職員が介入し、自傷や他害の危険性が高い場合は、周囲の子どもの安全を守るよう行動することが重要です。

　特に危険な場合には、一時的に生活の場を他児から離し、職員と落ち着いた生活を

取り戻せるような空間で生活の取り組みを行うこともあります。その場合、ただ単に本人を責めるのではなく、暴力を行った本人も傷つけることのないようにする配慮も求められます。子どもが訴えたいこと、気持ちを受容し、繰り返し傾聴する態度が養育者には必要です。養育者は、日ごろから、子どもの行動上の問題について把握し、ほかの子も含めて生活が安定するよう、本人が自己肯定感を持って生活できるよう対応し、暴力やいじめが生じないようにするための予防策を職員全体で共有することも求められます。

（2）無断外泊・喫煙などの問題行動

　無断外泊・喫煙などの問題行動は、結果的に子ども自身の健康や安全を害するものになります。未成年の飲酒や喫煙が、法律上認められていないのは、子どもの心身をむしばむからであり、また、依存性が高いためでしょう。大人になったつもりや好奇心で、また友人に誘われてなどの理由で飲酒、喫煙をしてしまう子どもたちもいます。虐待を受けて育った子どもの中には、自己肯定感が低く、自分のことを大切にできない子どもがいますが、自分の体や自分自身を大切にする経験を積み上げ、子どもが自分の健康を守るという認識ができるような取り組みや対応が求められます。

　また、無断外泊は、事故や事件に巻き込まれるなどの危険と隣り合わせです。無断外泊が発覚した際には、警察や地域と連携を取り、子どもの安全を守ることを最優先にすべきでしょう。ルールを守るということはもちろん大事ですが、なぜそのような問題行動をするに至ったのかを傾聴し、損なわれた秩序の回復に努めることが求められます。

[引用・参考文献]
・消費者庁「子ども事故から守る！ 事故防止ハンドブック」2019 年
・厚生労働省「児童養護施設運営指針」2012 年
・厚生労働省雇用均等・児童家庭局長、厚生労働省社会・援護局障害保健福祉部「児童福祉施設における食事の提供に関する援助及び指導について」（雇児発 0331 第 1 号／障発 0331第 16 号／）、2015 年
・マイライン EPD 合同会社「エピペンガイドブック」2018 年
・厚生労働省「人口動態統計」2019 年

⑨　施設等演習

施設等での社会的養護において、子育て支援員が果たす役割とはどのようなものでしょうか。また、その役割を果たすためには何が必要になるでしょうか。本章で学んできたことを踏まえて、子どもの様子や支援のイメージについて考えてみましょう。

1　社会的養護の現場の理解（30分）

　ここでは、施設等で子どもたちがどのような暮らしをしているのかについて、全国児童養護施設協議会による紹介を通して確認してみましょう。

2　演習（90分）

　本章で学んだことや前項の図表を見て、社会的養護の支援者（子育て支援員）の役割とは何か、役割を果たすために何が必要かをグループで話し合ってみましょう。

[引用・参考文献]
・全国児童養護施設協議会「もっと、もっと知ってほしい児童養護施設」
　　http://www.zenyokyo.gr.jp/pdf/pamphlet_h27.pdf

図表 9-1　児童養護施設の実態とくらし

児童養護施設ってどんなところ？

「社会的養護」
～全ての子どもを社会全体で育む～

社会には様々な理由により、保護者がいなかったり、保護者の適切な養育を受けられなかったりする子どもたちがいます。「社会的養護」は、こうした子どもたちを、公的責任で保護・養育するとともに、これらの家庭を支援する仕組みです。児童養護施設は、この「社会的養護」の仕組みの中に位置付けられています。

児童養護施設は児童福祉法に定められた児童福祉施設です

第41条：児童養護施設は、保護者のいない児童（中略）虐待されている児童その他環境上養護を要する児童を入所させて、これを養護し、あわせて退所した者に対する相談その他の自立のための援助を行うことを目的とする施設とする。

家庭に代わる子どもたちの家

児童養護施設は全国に約600あり、それぞれの施設の近くには、民家やアパート等を利用したグループホームが増えています。児童養護施設には、保護・養育を必要とする概ね2～18歳の子どもたち約3万人が暮らしています。施設への入所手続きは、都道府県等に設置される児童相談所が、公的責任のもとで行っています。

子どもたちの主な入所理由

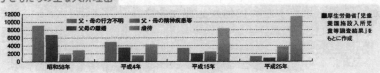

■厚生労働省「児童養護施設入所児童等調査結果」をもとに作成

凡例：父・母の行方不明／父・母の精神疾患等／父母の離婚／虐待

昭和58年　平成4年　平成15年　平成25年

児童養護施設の在所児童数

年齢	計	年齢	計
0歳	2 (0.0%)	10歳	2,022 (6.7%)
1歳	30 (0.1%)	11歳	2,101 (7.0%)
2歳	366 (1.2%)	12歳	2,283 (7.6%)
3歳	933 (3.1%)	13歳	2,242 (7.5%)
4歳	1,299 (4.3%)	14歳	2,414 (8.1%)
5歳	1,417 (4.7%)	15歳	2,471 (8.2%)
6歳	1,598 (5.3%)	16歳	2,130 (7.1%)
7歳	1,556 (5.2%)	17歳	1,861 (6.2%)
8歳	1,712 (5.7%)	18歳以上	1,607 (5.4%)
9歳	1,910 (6.4%)	合計	29,979

■厚生労働省「児童養護施設入所児童等調査結果」（平成25年2月1日現在）をもとに作成

入所時の年齢別児童数

年齢	計	年齢	計
0歳	55 (0.2%)	10歳	1,402 (4.7%)
1歳	849 (2.8%)	11歳	1,324 (4.4%)
2歳	6,408 (21.4%)	12歳	1,156 (3.9%)
3歳	3,745 (12.5%)	13歳	1,126 (3.8%)
4歳	2,620 (8.7%)	14歳	909 (3.0%)
5歳	2,187 (7.3%)	15歳	619 (2.1%)
6歳	2,171 (7.2%)	16歳	241 (0.8%)
7歳	1,814 (6.1%)	17歳	92 (0.3%)
8歳	1,702 (5.7%)	18歳以上	14 (0.0%)
9歳	1,510 (5.0%)	合計	29,979

■厚生労働省「児童養護施設入所児童等調査結果」（平成25年2月1日現在）をもとに作成

（児童養護施設の暮らしって？）

❀ 特別ではなく、ふつうの生活

「おはよう」のあいさつで一日が始まり、朝ごはんを食べて、歯磨きをしたら、「行ってきます」と地域の学校や幼稚園へ登校します。学校が終われば、クラブ活動をしたり、友だちと遊びに出掛けたり、宿題や読書をする子もいます。おいしい夕食と楽しい時間を過ごしたら、「おやすみ」と温かい布団で眠りにつきます。どこの家庭にもある風景が、児童養護施設でも日々営まれています。

❀ より家庭に近いスタイルへ

児童養護施設は、子どもたちが共同で生活しています。現在、より家庭に近い養育環境を整えるため、少人数グループでの生活を基本とする、施設の小規模化に向けた取組みを進めています。

施設形態の例

約600施設

大舎 40.4%　中舎 11.6%　小舎 32.0%　その他 16.0%

● 施設の形態について
大舎：1舎20人以上　中舎：1舎13人〜19人
小舎：1舎12人以下　■平成26年度全養協調べ

年長児童の将来の希望

	1位		2位	
男（中3）	スポーツ・芸能・芸術	12.4%	大工・建築業	8.7%
女（中3）	先生・保育士・看護師等	21.4%	飲食業・調理等	11.8%
男（高3）	工場に勤める	13.2%	先生・保育士・看護師等	9.3%
女（高3）	先生・保育士・看護師等	18.9%	飲食業・調理等	13.4%

■厚生労働省「児童養護施設入所児童等調査結果」（平成25年2月1日現在）をもとに作成

児童の在所期間

1年未満
1年以上〜2年未満
2年以上〜3年未満
3年以上〜4年未満
4年以上〜5年未満
5年以上〜6年未満
6年以上〜7年未満
7年以上〜8年未満
8年以上〜9年未満
9年以上〜10年未満
10年以上〜11年未満
11年以上〜12年未満
12年以上

0　1000　2000　3000　4000　5000

「1年未満」が最も多く、期間が長くなるに従い児童数が漸減している。平均在所期間は4.9年。

■厚生労働省「児童養護施設入所児童等調査結果」（平成25年2月1日現在）をもとに作成

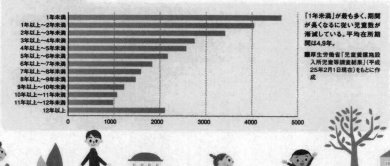

第 **5** 章

地域保育コース
共通科目

1 乳幼児の生活と遊び

子どもの発達の特徴や家庭生活との連続性を配慮するうえで、どのような点がポイントとなるでしょうか。また、そのような配慮をもとに、子どもの遊びや人との関わり、保育の一日の流れなどについて考えます。

1 子どもの発達と生活

　保育所には０歳から小学校入学前までの各発達段階の乳幼児がおり、遊びや食事、睡眠、排泄などの基本的な生活を行いながら過ごします。身体的にも心的にも最も発達が著しい乳幼児期には、わずかな年齢の違いで子どもの様子は大きく異なります。保育者はこれらの違いやひとりひとりの発達の様子を理解したうえで、生活や教育上の援助を考える必要があります。また、子どもにとって保育所は家庭と同じく生活の場です。保育所での生活が家庭生活とかけ離れ、子どもがその隔たりに戸惑うことがないよう、保育所の環境や子どもとの関わりを考えることも必要でしょう。このような発達と生活への配慮があってこそ、子どもは快適に安心して保育所での生活を過ごすことができます。

（1）生活や発達の連続性に考慮した保育
　発達を考慮した援助では、まず、いま現在の子どもの様子を保育者が理解することが大切です。それと同時に、いまより少し先の発達を展望的にとらえることも必要です。これらは、「子どもがいま現在できることを伸ばす、またはできないことを支える」という視点と、「いまはできないことでも援助によって将来の発達を一歩押し上げる」という視点を表しています。乳幼児の発達は変化が大きく、また、できていたことができなくなったり、停滞したりと、必ずしも同じペースで進むとは限りません。子どものいまの発達をとらえ、そして、これからの発達を予想するのは難しいことかもしれませんが、このような視点が見通しを持った保育へとつながるでしょう。
　子どもにとって環境の変化は、心的・身体的にも大きな影響を与えます。そのため、保育園での子どもの生活は、人的にも物理的にもできるだけ安定したものになる

よう配慮が必要でしょう。例えば、保育者が日々の継続的な子どもとの関わりから、保育所における子どもの安全基地となることもそのひとつです。さらに、子どもが安心していきいきと過ごせるよう、子どもの活動や動き、安全性を考えた環境や、家庭と同様の暖かな環境を作ることも大切です。そのような環境作りを保育所が示すことは、保護者にとっても子どもを預けるうえでの安心感につながるでしょう。

2　子どもの遊びと環境

　乳幼児期において、遊びは子どもの発達の原動力です。楽しい・面白いという感情によって行われるからこそ、子どもは主体的に遊びを行います。子どもの生活は遊びが中心ですが、その中で、他者との関わりや物についての理解、遊びを実行し工夫するための創造やイメージ、ルールに関する道徳的な理解、といったさまざまな能力が発達していきます。

（1）遊びによる総合的な保育
　遊びには、感覚・知覚やイメージ、表現を用いた認知的な側面と、他者とイメージを共有したり、ルールのもとに協同的に行ったりといった社会的な側面とがあります。認知的な側面においては、例えば、おもちゃや遊具、空間などの物理的環境を整えることも大切です。保育者のそのような配慮は、子どもの遊びたいという気持ちや主体的な活動の実現を援助します。また、社会的な側面においては、他者の存在そのものが重要になります。時には、他者との協同的な関わりだけではなく、仲間に入れてもらえない、意見の食い違いでけんかになるなど、楽しいことばかりではない事態も起こり得ます。そのような時、保育者はどのように援助をすれば良いのでしょうか。遊びはあくまで子ども主体の活動ですから、大人のルールや意見を押し付けて無理やり一緒に遊ばせたり、意見の違いを終結させたりすることは有効とは言えないでしょう。子どもがお互いの気持ちを理解できるよう子どもの気持ちを代弁して伝える、自分だったらどう感じるかを考えさせる、事態の原因を一緒に話し合うといった保育者のサポートによって、子どもが自分たちで問題解決を模索することも遊びにおける大切な社会的側面でしょう。

（2）遊びを豊かにする環境のあり方
　子どもの豊かな遊びを援助するうえでは、保育者が子どもの発達の状況や、どのような遊びを面白いと思っているのかなどの興味・関心を理解することも大切な役割と

言えるでしょう。例えば、運動能力が未熟な乳児であっても、見る、聞く、触るといった感覚を刺激するようなおもちゃであれば遊びを楽しむことができます。同時に、おもちゃを触りたいという欲求が子どもの運動を促すでしょう。ハイハイや歩行などの運動能力が発達してくる時期には、空間を広く使い、マットなどでコースを作るなどの工夫も考えられます。他にも、絵本や折り紙などひとり遊びを楽しめる空間や、ごっこ遊び・見たて遊びに使える道具を備えた空間など、色々な遊び環境を作ることで子どもそれぞれの発達と興味に応じた遊びが可能になります。このような豊かな物的環境とともに、子どもの遊びをどうとらえるかという視点も大切です。子どもは何かを身につけるために遊ぶのではなく、興味を持ち、楽しみ遊んだ結果として色々な能力を身につけていきます。子どもの遊びに大人が意味を求めるのではなく、子どもの興味・関心を優先して、繰り返される子どもの自由な遊びを見守ることも大切でしょう。

3　人との関係と保育のねらい・内容

　他者との関係形成は子どもの発達にとって大事なテーマですが、発達段階に応じて目指すべき目標は少しずつ異なります。保育において、このような発達段階ごとの目標を理解し、それに応じた保育活動のねらいや内容を考えることが求められます。

（1）発達段階に応じた保育のねらいと保育内容

　他者との関係がはじまる乳児期には、他者に対する信頼や愛着を築けるかどうかが乳児にとって大きな課題となります。乳児は周囲の大人によって空腹や生理的な不快感を取り除いてもらうことで、他者への信頼感を形成していきます。また同時に、時には自分の欲求通りには応えてもらえないことで、他者への不信感を感じることもあります。信頼感と不信感の両方を経験し、他者との関わりのバランスを学ぶなかで、最終的に安定した信頼感や愛着を築くことが、その後の発達における対人関係にとっても重要です。そして、乳児にとって愛着の対象は保護者とは限りません。日常的に関わり、生活の援助をする保育者もまた乳児にとって愛着の対象となります。乳児期の保育では、基本的生活習慣の獲得や遊びといった日々の活動をとおして、乳児との愛着を形成することが保育の第一のねらいとなります。

　1〜3歳頃の幼児期前期には歩行や言葉の発達が進み、それまでは大人や保育者に頼りきりだった乳児期から、自律した幼児へと発達していきます。この時期、幼児にとっては、保護者や保育者に生活や行動を頼る状態から、自分自身で判断し、決定

し、行動する自律性が大きな課題となります。この自律性を発達させるためには、それまでの他者との信頼がしっかり形成されていることも重要です。自分で自分の行動を決め、実行するためには、周囲への信頼と、他者との安定した関係で作られてきた自分への信頼が支えとなります。このような支えがなければ、子どもは失敗を恥じ、自分自身の自律的な行動を信じられず疑いを持ってしまうでしょう。そのため、幼児期には、子どもの自律性を信頼し、子ども自身の主体的な活動を尊重し、促すことが保育のねらいとなります。また、子どもの失敗を責めず、失敗してもいいのだと思える雰囲気を作ることも大切でしょう。

4　子どもの一日の生活の流れと役割

　子どもは一日の多くを保育所で過ごします。そのため、子どもが疲れたり、飽きたりすることが無いよう、また、子どもに無理が無いよう一日の流れが考えられています。保育所での一日の流れには、食事や睡眠などの基本的な生活の部分と、運動や制作などの活動部分が含まれています。このような日々のスケジュールは、保育者の保育の計画やねらいをもとに、それぞれの発達の特徴を考慮したうえで作成されています。

（1）発達段階に応じた一日の流れと子どもの姿
　乳児期前期はもっとも発達差や個人差の大きい時期です。また、この頃には子どもは自分自身の生理的な状態にあわせて睡眠や排泄、食事などを行います。ですので、保育所での生活は子どもそれぞれの状態に合わせて進んでいきます。そのため、一日の流れはゆるやかで、保育者による柔軟な対応が必要となります。その後、乳児期後期・幼児期になると、子どもは次第に家庭内や保育所で設定されたリズムに合わせて生活をするようになっていきます。また、歩行などの発達に伴い活動範囲も広がり、自発的な行動も増えます。そのため、一日の流れでは、子どもが基本的な生活習慣を自分自身で試し探索できる時間を設定することや、生活や遊びが充実した内容であることが大切です。また、子どもが受動的に一日の流れに乗っているだけではなく、自分自身で見通しを持って活動の準備や片付けなどができるよう援助することも重要です。このように、保育所では年齢ごとに保育のねらいを定め日々を過ごしていきます。その積み重ねが子どもの発達を形作ると言えるでしょう。

134

［引用・参考文献］
・柏女霊峰、橋本真紀『保育相談支援』（新・プリマーズ・保育）ミネルヴァ書房、2011 年
・青木紀久代編『実践・発達心理学』（新時代の保育双書）みらい、2017 年
・服部祥子『生涯人間発達論—人間への深い理解と愛情を育むために』医学書院、2010 年
・志村聡子『はじめて学ぶ乳児保育』同文書院、2018 年
・井戸ゆかり編著『保育の心理学：実践につなげる、子どもの発達理解』萌文書林、2019 年

② 乳幼児の発達と心理

各発達段階の特徴を概観し、人とのコミュニケーションや身体・手指の発達、物の操作、遊びといった乳幼児期における主要な行動の発達と、それらを支える保育者の関わりについて見ていきます。

1　発達とは

　保育所保育指針解説（2018）の第1章総則「1.　保育所保育に関する基本原則」では、子どもの発達を「環境との相互作用を通して資質・能力が育まれていく過程」と記しています。ここで「相互作用」と書かれているように、子どもは環境から影響を受けるだけではなく、自ら環境に働きかけ影響を与える主体的な存在です。人や物、自然といった環境との相互的な関わりは、子どもの発達にとって欠かせないものであり、子ども自身が進んで環境に関わり探索することで、さまざまな発見や気づき、驚きや喜びを得ることができます。子どもの主体性こそが、環境との相互作用を持続的に押し進める原動力と言えるでしょう。

　また、子どもの発達を見るうえでは「連続」と「段階」という考え方も重要です。発達には生涯にわたる連続的な側面と、特定の年齢や特徴で区分された段階的な側面があります。発達の援助においては、ある段階での子どもの姿を切り取り「何ができる・できない」という視点だけで見るのではなく、いま現在の子どもの姿を将来の発達の目標や、これまでの発達の積み重ねと連続的に結び付けて理解する視点も重要です。さらに、発達の速度や特徴には個人差もあります。発達の段階における特徴はあくまで平均的なものであるととらえ、子どもひとりひとりの様子や、身体的・精神的な状態、発達の課題、家庭の状況などを考慮した個別の対応が必要となります。

2　発達時期の区分と特徴

　発達は、年齢や特徴によっていくつかの段階に分けることができます。発達段階の分け方には、身体発達や認知発達によるものなどいくつかの種類がありますが、ここ

では保育所保育指針の区分とおおまかな特徴を見ていきます。まず乳児期には、見る、聞くなどの感覚・知覚の発達や、座る、はう、歩くといった運動の発達が見られます。また、喃語や自分の欲求を身振りや指さしで伝える言葉とコミュニケーションの発達も始まります。そして、この時期は特定の大人との情緒的なつながりである愛着（アタッチメント）が形成され始める時期です。愛着の形成には、保護者や保育者からの積極的な働きかけや、子どもからの働きかけに対して声かけや表情、接触などを通してタイミングよく答える応答的な関わりが重要となります。

　１歳以上３歳未満の頃には、歩く、走る、飛ぶなどの粗大運動の発達と、つまむ・めくるといった手や指先の微細運動の発達も見られます。また、認知の面では、言葉の発達により自分の欲求を表現できるようになります。さらに、物事を想像する力も発達し、積み木を家に見たてるなど、ある物をいま目の前にはない実物に見たてて表現する象徴機能が発達してきます。さらに、１歳半頃からは自我の芽生えと共に自己主張も強くなり、自分でしたいという主体性が高まります。３歳以上の時期には、運動機能はますます発達し、基本的な生活習慣も自分で進んで行うようになります。また、話し言葉の基礎ができあがり、理解する語彙数も急激に増加します。社会的な発達では、集団の中で友達と色々な関わりを持つようになり、協同的な活動や遊びも見られ、仲間意識も強まります。１歳半頃からの自己主張の発達に加え、自分の欲求や主張をコントロールする自己抑制も次第に発達していきます。

3　ことばとコミュニケーション

　ヒトの発声パターンは多様で、乳児期初期には泣き声以外にも「クークー」というクーイングと呼ばれる音声を出すことができます。そして、生後６カ月頃には「ダ、ダ」といった子音と母音で構成される喃語を発し、生後８－12カ月頃には、明らかにコミュニケーションの意図を持って他者に向けて喃語を発するようにもなります。その後、１歳を過ぎる頃には「マンマ」などのように、意味を持つ初めての言葉である初語が現れます。続いて、１歳半から２歳頃には、２つの語を組み合わせて用いる２語文が現れます。これはまだ「ワンワ、いた」のような単純な形の発話ですが、語尾を上げ下げすることで疑問形を表すなど表現の形は多様です。さらに生後２－３歳頃には、３つ以上の語を組み合わせる多語文が可能となります。そして、この頃には使える語彙の数も爆発的に増加します。３歳頃には１歳半の語彙数の10倍近くになると言われており、このような急激な語彙の増加は語彙爆発と呼ばれています。

　身振り手振りだけではなく言葉によって自分の欲求や気持ちを伝えたり、相手とや

り取りしたりできるようになることは、コミュニケーション能力の発達における大きな変化です。子どもの活発な言語活動を促すためにも、保育者が積極的に子どもに話しかける、子どもの発話を受け止める、話を発展させるような質問や言葉かけを意識することなども重要です。子どもの言葉の発達は人との直接的な関わりに支えられています。実際に、乳児の言語（外国語）学習において、ビデオや音声教材を用いた学習よりも、対面で人の発話を体験することが最も効果的だという報告もあります（Kuhn ら、2003）。

4　自分と他者

　ヒトの乳児は感覚や知覚は十分発達した状態で生まれますが、運動的にはかなり未熟で、食事や排泄など身の回りのことは周囲に頼るほかありません。そのため、他者は乳児にとって非常に重要な存在です。実際、乳児は生まれて間もなくから他者に対して特別な注意を向けます。例えば、ヒトの顔を他の色や形をした図形よりも好み（Fantz, 1960）、また声にも敏感で、人工的に作られた音声よりも自然な人の話し声を好みます（Vouloumanos & Weker, 2007）。さらに、乳児はすでに他者をコミュニケーションの相手とみなしている可能性もあります。例えば、3 - 6 カ月の乳児はすでに、自分から目をそらし、よそ見をした他者よりも、自分を見つめている相手に対してより多く微笑みかけることが報告されています（Hains & Muir, 1996）。乳児と他者との関係は、大人側からの働きかけだけではなく、乳児側からの注意や働きかけにも支えられています。

　このような子どもと大人との相互作用をもとに、乳児期には愛着が形成されます。生後2 - 3 カ月頃までは周囲の人全般に笑顔を示す、見つめるなどの行動が見られますが、生後6 カ月頃になると日常的に関わる人によく笑いかけるようになり、2 - 3 歳ぐらいまでの間には特定の他者に対する愛着が築かれます。このような愛着は子どもの情緒的な安定につながるだけでなく、何かあれば助けてくれる安全基地としての他者が存在することで、子どもの活発な環境の探索を促進します。例えば、遊びの最中、子どもはよく大人を振り返り「これは触ってもいい？」と確認するかのようにこちらの表情を見る時があります。これは社会的参照と呼ばれる行動で、生後9 カ月以降には子どもは他者の表情を手がかりに自身の行動や判断を決めることができます。見知らぬ物や場所を探索することは子どもにとって楽しい反面、不安も伴います。大人が笑顔で見守ることで、子どもは安心して大人のもとを離れ、探索に励むことができるのです。

　また、愛着が形成されると、特定の人以外を避ける人見知りを示したり、少しでも養育者や保育者などの愛着対象が自分から離れるのを嫌がって泣き、後追いをしたりする行動も現れます。大人にとっては困ることもあるかもしれませんが、これは子どもの中に愛着が育っている証拠でもあります。また、愛着の表現には個人差があり、養育者や保育者が離れることに激しい泣きや抵抗を示す場合もあれば、関心を示さない場合、また離れた相手が戻ってきたときに受け入れ泣き止む場合や、怒りを示す場合など様々です。これらは子どもの気質や養育者の養育スタイルなど多様な要因によるものと考えられます。泣き止まない、怒るなどの一見困った行動も、子どもが自身の気持ちの安定のために表している愛着行動のひとつなのです。

5　手のはたらきと探索

（1）手の使い方と動き

　手指を使って物をつかむためには、まず物の位置を目で確認し、それに向かって手を伸ばしつかむという、腕や手指の運動と視覚を協応させる能力が必要になります。このような運動発達には2段階あり、初めにプレリーチングと呼ばれる、物を見ることで起きる手伸ばし、ただし、まだ視覚による制御が十分ではなく精度が低い手伸ばしが見られます。その後、視覚によって制御された精度の高い手伸ばしであるリーチングが起きます。プレリーチングは新生児期にすでに現れ、目の前で動く物がある時にはそれが無い時に比べて、頻繁に手を伸ばすという報告もあります。このようなプレリーチングは生後2カ月以降に量も質も変化していきます。この生後2カ月という時期は、口による物の探索から目を使った探索が起こる時期です。また、この頃には乳児が自分の手を動かし、それをじっと見つめるハンドリガードという行動も見られます。このような手に関する体験から、手指と視覚の協応は次第に発達し、生後3－5カ月ごろには視覚によって物の位置を把握し手を伸ばす正確なリーチングができるようになり、その後7カ月頃には物の大きさや形、重さに合わせて物をつかむことができるようになります。

（2）手先の器用さ

　発達に伴って次第に手指の細かな操作が可能になり、物のつかみ方も変化します。初めは、手のひらの下の部分のみを使った物を握りこむような把握、続けて、6－7カ月頃には手のひらだけではなく指を使った把握ができるようになります。8－9カ月頃には親指と人差し指で物をつかめるようになり、最終的に1歳頃には親指と人差

し指の先で物をつかむ「精密つかみ」ができるようになります。このような基本的な指先の操作ができるようになると、ねじる、つまむ、めくるといった動作もでき、物の操作のレパートリーも増えていきます。

（3）さかんになる探索活動 〜実体験から学ぶ〜

　全身の運動発達によりお座りができ、両手が自由になる生後 4 カ月頃から、口を使った物の探索は次第に手による探索へと変わっていきます。物を両手で持ったり、持った物を一方の手から別の手へ持ち替えたりする様子が見られます。また、両手の物を打ち合わせたり、片方の手で持った物を別の手でいじるような行動、つかんだおもちゃを持ったり離したりといった行動も見られます。この時期の乳児は視覚や聴覚、運動などを使った活発な探索によって、物の特徴をつかみ自分の働きかけが環境を変えることに気づいていきます。ティッシュを繰り返し引っ張りだす、おもちゃを投げるなど、大人から見るといたずらのように見える行動も、子どもにとっては大切な探索と学習の機会となっています。

（4）発達に伴う遊びの変化

　手指や物の操作の発達に伴い遊び方にも変化が見られます。生後 10 カ月頃になると、容器に物を入れたり、物を積んだり、物を渡したりといった、物と物を関係づける操作が見られます。このような操作は定位操作と言い、スプーンで食べる、ブラシを髪に当てるというような、1 歳頃から見られる道具使用に必須の運動と言われています。またこの頃には、模倣も見られるようになり、保育者の動きや手遊びなどを真似て遊ぶこともできます。真似遊びは手指の発達だけではなく、保育者との同調を促すことにもつながります。1 歳半頃には、めくる動作や回す動作もできるようになり、絵本を 1 ページずつめくる、容器のふたを開けるといった行動も見られます。また、積み木やブロックを操作するだけではなく、それを家や乗り物に見たてる象徴機能を使った遊びもできるようになります。そして、2 歳になる頃には、ブロックを組み合わせたり、色々な形を作ったりする見たて遊びや、指先を使うひも通しや粘土・紙を丸めるような遊びに興味を持ちやりたがるようになります。手指を用いた遊びを楽しむことは、クレヨンやハサミといった道具の使用や着替えや食事などの基本的な生活習慣に必要な運動技能、そして、それらに対する興味・関心を育むためにも大切な活動と言えるでしょう。

6 移動する力

（1）移動運動

　生後1年の間に乳児の移動運動は、寝返り、ハイハイ、つかまり立ち、つたい歩き、ひとり歩きへと変化していきます。生後8カ月以降でハイハイが始まると、環境の探索も活発にできるようになり、乳児の世界は大きく広がります。ハイハイには四つん這いと言われる手のひらと膝を床につけて進む一般的なハイハイ以外にも、お腹をつけたまま移動するずり這いや、膝を伸ばしお尻を上げた高這いなど色々なパターンがあります。高這いの開始は一人で立ちあがる手前の状態です。ただし、ハイハイが見られないままひとり歩きをする場合もあります。また、1歳を過ぎる頃には歩き始めるようになりますが、寝返り、ハイハイ、歩く、いずれの発達も個人差が大きいことに留意しましょう。

（2）子どもへの関わりと注意

　ハイハイが始まり自力での移動ができるようになると、子どもの活動範囲も広がります。身体や運動発達の援助としてはもちろん、子どもの探索活動を促すための援助として、積極的な移動を引き出す環境の工夫も大切です。例えば、ハイハイを促すためにトンネルや高低差のあるコースを作ってみたり、つかまり立ちを促す装飾を壁に付けてみたりなどの工夫も考えられます。

　また、安全面への配慮も重要です。子どものケガや事故は年齢によって内容が変わります。まだ移動ができない乳児の場合には窒息、移動ができるようになった乳児では転落、転倒、溺水などに注意が必要になります。また、家庭と保育園・幼稚園では起きるケガや事故の内容が異なることも指摘されています。家庭では誤飲、火傷、溺水、窒息が、保育園・幼稚園では打撲、捻挫、骨折などが多いとされています。特に1・2歳では、自己主張や自己抑制の未熟に伴ういざこざでのひっかきや噛みつきが多いのも特徴です。また年齢が上がると、本人や他の子どもの不注意から、ぶつかる、転ぶといったアクシデントも増えます。年齢や発達特徴を考慮した環境整備や子どもへの配慮が必要でしょう。

7　こころと行動の発達を支える保育者の役割

（1）乳幼児期の発達を支える保育者の役割

　手指による物の操作や自発的な移動など、身体や運動の発達にともなって、乳幼児期にはできることがどんどん増えていきます。例えば、社会的な面でも、物を介した人とのやり取りや、人と同じものに注意を向けることができるようになり、他者と経験や楽しさを共有できるようになります。同時に、他者への働きかけも豊かになり、指さしによって興味や驚き、要求を示したり、他者の注意を引きつけたり、また言葉で思いを表現したりすることも増えていきます。このような社会的な関わりは子どもの発達を引き上げる大きな役割を果たします。例えば、子どもひとりではまだ達成することが難しい課題であっても、周囲の大人の励ましや手助け、そして、子ども同士の協同的な学びの体験があれば、子どもはそれを乗り越え発達の階段を一歩登ることができると考えられています。しかしながら、このような発達は当然ながら、子どもと関わる他者がいなければ起こり得ません。保育者が子どもにとって安定的に関われる他者でいること、子どもの直面している課題を理解し、それを解決できるよう励ましやヒントを与えること、そして、子ども同士の協同的な学びの機会を作ることが、子どもの発達にとって大きな足掛かりになると言えるでしょう。

（2）乳児期の遊びの重要性

　遊びは楽しく、評価や良し悪しを気にする必要がない活動です。だからこそ、子どもは積極的に遊び、その中で自由な表現やふるまいを試すことができます。このような遊びの活動には、探索や創造、イメージをするための認知能力、物を操作し、体を動かすための運動能力、また目標や課題達成に向けてあきらめず作業をする動機づけや計画性など、あらゆる能力や資質が含まれます。

　さらに、他者との社会的な関係も遊びのなかで身に付くもののひとつです。子どもの遊びには他者と協働して行うものや、役割分担やルールを守って行うものもあります。友達と協力して行う遊びは、ひとりではできない楽しさとともに、自分の欲求や主張を抑えること、相手の気持ちや欲求を理解することも必要とされます。時には、他者とのいざこざや、仲間に入れてもらえない悲しさや悔しさ、思い通りにならないいら立ちなどを体験することもあるかもしれません。ですが、他者に歩み寄らず、自分の思いのままを主張していては、楽しい遊びが終わってしまうことも子どもは経験するでしょう。遊びが子どもにとって楽しい、望ましい活動だからこそ、子どもは自

己主張を抑制すること、他者の気持ちや欲求を理解することを自発的に実践し、遊び
の成立を目指すのではないでしょうか。その意味で、遊びは子どもの学びにとって大
きな力を持つと言えます。

（3）日常生活の経験と遊びへのつながり

　子どもの遊びには日常の経験が反映されています。例えば、ままごとや電車ごっ
こ、お店屋さんごっこのように、普段の生活で目にした身近な物事や、子どもが自分
でもやってみたい、真似してみたいと思うような物事が遊びのなかで再現されていま
す。この点で、日常の経験は子どもの好奇心や、やってみたいという主体性を刺激
し、遊びを生み出すきっかけになっていると言えるでしょう。また、そのような日常
の出来事をつぶさに観察し、要点をとらえ、自分なりの形で遊びとして表現する子ど
もの能力も驚くべきものです。日常の生活は子どもの遊びを生み出し、また同時に、
遊びは子どもの様々な能力や行動の発達へとつながります。保育者や周囲の大人は、
日常生活の中で子どもが向ける興味や関心に気づき、それらを共有し楽しむこと、ま
た、その経験をもとにした遊びの展開を援助することなどで、子どもの実体験に根差
した遊びと学びの機会を提供することができるでしょう。

　　［引用・参考文献］

・竹下秀子『心とことばの初期発達 霊長類の比較行動発達学』東京大学出版会、1999 年

・無藤隆、大坪治彦、岡本祐子編『よくわかる発達心理学（やわらかアカデミズム・わかるシ
　　リーズ）』ミネルヴァ書房、2009 年

・清水益治、森敏昭『0 歳〜 12 歳児の発達と学び: 保幼小の連携と接続に向けて』北大路書房、
　　2013 年

・ヴォークレール，J. 明和政子・鈴木光太郎訳『乳幼児の発達　運動・知覚・認知』新曜社、
　　2012 年

・井戸ゆかり編著『保育の心理学：実践につなげる、子どもの発達理解』萌文書林、2019 年

・Kuhl, KP., Tsao, FM., & Liu, HM「Foreign-language experience in infancy: Effects of short-
　　term exposure and social interaction on phonetic learning」『ＰＮＡＳ』, 100（15）, 2003,
　　PP. 9096-9101

・Fantz, RL「Pattern vision in newborn infants」『Science』, 140（3564）, 1960, PP. 296-297

・Vouloumanos A1, & Werker JF.「Listening to language at birth: evidence for a bias for speec
　　h in neonates」『Developmental Science』10（2）, 2007, PP. 159-164

・Hains, S. M. J., & Muir, D. W.「Infant Sensitivity to Adult Eye Direction」『Child Develop-
　　ment』, 67（5）, 1996, PP. 1940-1951

③ 乳幼児の食事と栄養

食は生きるために欠かせないものであり、子どもの食事に不安を感じている保護者もいます。保育者が押さえるべき離乳食や栄養バランスを考えた食事、食物アレルギーの対応とは何でしょうか。考えてみましょう。

1 離乳の進め方に関する最近の動向

（1）授乳・離乳の支援ガイドのねらいと活用

2019年3月「授乳・離乳の支援ガイド」は改訂されました。改訂のポイントは、①授乳・離乳を取り巻く最新の科学的知見等を踏まえた適切な支援の充実、②授乳開始から授乳リズムの確立時期の支援内容の充実、③食物アレルギー予防に関する支援の充実、④妊娠期からの授乳・離乳等に関する情報提供の在り方、です。授乳、離乳を通しての子育て支援に重点をおき、親子の個別性を尊重し寄り添うことに力を入れています。また、さまざまな関係機関が親子に関わり、授乳や離乳に関する基本的事項の共有により、一貫した支援が継続できるようになっています。

（2）授乳・離乳の支援ガイドを活用した育児支援

少子化や核家族化に伴い、子育てを学ぶ機会が少なく育児においても初めてのことが多く不安になっているようです。近年ではインターネットから情報を得ることが可能になり、情報量は多くなっていても我が子にピッタリあった支援となっているかが大きな問題となっています。食べることのスタートである授乳や離乳食での不安を解消し、日々子どもが成長していく過程を喜べる環境づくりの支援が必要です。この時期は母子の健康にとっても大切な時期です。母子の愛着形成の確立や健やかな成長・発達の出来るような対応が求められます。

①授乳の支援

授乳とは、母乳又は育児用ミルク（乳汁）を子どもに与えることです。授乳は栄養素を与え、母子の絆を深めます。その結果として子どもの心身の健やかな成長・発達を促します。授乳の支援では、育児に自信を持ち楽しい育児を基本とします。

②授乳の開始から授乳のリズムの確立

　生後間もない子どもは、授乳と睡眠が中心の生活です。授乳のリズムや睡眠リズムが整うまでには個人差があります。始めは子どもが欲しがるとき、母親が飲ませたいときには、いつでも授乳を行うことでリズムが整っていきます。産後間もない母親は育児を行いながら、体調を整える時期でもあるため、心身の不調や育児不安を抱えていることがあります。授乳のリズムが確立するには、生後6〜8週以降と言われています。個人差があるため、母親と子どもの状態を把握しながら、焦らず授乳のリズムを確立できるよう支援を行い、授乳のリズムの確立以降も、母親がこれまで実践してきた授乳・育児が継続できるように支援することが必要です。

③離乳の支援

　離乳とは、成長に伴い、母乳又は育児用ミルクだけでは不足してくるエネルギーや栄養素を補完するために、幼児食に移行する過程を離乳食と言います。

　離乳の進め方は子どもの成長発達や子どもの個性を尊重し、その家庭の食文化を大切にしながら「授乳・離乳の支援ガイド」にある離乳の進め方の目安を参考にします。

2　栄養バランスを考えた幼児期の食事作りのポイント

（1）幼児期の栄養と食生活の特性

　食事・睡眠・排泄といった生活習慣の確立を目指して、様々な関りを行うことで安定し、一定の生活リズムが整うようになります。その中で授乳や離乳が完了し大人と同じような食事へと移行する大切な時期となります。幼児期の食生活で気をつけたいポイントは、①栄養素が不足しないようにバランスのよい食事を心掛ける、②食事の時間を決めダラダラ食べにならないようにする、③味や硬さなど調理形態に考慮し一口量を決めるなど食事のマナーを伝えることも必要です。この時期の子どもは自我の芽生えなど、遊び食べや好き嫌い、食べむら、小食など親を悩ませることが起こります。誰もが通る道でもあるため、イライラせず子どもの成長過程であると受けとめましょう。空腹と満腹を感じられるように生活リズムを整える工夫が大切です。

3　食物アレルギー

　食物アレルギーは、特定の食物を摂取した後にアレルギー反応を起こし全身に症状を呈する状態をいいます。その症状は、①皮膚粘膜症状として掻痒感、蕁麻疹、血管運動性浮腫、発赤疹、眼瞼結膜充血、流涙、眼瞼浮腫、②消化器症状として嘔気、

図表 5-1　離乳の進め方の目安

	離乳の開始　→　　　　　　　　　　　離乳の完了			
	以下に示す事項は、あくまでも目安であり、子どもの食欲や成長・発達の状況に応じて調整する。			
	離乳初期 生後 5〜6 か月頃	離乳中期 生後 7〜8 か月頃	離乳後期 生後 9〜11 か月頃	離乳完了期 生後12〜18 か月頃
食べ方の目安	○子どもの様子をみながら1日1回1さじずつ始める。 ○母乳や育児用ミルクは飲みたいだけ与える。	○1日2回食で食事のリズムをつけていく。 ○いろいろな味や舌ざわりを楽しめるように食品の種類を増やしていく。	○食事リズムを大切に、1日3回食に進めていく。 ○共食を通じて食の楽しい体験を積み重ねる。	○1日3回の食事リズムを大切に、生活リズムを整える。 ○手づかみ食べにより、自分で食べる楽しみを増やす。
調理形態	なめらかにすりつぶした状態	舌でつぶせる固さ	歯ぐきでつぶせる固さ	歯ぐきで噛める固さ
1回当たりの目安量				
Ⅰ　穀類（g）	つぶしがゆから始める。すりつぶした野菜等も試してみる。 慣れてきたら、つぶした豆腐・白身魚・卵黄等を試してみる。	全がゆ 50〜80	全がゆ 90〜軟飯80	軟飯80〜 ご飯80
Ⅱ　野菜・果物（g）		20〜30	30〜40	40〜50
Ⅲ　魚（g）		10〜15	15	15〜20
又は肉（g）		10〜15	15	15〜20
又は豆腐（g）		30〜40	45	50〜55
又は卵（個）		卵黄 1〜 全卵 1／3	全卵 1／2	全卵 1／2〜 2／3
又は乳製品（g）		50〜70	80	100
歯の萌出の目安		乳歯が生え始める。	1歳前後で前歯が8本生えそろう。	
			離乳完了期の後半頃に奥歯（第一乳臼歯）が生え始める。	
摂食機能の目安	口を閉じて取り込みや飲み込みが出来るようになる。	舌と上あごで潰していくことが出来るようになる。	歯ぐきで潰すことが出来るようになる。	歯を使うようになる。

※衛生面に十分に配慮して食べやすく調理したものを与える

出典：厚生労働省「授乳・離乳の支援ガイド」授乳・離乳の支援ガイド改定に関する研究会、2019 年

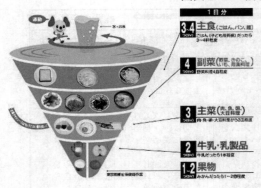

図表5-2　幼児の食事バランスガイド

表1　推定エネルギー必要量（Kcal/日）

月齢・年齢	男児	女児
0～5か月	550	500
6～8か月	650	600
9～11か月	700	650
1～2歳	950	900
3～5歳	1300	1250
6～7歳	1550	1450

出典：日本の食事摂取基準(2015年版)より筆者作成
1歳からは身体活動レベルⅡで表示

幼児の食事バランスガイド（東京都保健衛生部策定）2006年

嘔吐、下痢、腹痛、③上気道症状として口腔粘膜や咽頭の掻痒感・違和感、腫張、咽頭喉頭浮腫、くしゃみ、鼻水、鼻閉、④下気道症状として咳嗽、喘鳴、呼吸困難、⑤全身性反応としてショック症状（顔面蒼白・冷汗・頻脈・徐脈・意識障害など）です。

　症状の現れ方には個人差があるため、保護者にアレルギー症状がどのような経過であったかを確認することが必要です。

　子どもは発育過程であるため、必要な栄養素を確保し、食事を楽しく美味しく食べる食習慣への配慮も大切です。食物アレルギーを有する子どもへの食対応については、安全への配慮を重視しなければなりません。保育施設でのアレルギー食品に対する除去食の対応は「完全除去」か「解除」の両極で対応を開始することが望まれます。限られたスペースでの調理や配膳など事故を未然に防ぐ対策が重要です。また、「初めて食べる食物」は、家庭で食べるように保護者にお願いしましょう。

（1）生活管理指導表の活用

　生活管理指導表は保育所等において、保護者や嘱託医等と共通理解の下で、子どものアレルギー症状を正しく把握し、アレルギー対応を適切に行うため、かかりつけ医が記入するものです。これを基に保護者と面談等を行い、保育施設ではマニュアルを作成し全職員で共通理解をすることで安全への配慮が行われます。生活管理指導表は保育所におけるアレルギー対応ガイドラインを参照ください。

4　保育者が押さえる食育のポイント

　食育は「生きる上での基本であって、知育、徳育及び体育の基礎となるべきもの」
と食育基本法（2006 年）の前文に制定されました。そのため保育施設において子ど
もや家庭、地域に向けて、よりよい食生活が送れるように支援を行うことが求められ
ています。

（1）食育の進め方

　①自然環境を取り入れた食育、②食卓や室内環境を整える食育、③人との関わりを
楽しむ食育、④安全や衛生環境を整える食育、⑤食事のマナーを知る食育、⑥食材や
料理の味を知る食育など、食生活の充実を目指して実施します。

　五感を使って食べることから始め、0 歳から手づかみで、自分の意志で食べること
が大切です。少し汚れてしまい、家の中では困ると思うかもしれませんが、意欲を
持って食に関わる体験を多く行うことで、食べることの楽しさを知り「食を営む力」
を獲得できるようになるのです。「食べさせる」ではなく、自ら食べる経験を沢山さ
せてあげましょう。

［引用・参考文献］
・厚生労働省「授乳・離乳の支援ガイド」2019 年〔閲覧日：2019.8.17〕
　　〈https://www.mhlw.go.jp/content/000497123.pdf〉
・厚生労働省「日本人の食事摂取基準（2015 年版）策定検討会」報告書、2015 年
　　〈https://www.mhlw.go.jp/stf/shingi/0000041824.html〉東京都保健福祉局保健政策部健
　　康推進課「東京都幼児向け食事バランスガイド」2006 年
　　〈http://www.fukushihoken.metro.tokyo.jp/kensui/ei_syo/youzi.files/teisei_
　　youzimukeshokujiposuta.pdf〉
・厚生労働省「保育所におけるアレルギー対応ガイドライン」2019 年改訂版
　　〔閲覧日：2019.8.19〕〈https://www.mhlw.go.jp/content/000511242.pdf〉
・農林水産省　食育基本法（平成十七年六月十七日法律第六十三号）
　　〔閲覧日：2019.8.19〕〈http://www.maff.go.jp/j/syokuiku/pdf/kihonho_28.pdf〉

④ 小児保健Ⅰ

乳幼児を預かり保育を行う上で子どもの健康状態を把握し、いつもと違う様子を感じたら、直ちに対応することが必要です。乳幼児の健康観察のポイントはどこにあり、なぜそれが大事なのでしょうか。

1 乳幼児の健康観察ポイント

（1）バイタルサインの観察

バイタルサイン（Vital signs）とは「呼吸」、「脈拍」、「体温」、「血圧」、「意識レベル」の測定及び観察を行います。特に保育においては「体温」の測定を行います。熱を測定しながら、全身の状態観察を行い把握しましょう。

A 体 温

子どもは新陳代謝が活発で、成人に比べると体重あたりの体表面積が広いため、熱の放散が多くなります。また体温調整機能が未熟なことから、衣服の調節や環境による温度変化の影響を受けやすくなります。平熱を把握し普段より高いかを確かめることが大切です。こまめな衣服の調整と温度管理を行います。さらに、体温は日内変動があり、寝ている朝方が低く夕方が最も高くなることも考慮し発熱の判断には注意が必要です（図表5-3）（図表5-4）。

図表5-3　測定方法

温度が高いのはわきの中心

少し押し上げる　はさむ

30°〜45°

出典：「オムロン体温計の計り方」より

図表5-4　バイタルサインの正常範囲

	体温（℃）	脈拍（回／分）	呼吸（回／分）
乳児	36.3 〜 37.3	110 〜 130	30 〜 40
幼児	35.8 〜 36.6	100 〜 110	20 〜 30
学童	35.6 〜 36.6	80 〜 100	18 〜 20

出典：小児の発達と看護　2016　P405 より筆者作成

B 呼　吸

乳児は時に呼吸中枢が未熟なため、様々な刺激で呼吸のリズムや呼吸数が変動しており、食後や運動時、体調が悪い時なども呼吸数は増加します。呼吸には肋間筋（ろっかんきん）の働きによる胸式呼吸と横隔膜の働きによる腹式呼吸があります。乳児は肋骨が水平で胸郭運動が少ないため腹式呼吸となります。新生児は鼻呼吸のため、鼻をふさがないように、掛け物が顔に掛ったり、うつぶせに寝かせたりすることは呼吸困難につながります。口で呼吸が出来るようになるのは生後3〜5か月以降になります。呼吸を測定するときは、活動の影響を受けやすいため、できるだけ安静時の状態で測定しましょう。原則1分間の呼吸数を測定し、同時に呼吸の深さやリズム、呼吸のパターン、異常音の有無などを観察します（図表5-4）。

C 脈　拍

子どもの脈拍は日常生活の変化に応じて影響を受けやすいため、測定する際には十分考慮して測定結果をとらえる必要があります。測定方法は動脈の拍動を1分間測定します（図表5-4）。測定部位は一般的には橈骨動脈（とうこつどうみゃく）で測定しますが、乳児では上腕動脈の方がわかりやすいでしょう（図表5-5）。拍動のリズムや大きさ強さなども一緒に観察します。

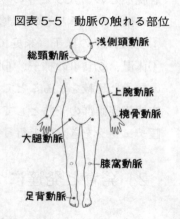

図表5-5　動脈の触れる部位

浅側頭動脈
総頸動脈
上腕動脈
橈骨動脈
大腿動脈
膝窩動脈
足背動脈

（2）子どもの健康状態の変化と特徴

A 子どもの活動

子どもは体調が悪くなると、動き方に変化がみられます。周囲に関心がなくなり、ポカンと座っていたり、ゴロゴロしていたり、抱っこを求めたり、機嫌が悪くなったりと元気がない姿がみられます。普段の遊び方と違う様子がみられたら、体調が崩れているサインです。体温を測定し、全身の健康状態の観察を行い、状況に応じてゆったりできる環境で保育を行いましょう。

B 食欲と食事や水分量

乳幼児では食事の摂取状況は体調を知るバロメーターとなります。普段と比べて、どのぐらいの量を食べているのかを記録します。嘔気、嘔吐、腹痛、下痢などの症状の有無を確認することが必要です。子どもは小さいほど体重あたりの水分量が多く必要となります。そのため、体調の変化で脱水症になりやすいことを考慮し食事や水分

量の確認をこまめにチェックします。

C 排尿・排便の回数と性状

　尿量（状況に応じておむつの重さを量ることもある）や尿の性状（色・匂い・異物の有無）、排便の回数や性状（色・匂い・量・状態・異物の有無）、下痢の時は水様便、泥状便、軟便などの確認、便秘の場合は便が何日間でていないのか、硬便で出血や痛みなどの有無を確認し、記録をすることで、普段の様子を把握することができます。

（3）日々の観察

　乳幼児の保育は 24 時間の生活リズムを考慮し、食事、排泄、睡眠、清潔、衣服の着脱などの一人ひとりのリズムに合わせた関わりが必要となります。基本的生活習慣の確立が、子どもの健康増進につながります。健康状態の観察のポイントとして、①受入れ時の様子（家庭での様子などの聞き取りなど）、②機嫌、③遊びの様子、④体温、⑤食事の様子、⑥睡眠の様子、⑦症状の有無、など日常的にみられる子どもの様子と比較をすることで、いつもと違うことは何かをチェックします。特に乳幼児突然死症候群の予防として、うつぶせ寝や午睡室の適度な明るさの維持、睡眠中の午睡チェックをきちんと行うことが重要です。

2　発育と発達について

（1）入所前における子どもの健康状態の把握

　母子健康手帳は妊娠期から乳幼児期までの健康に関することが記載されています。妊婦健診、出産や産後の経過、乳幼児健診、予防接種の記録などが１つの手帳になっており入所前の健康状態の把握には必ず母子健康手帳の確認が重要です。

　入所前の健康診断は、集団生活を行うにあたり支障がないか、疾病などの異常はないか発育・発達・健康状態の確認を行います。事前に保護者に健康記録票などを各施設で用意し記載内容と母子健康手帳を確認しながら保護者より聞き取りを行い、健診がスムーズに行えるようにします。記載内容は「成育歴」、「既往歴」、「予防接種歴」、「発達状況」、「アレルギー」、「慢性疾患」などとともに家庭状況など個別のケースについても把握をして報告できるようにしておきます。

（2）嘱託医や他機関との連携

　慢性疾患やアレルギー（生活管理指導表）、障害など保育を行う上での留意点について、嘱託医、保護者、保育施設は、日々の保育が安心で安全な環境を保つことができるように話し合いを持つことが大切です。必要に応じて主治医と連携を取り、日常的な配慮事項と緊急時の対応方法についても確認をしておきましょう。

　核家族化により地域との関わりが少なく、孤立感や不安感の解消のために地域での子育て支援が重要になっています。子育て家庭の身近な場所で相談に応じ、個別のニーズに対応できる適切な施設や事業との連携が必要です。その橋渡し役として保育施設が様々な機関と連携していくことがこれからより一層求められていきます。

3　衛生管理・消毒について

（1）保育室の環境整備（室温、換気、採光等）

　季節に応じた適切な室温や湿度を保ち、適時換気を行います。夏は「26 〜 28℃」、冬は「20 〜 23℃」、湿度「60％」という目安がありますが、建物の状況や環境に応じても体感に感じる暑さは違うため、子どもの様子を確認しながら温度設定をこまめに調整します。冷暖房を使用する場合は風が直接子どもに当たらないように注意し、空調管理に心掛け快適に過ごせるようにしましょう。

　エアコンの定期的な清掃と加湿器を使用する場合は、毎日水を交換し乾燥させます。採光については、国土交通省建築基本法（2018）「床面において 200 ルクス以上の照度を確保する照明設備の設置」[1] の基準が定められています。

（2）施設設備の衛生管理

　乳幼児が生活するため、掃除をしても直ぐに汚れてしまうことがあります。日々清潔を保つことが感染予防の対策として重要です。基本は水（湯）拭き、水（湯）洗いを行います。

　感染症が疑われるときは適切な消毒方法を実施するようにします。消毒薬と種類と用途については「保育所における感染症対策ガイドライン」（2018 改訂版）[2] を参照します。

（3）手指の消毒

　手をきれいに洗うことが、感染予防の上で重要です。食事前、調乳前、配膳前など食事に関係する時やトイレ後、オムツ交換後、鼻汁を拭いた後、咳エチケット後、血

液など触ってしまった後、嘔吐処理後などに、石鹸を使用し流水で30秒以上しっかり洗います。

　手を拭くときは、ペーパータオルか個人用のタオルを使い共用は絶対にしません。

　固形石鹸は不潔になりやすいため液体泡石鹸を使用し、液体石鹸の容器は、直ぐにつぎ足すのではなく、容器を洗い乾燥させてから、新しい石鹸液を詰めるようにすることが衛生上、とても大切です。

4　薬の預かりについて

与薬に際しての注意点

　保育所保育指針解説において「子どもに薬を与える場合は、医師の診断及び指示による薬に限定する。その際は、保護者に医師名、薬の種類、服用方法等を具体的に記載した与薬依頼票を持参させることが必須である。」[2]とあります。

　内服薬：毎日1回分　預かる薬袋に名前を記入する。
　坐薬（ざやく）：1個預かり冷蔵庫に個別にケースに入れ名前を書いて保管する。
　軟膏（なんこう）：容器に入っている1つを預かり、名前を書いて保管する。

　与薬時は複数で確認し、対象児、薬の確認、与薬時間の確認、与薬忘れ等の誤りがないよう確認します。与薬後は子どもの様子を十分観察することが必要です。

［用引・参考文献］
1）保育所の円滑な整備等に向けた採光規定の合理化について〔閲覧日：2019年8月13日〕
　　〈https://www.mlit.go.jp/common/001226656.pdf〉
2）保育所における感染症対策ガイドライン（2018年改訂版）〔閲覧日：2019年8月13日〕
　　〈https://www.mhlw.go.jp/file/06-Seisakujouhou-11900000-Koyoukintoujidoukateikyoku/0000201596.pdf〉pp.68-69
・中野綾美『ナーシング・グラフィカ小児看護学①小児の発達と看護』メディカ出版、2016年、p.405
・厚生労働省編『保育所保育指針解説』フレーベル館、2018年、P.307

⑤　小児保健 II

子どもに多い症状とは何でしょうか。症状が浮かばなければその対応方法もわからないはずです。どのような症状があるか、子どもの健康観察はどのように行うのか、具体的な対応方法とは何かをここで学びましょう。

1　子どもに多い症例とその対応

（1）発　熱

　発熱の原因となる病気はほとんどが感染症によるもので、脳の視床下部に作用して体温調節機能が異常をきたし体温が上昇します。子ども一人ひとりの平熱を把握し、平熱より1℃高いようであれば発熱とみなします。発熱時に手足が冷たい場合は、布団などで包んで様子をみます。手足が温かく顔も赤い場合は、衣服をゆるめアイスノンなどで冷やして熱を放散させます。動脈が触れる部位を冷やしてあげることも効果的です（小児保健 I 図表 5-5 参照）。

（2）鼻水、くしゃみ、咳、喘鳴

　上気道感染の症状として現れることが多く、鼻水は透明な水っぱなと黄色い粘稠な性質のものがあります。くしゃみは何らかの刺激で鼻がムズムズして反射的に出る状態です。咳は気道に刺激が加わり反射的に起こりますが、痰が絡むか絡まないかで咳の音が違います。喘鳴は「ゼーゼー」、「ヒューヒュー」、「ゼロゼロ」と呼吸とともに音が出るのは、気道のどこかが狭くなっています。このような症状がある場合、全身状態を観察し、呼吸が苦しそう、チアノーゼが伴う場合は急ぎ医療機関を受診します。

（3）嘔吐、下痢、腹痛

　嘔吐は胃の内容物が口から勢いよく出る状態です。子どもは咳込みや腹部の圧迫などで吐くことがあるため、病的なものであるか判断することが必要です。下痢は日頃より便が軟らかくなり、軟便、泥状便、水様便など便の性状、回数、量、匂い等を観察します。腹痛はお腹が痛いことをいいますが、子どもの場合、他の症状の場合でも

「お腹が痛い」と表現することがあります。子どもの様子をよく観察することが大切です。下痢や嘔吐が続くと脱水を防ぐために、水分補給をこまめに行う必要があります。

2　子どもに多い病気（SIDS 等を含む）とその対応

（1）感染症とは

「感染症」とは、ウイルスや細菌などの病原体が体内に侵入し様々な症状が現れた状態です。病原体が体内に侵入してから症状が現れるまでの期間を「潜伏期間」といいます。

また、感染症が発生するためには「感染源」、「感染経路」、「感受性が存在する宿主」の3つの要因が必要です。「感染経路」には「飛沫感染」、「空気感染」、「接触感染」、「経口感染」、「血液媒介感染」、「蚊媒介感染」があります。

（2）感染予防

感染症を防ぐには、感染源、感染経路、感受性が存在する宿主への対策が必要です。病原体の増殖を防ぎ感染経路を断つために、保育施設は衛生管理を全職員で実施します。保護者と連携し予防接種を受けることの必要性などを伝えます。感染症が発生した場合は、早期発見、早期治療が感染拡大防止につながります。速やかに感染症の情報を保護者と共有し感染拡大防止への協力体制を作ります。

（3）乳幼児突然死症候群（SIDS）

何の予兆もなく睡眠中に死亡する病気です。日本では出生 6,000 ～ 7,000 人に 1 人と推定され、生後 2 ～ 6 ヵ月に多く、稀には 1 歳以上で発症します。リスク要因として、うつぶせ寝、非母乳栄養、両親の喫煙などです。保育施設での睡眠中は 5 分毎に、子どもの様子を観察しチェック表に記録をします。チェック項目は呼吸の確認、寝ている姿勢や向きです。午睡室は真っ暗にせず、子どもの様子が確認できる明るさにします。

（4）食物アレルギー・アナフィラキシー

アレルギーとは、本来は無害なものに対して過剰な免疫反応をいいます。食物アレルギーは、ある特定の食物を摂取したことにより、皮膚・呼吸器・消化器・循環器など全身に症状が発症します。またアナフィラキシーは、様々な症状が重篤になり、さ

図表 5-5　子どもに多い感染症

病名	病原体	感染経路	潜伏期間	予報接種の有無	登園基準
麻疹	麻しんウイルス	飛沫・接触・空気	8〜12日	MR ワクチン 麻しんワクチン	解熱後3日を経過していること
風疹	風しんウイルス	飛沫・接触	16〜18日	MR ワクチン 風しんワクチン	発疹が消失していること
水痘	水痘・帯状疱疹ウイルス	飛沫・空気	14〜16日	水痘ワクチン	全ての発疹が痂皮化していること
流行性耳下腺炎	ムンプスウイルス	飛沫・接触	16〜18日	おたふくかぜワクチン	耳下腺、顎下腺、舌下腺の膨張が発現してから5日経過し、かつ全身状態が良好になっていること
インフルエンザ	インフルエンザウイルス	飛沫・接触	1〜4日	インフルエンザワクチン	発症した後5日経過し、かつ解熱した後3日経過していること（乳幼児の場合）
咽頭結膜熱	アデノウイルス	飛沫・接触	2〜14日	無	発熱、充血等の主症状が消失した後2日を経過していること
流行性角結膜炎	アデノウイルス	飛沫・接触	2〜14日	無	結膜炎の症状が消失していること
溶連菌感染症	溶血性レンサ球菌	飛沫・接触・経口	2〜5日	無	抗菌薬の内服後24〜48時間経過していること
マイコプラズマ肺炎	肺炎マイコプラズマ	飛沫	2〜3週	無	発熱や激しい咳が治まっていること
手足口病	コクサッキーウイルス エンテロウイルス	飛沫・接触・経口	3〜6日	無	発熱や口腔内に水疱・潰瘍の影響がなく、普段の食事がとれること
伝染性紅斑	ヒトパルボウイルス B19	飛沫	4〜14日	無	全身状態が良いこと
ノロウイルス感染症	ノロウイルス	経口・飛沫・接触	12〜48時間	無	嘔吐・下痢等の症状が治まり、普段の食事がとれること
ロタウイルス感染症	ロタウイルス	経口・接触・飛沫	1〜3日	児に乳対して経口生ワクチン	嘔吐・下痢等の症状が治まり、普段の食事がとれること
ヘルパンギーナ	コクサッキーウイルス	飛沫・接触・経口	3〜6日	無	発熱や口腔内の水疱・潰瘍の影響がなく、普段の食事がとれること
RS ウイルス感染症	RS ウイルス	飛沫・接触	4〜6日	無	呼吸器症状が消失し、全身状態が良いこと

出典：厚生労働省「保育所における感染症対策ガイドライン」（2018 年改訂版）別添 1 より筆者作成

らに悪化すると血圧低下や呼吸困難、意識レベルの低下となりアナフィラキシーショックを起こします。エピペンを預かっている場合は、保育施設で保護者と面談等で確認後マニュアルを作成し、緊急時の対応を職員間で共有しておくことが重要です。エピペンを使用するタイミングを判断し救急搬送します。

（5）気管支喘息

気管支喘息は、喘鳴（ヒューヒュー、ゼーゼー）、呼吸困難を伴います。気道が狭くなり症状が発症するため、原因となるアレルゲン（ダニ、ほこり、動物の毛など）の除去が必要です。保育室の清掃や寝具への留意も行います。保護者と連携をとりながら、気管支喘息の治療状況を確認し、日々の保育に配慮を行います。

3　事故予防と対応

（1）こどもに多い事故

子どもは危ないという危険を感知することはなく遊んでいます。0歳から6歳の子どもに多い事故防止のために、消費者庁より2019年6月に「子どもの事故防止ハンドブック」が掲載されています。①窒息・誤飲事故、②水回りの事故、③やけど事故、④転落・転倒事故、⑤自動車・自転車事故、などへの注意喚起と予防方法についてです。大人が子どもを取り巻く環境に留意し事故防止に努めます。

（2）事故予防と対応

〈頭部打撲〉

打撲後は安静にして打撲部位を冷やします。冷やしながら全身の状態を観察し、嘔気、嘔吐、頭痛、意識が朦朧としているなどの症状がある場合は医療機関を受診します。顔色もよく元気であればそのまま様子をみます。頭を打ったことは迎えの保護者に必ず伝え、もし帰宅後いつもと違う様子がある場合は医療機関を受診する必要があることを伝えます。

[引用・参考文献]
・厚生労働省　保育所におけるアレルギー対応ガイドライン（2019年改訂版）
〈https://www.mhlw.go.jp/content/000511242.pdf〉〔閲覧日：2019.8.14〕
・消費者庁　子どもの事故防止ハンドブック　〔閲覧日：2019.8.14〕
〈https://www.caa.go.jp/policies/policy/consumer_safety/child/project_002/pdf/child_project_002_190701_0001.pdf〉

6 心肺蘇生法

子どもの命を預かる保育者は、適切な救命処置ができないと子どもの命を守ることができません。具体的な心肺蘇生法とは？、AED の使用方法とは？、異物除去法とは？。それぞれの技術を習得して、いざという時に備えましょう。

1　心肺蘇生法、AED、異物除去法等

　子どもは危険を察知しながら遊ぶことはできないため、周りの大人が安全な環境を整えることが大切です。それでもけがや事故は起こってしまうのが現状です。総務省消防庁の平成 30 年度版の救急救助の現況によると、救急車を要請して現場に到着するまでの所要時間は全国平均 8.6 分、病院収容所要時間は全国平均 39.3 分となっています。そのため、保育者は迅速な判断と救急救命処置の技術を習得しておく必要があります。

（1）心肺蘇生（CPR）
　心肺蘇生とは胸骨圧迫と人工呼吸を組み合わせて実施することをいいます。子どもも大人も 1 分間に 100 ～ 120 回の速さで胸骨圧迫 30 回、人工呼吸 2 回を組み合わせ救急隊員に引継ぐまで実施します。
①胸骨圧迫
　乳児は胸骨の下半分の位置を（両乳頭を結んだ線の中央より指 1 本下あたり）指 2 本で「十分な強さと、十分な速さで、絶え間なく圧迫する」ことです。圧迫は胸の厚さ 1/3 沈むまでしっかり押し下げます。圧迫のテンポは 1 分間に 100 ～ 120 回で行います。沈んだ胸が元の位置に戻るように圧迫の解除が必要です（図表 5-6）。
②人工呼吸
　気道を確保し、胸の上りが見える程度の量を 1 秒かけて、2 回吹き込みます。鼻と口を同時に口で覆い吹き込みます（図表 5-6）。

図表 5-6　心肺蘇生法

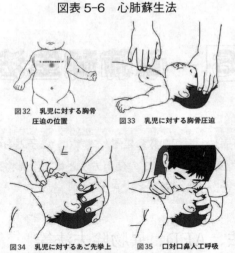

図32　乳児に対する胸骨
圧迫の位置　　　図33　乳児に対する胸骨圧迫

図34　乳児に対するあご先挙上　　図35　口対口鼻人工呼吸

出典：日本救急医療財団心肺蘇生委員会監修「救急蘇生の指針」2015 年

（2）AED の使用

　突然の心停止の原因となる不整脈を解析し必要に応じて電気ショックを与え、心臓が本来持っているリズムに回復させるためのものです。使用したことがなくても、スイッチを入れると音声が流れるため、誰でも安心して使用することができます。全ての保育施設に AED が設置されているわけではありません。一番近い AED の設置場所を確認しておきましょう。

　小児に対する AED は（乳幼児）小児用パットや小児用モードを使用します。成人用と小児用の 2 種類の電極パッドが入っている場合は、イラストをみれば区別できます。小児用パッドが入っていなければ成人用の電極パッドを使用します（図表5-7）。

図表 5-7　AED　パットの位置　　　　　図表 5-8　背部叩打法と胸部突き上げ法

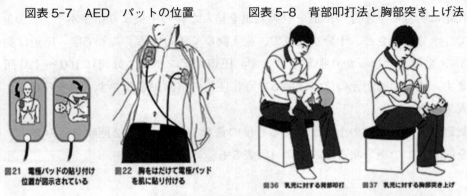

図21　電極パッドの貼り付け
位置が図示されている　　図22　胸をはだけて電極パッド
を肌に貼り付ける　　　　図36　乳児に対する背部叩打　　図37　乳児に対する胸部突き上げ

救急蘇生法の指針 2015 監修：日本救急医療財団心肺蘇生法委員会

（3）気道異物除去

　声も出ない、苦しそうにしている、顔色が悪い、チョークサイン（物が詰まり呼吸ができなくなったことを、他の人に知らせる世界共通のサイン）などの時は気道閉塞を疑います。直ちに乳児の場合は背部叩打法と胸部突き上げ法を行います（図表5-8）。

　異物が取れるか意識がなくなるまで繰り返します。意識がなくなってしまったら、心肺蘇生法を行います。異物がとれても、圧迫をしているため医療機関を受診する必要があります。

［引用・参考文献］
・厚生労働省「救急蘇生法の指針2015」市民用　〔閲覧日：2019.8.15〕
　　　〈https://www.mhlw.go.jp/file/06-Seisakujouhou-10800000-Iseikyoku/0000123021.pdf〉
・総務省消防庁　平成30年版　救急救助の現況　〔閲覧日：2019.8.15〕
　　　〈https://www.fdma.go.jp/publication/rescue/items/kkkg_h30_01_kyukyu.pdf〉
・東京消防庁監修『みにつけよう応急手当 応急手当普及員講習テキスト ガイドライン2015対応』東京法令出版、2016年
・日本赤十字社「赤十字幼児安全講習教本〜乳幼児の一次救命処置：PBLS（市民用）」2017年

7 地域保育の環境整備

子どもが心身ともに健やかに育成されるためには子どもの成長発達に合った環境の整備が必要です。子どもが健やかに育成される環境にするためには、また安心して生活するためにどのような視点での環境の整備が必要なのでしょうか。

1 保育環境を整える前に

（1）「家庭的保育事業等の設備及び運営に関する基準」について

「家庭的保育事業等の設備及び運営に関する基準」は児童福祉法に基づいて、家庭的保育事業等を利用する乳幼児が心身ともに健やかに育成されることを保障するために設けられている規定です。そこでは、子どもが健やかに育成されるために必要となる環境の整備や保育者に関することも含まれています。家庭的保育事業等の運営管理者はもちろん、その中で保育に関わるすべての人が、この規定を理解ならびに遵守し、向上するよう目指すことで、家庭的保育事業等を利用する乳幼児の心身ともに健やかな育成につながるのです。

（2）保育に必要な環境の構成要素と留意点

「環境」には、遊具や生活用具などの物的環境、保育者や友だちなどの人的環境、気候や季節ごとの動植物といった自然環境など、さまざま要素があります。そして、保育に必要な環境を作り、整備していく際には主に2つの視点から考えることができます。1つは、子どもの生活の場としての環境であり、もう1つは子どもの遊びを支える環境としての視点です。

生活の場としての環境には、生活空間や生活全般に用いられる机や椅子などの家具や用具といった物的な環境が中心になります。子どもの生活環境を整える際には、生活にとって必要であるとともに、安全かつ快適であることが大切です。そのためには、用意される環境が子どもの成長・発達に応じたものでなければなりません。

遊びを支える環境としては安全であることはもちろん、子どもの興味や関心・要求に応じたものであることが大切です。具体的には遊具やおもちゃなどの物的な環境が

中心になりますが、虫や草木などの動植物も子どもにとっては欠くことのできない環境の構成要素といえます。また、遊びの環境が生活での環境と大きく異なる点は、必ずしも使いやすく便利であることだけが優先されないところです。遊びの中で不便さや難しさといった課題性を持つことが、次への成長に繋がったり、新しい遊びへと発展することもあるのです。

2　保育に必要な環境とは

（1）安全に生活できること

　保育という営みの中で子どもの生活を支える際、安全に生活できるようにしていくことは保育者にとって最大の役割といえます。一方、安全であることは日頃の生活ではなかなか意識しづらい側面もあります。なぜなら、私たちの日頃の生活の中では、安全が脅かされていると感じる機会はそれほど多くはないからです。しかし、いざ安全が脅かされる事態に直面した時、その大切さを痛感します。だからこそ、保育の中で意識的に安全な環境を作っていくことの意味を理解し、子どもが安心して生活できるようにしていくことが求められるのです。

図表5-9　身体・運動機能の発達と起こりやすい事故との関連

月齢・年齢	1ヶ月	2ヶ月	3ヶ月	4ヶ月	5ヶ月	6ヶ月	7ヶ月	8ヶ月	9ヶ月	10ヶ月	11ヶ月	1歳	1歳6ヶ月	2歳	3歳	4歳	5歳
身体・運動機能	触れたものを握る		首がすわる		支えなしで座る／口の中に物を入れる	寝返りをうつ	すわる	ハイハイをする	つかまり立ち	つたい歩き		ひとりで歩く	走る	階段を上り下りする／高いところに登る	ジャンプする		

起こりやすい事故

分類	項目（●は起点）
転落	●抱っこ・おんぶからの転落
転落	●ベッドからの転落
転落	●窓からの転落
転落	●階段からの転落
転落	●高さのある遊具などからの転落
打撲	●転倒による打撲
打撲	●物や友だちとの衝突
打撲	●家具等での打撲
誤飲・窒息	●ボタンなど小さい物の誤飲
誤飲・窒息	●柔らかい布団・枕による窒息
誤飲・窒息	●周辺にあるヒモなどが絡まる窒息
誤飲・窒息	●ナッツ類による誤嚥・窒息
溺水	●入浴時・沐浴時の事故
溺水	●浴槽などに転落
溺水	●プール遊び・水遊びによる事故
その他	●自転車のチャイルドシートからの転落
その他	●飛び出しなどによる交通事故

出典：筆者作成

（2）子どもの発達と事故

　子どもの身体・運動機能の発達と起こりうる事故の種類には密接な関連があります。立ったり、歩いたりすると転倒するかもしれませんし、高いところに登ると転落するかもしれません。言い換えれば、まだ立つことができない乳児であれば転倒することはありませんが、立つことができ、歩くことができるようになれば転倒する可能性がでてくることになります。このように、ケガや事故は子どもの発達の段階に応じて変化してくるため、保育者は乳幼児の発達に応じて起こりうる事故の可能性を予測することが大切であり、その起こりうる事故の可能性を未然に防ぐことが求められるのです。

（3）子どもの事故を防ぐための環境整備

　安全は何もしないで得られるものではありません。安全な環境を作り、安全な行動をとるとこによって初めて安全の第一歩が確保されるのです。いくら安全な環境だからといってもそこでの行動が危険を伴うものであれば事故につながりますし、危険な環境であっても安全に行動することができれば事故を回避することもできます。このように、事故は環境と人間の行動との間の相互作用の結果と捉えることができますが、子どもは行動の理解やコントロールが未熟なため、事故を予防するためには環境の整備がより重要になってきます。「このようなことはしないだろう」ではなく、「こんなことをするかも！」という視点で、子どもが予想外の行動をとったとしても事故に至りづらい環境を整えておくことが大切です。

　一方、子どもの遊びや生活に関わるすべての環境を完全な状態で安全に保つには限界があるのも事実です。しかし、窓や階段など高所からの転落や危険な物の誤飲、プールや風呂での溺水など、重大な事故につながりそうな環境に対しては、未然に防ぐ対策を優先的に講じておく必要があります。

（4）居心地のよい環境整備

　子どもにとって居心地のよい生活環境を作るためには、清潔で衛生的な環境を維持することも大切です。成長発達の途上にある子どもは環境の影響を受けやすいため、不衛生な環境下では感染症の罹患などの健康問題を生じることもあります。また、明るさや温度なども含めて、子どもの健康状態を維持しやすい環境を整えていくことが、子どもの居心地のよさにつながることを理解しておきたいものです。

（5）効率的な空間の利用

　保育環境は生活の場であり、遊びの場です。それぞれの活動に応じた空間があることが理想ですが、限られた空間の中では、同じ空間で遊び、食事をとり、睡眠なども行います。その際、それぞれの活動に適した空間に変化しやすいよう、柔軟性のある環境設定を行うことが大切です。

3　環境のチェックポイント

　環境は常に同じ状態ではなく、人の関わりや時間などに応じて刻々と変化していきます。したがって、数分前までは安全な環境だったが今は安全ではないということもあり得ます。それは保育室の空間内での物の配置かもしれませんし、遊具などの破損かもしれません。安全な環境とはどのような状態であるか、衛生的な環境はどのような状態であるのかといった基準を明確にしておくことが第一に必要です。そして、朝や夕方、活動の始まりや終わりの時に、基準となる状態になっているかを確認することが重要です。その際、曖昧な確認にならないようにするために、チェックシートなどを用いた確認をすることも有効です。

　いずれにしても、環境は常に変化することを意識しながら環境を整えていくこと大切であり、それによって子どもが安全かつ快適な生活をすることにつながるのです。

⑧ 安全の確保と リスクマネジメント

保育の中で子どもの安全を確保することは保育士に課せられた必要最低限の役割です。しかし、何もしないで安全を確保することはできません。子どもの安全や安心を保障するために保育者は何をすべきなのでしょうか。

1 子どもの事故

　日本は、乳児の死亡率が低い国として国際的にも高く評価されています。しかし、1歳以上の幼児になると状況は違ってきます。その中でも「不慮の事故」による死亡率は常に死因の上位にあり、先進諸国に比べても高い傾向にあります。「不慮の事故」の内訳では、0歳でもっとも多い死因は窒息です。窒息の背景としては、顔がマットレスに埋まったり、寝具が顔を覆った結果による窒息であり、主に就寝時での発生が多いとされています。1歳以上になると、窒息も多いものの0歳児に比べると減少し、溺死・溺水、転倒・転落、加えて交通事故が増えてきます。さらに、5歳以上になると、溺死・溺水や交通事故による死亡の増加が顕著になってきます。このように年齢に応じて発生する事故の傾向は変化しますが、この変化は言うまでもなく成長・発達に伴う行動や活動の変化が背景にあります。

　「子どもはケガをしながら成長する」という言葉をしばしば耳にします。子どもは成長する過程で、経験を通してさまざまなことを学んでいきます。狭い室内で走るとぶつかるから走らない、ドアの縁に指を置いていると挟んで痛い経験をするからドアの縁から指を離すというように、経験と学習の積み重ねによって自分自身で身を守る方法を考え、危険を察知して回避するようになります。この点からすると、生活の中である程度の痛みや危険を経験することは成長にとって必要なことだと考えることはできます。ただし、これらの経験はあくまで軽微なものであったり、生涯にわたって後遺症を遺さないようなものに限ります。ましてや、先に示した死亡につながるようなものは論外と言えるでしょう。子どもの事故、とりわけ死亡にいたるような事故や後遺症を残したり、長期にわたって治療を要するような事故は避けるように努める必要があります。

2　子どもの事故の予防　保育上の留意点

（1）保育環境の点検

　子どもの事故を予防していくためには、日々の点検が欠かせません。保育室内外にあるおもちゃ、遊具などに破損や不具合がないか、不適切な物などが落ちていないか、使う前に点検することが事故の予防の第一歩です。特に子どもの不慮の事故の背景の上位にある窒息や転倒・転落には注意が必要です。室内に誤飲に繋がりそうなものが落ちていないか、転落につながる状況として、窓際に椅子などが置かれて登ることができるようになっていないかなど、子どもに起きやすい事故を把握した上で不適切な環境になっていないかを点検・確認することが大切です。その際にも、感覚的に判断するのではなく、適切な基準に則った状況であるかの判断を行うことが重要です。例えば、誤飲の予防においては、一般社団法人日本家族計画協会が販売している「誤飲チェッカー」などを用いながら点検・確認することも有効です。

　そして、何よりも重要なことは、事故やケガにつながりそうな物や状況に気づくことです。点検においても同様ですが、目の前にあるものを漠然と見るのではなく、持って、触ってみることも必要ですし、いつもと違っていないか、異変はないかを意識しながら見ることが大切です。

（2）子どもの受け渡しと健康観察（視診）

　子どもがケガをした時、そのケガが保育中にできたものか、それとも家庭で負ったケガなのかは重要な問題です。保育中の子どもの様子を常に把握していることは保育者として必要ですが、実際には非常に困難です。もしかすると、保育者が気づかないうちにケガを負ってしまうこともあります。その時に、判断する材料になるのが、朝、登園してた際にその傷があったかどうかになります。そのためには、朝、子どもを受け入れる際に全身を観察しておくことが大切です。

　夕方、保護者に子どもを返す際も同様です。保育中に起きた子どものケガを保育者が気づかなかったり、それを保護者に伝達しなかったりすることは保護者の不信感を招きます。どんなに些細なケガであっても、起きた時の様子やその後の処置について丁寧に伝えることが保育者としての役割を果たすことでもあります。

3　緊急時の連絡・対策・対応

（1）連絡網の準備

　緊急時において優先すべき行動としては、警察や消防、救急などへの通報、関係機関や保護者への連絡が挙げられます。災害や事件、事故などの緊急時は平時とは異なり、焦りやパニックによって適切な行動が取れなくなることもあります。また、災害時では電話などによる連絡・通信手段が使えなくなることも想定されます。さまざまな状況を想定した上で、適切な行動をとるためのマニュアルの整備や複数の連絡手段を準備しておくことが緊急時の対策として有効です。

（2）避難訓練の実施

　緊急事態となる代表的な状況として考えられるのが災害です。災害への対策としては避難訓練が挙げられますが、「児童福祉施設の設備及び運営に関する基準」でも毎月1回の実施が規定されていように、避難訓練は子どもの安全を守るための重要な取り組みです。避難訓練で想定される災害は火災が主ですが、近年の日本各地で発生している災害を鑑みると、地震や津波、風水害などを想定しておくことも大切です。災害の種類によって避難の方法や経路、避難場所、その後の対応などが異なるため、さまざま災害を想定することで状況に応じた対策を講じることが可能になります。また、繰り返し避難訓練を実施することで子どもが適切な行動をとることができるようにする目的もありますが、むしろ保育者にとっての訓練といっても過言ではありません。万が一、災害によって子どもが上手く避難できなかったとしても、子どもに責任を負わせることはできませんし、それは保育者の責任とも言えます。非常時に子どもがどのように行動するのかを把握し、予測しづらい状況の中で保育者が適切に判断し行動できるように備えることが避難訓練を行う最大の目的だといえます。

（3）事故後の報告

　事件や事故、災害など不測の事態や緊急の事態に陥った際、被害の有無に関わらず関係機関に報告し、情報を共有することが重要です。同様に、保育中に発生した場合には、子どもの状況やその時の対応などを保護者に説明することも必要です。結果として何もなかったから良いのではなく、どのように対応したのかを報告することが保護者の信頼につながります。

４　リスクマネジメントと賠償責任

（１）リスクマネジメントとは

　「リスク」について理解する際、２つの点を理解する必要があります。１つ目は、「リスク」とは、ある行動や行為によって生じる「危険に遭遇する可能性」あるいは「危険によって被害や損害などがもたらされる可能性」です。もう少し分かりやすい表現を用いるなら「悪い結果になる可能性」と表すことができます。注意したいのは、リスクはあくまで「可能性」ということです。つまり、「リスク」＝「危険」ではなく、被害や損害をもたらす「可能性」なので、リスクのある環境で生活していたり、リスクのある行動をとったとしても必ず被害や損害が生じるわけでないのです。２つ目として、リスクの状態は、「高い（低い）」あるいは「大きい（小さい）」と示されますが、そこには「頻度」と「もたらされる結果の重大性」の２つの意味が含まれるため、それぞれに明確な区別が必要です。「頻度」も「重大性」も高いリスクは当然のことながら避けることが懸命ですが、実際の生活では、便利や利益を得るために、ある程度のリスクを承知の上で行動しています。具体的には、車を使うことで早く目的地に着き、時間を有効に使えるという利益を得ますが、一方で事故によって自分自身や他の人を傷つける可能性もあります。時には、リスクがあることは分かっていながらも行動しなければならない場合もあります。食事や睡眠はその最たるものです。食事をすると誤嚥や窒息するリスクがありますが、生きるためには食事を摂らないという選択はできません。睡眠も同様です。このように、利益とリスクは多くの場合で表裏一体なので、できる限り最大の利益を得ながらリスクを最小に抑えるようにしたいものですし、そのための取り組みこそがリスクマネジメントとなるのです。

　保育の中でもリスクマネジメントはもちろん重要です。遊びや生活の中で行う行為や使う遊具・道具などと、それに伴うリスクを保育者が慎重に検討した上で、判断することが大切です。子どもにとってそれがどんなに楽しく有効な遊びや遊具だとしても、明らかにリスクが大きいと想定される場合には、「やめる」「行わない」「無くす」という選択肢を常に残しておくことが必要です。

（２）保育中の事故の法的責任と保護者への対応

　保育中に起きた事故の責任は原則的には管理者もしくは保育者にあります。事故には、防ぐことが不可能な出来事もあるため、そのような場合には状況は異なります。

　それでは、責任が求められる状況とはどのような場合でしょうか。1つは、事故になることを予想できたかどうかによります。もう1つは、事故にならないように対処（回避）できたかどうかです。前者を予見可能性といい、後者を結果回避可能性と言います。つまり、事故が起きることを予想できていたはずなのにそれをしなかった場合や、事故を避けることができたはずなのにしなかった場合に、保育者としての責任を果たせなかったとして法的責任が求められます。さらに、これらの予測や対応は、保育者としての専門性が前提となるため、より高度な予測や対応が要求されます。つまり、保育者としては保育の専門職としての知識を有した上で、慎重かつ丁寧な子どもの状態把握や安全に過ごすための環境整備、行動が求められるのです。

　他方で、法的な責任とは別に、保護者との関係も重要です。事故が起きた際の保育者の不適切な対応によって保護者が保育者に対して不信感を抱き、信頼関係が維持できなくなってしまうと新たな問題にもつながってきます。事故が起きた際には、保護者の心情や感情に十分配慮しながら、真摯に対応をしていくことが大切です。

⑨ 保育者の職業倫理と配慮事項

保育を行うにあたり、子どもの成長発達に関する知識や保育に関する知識・技術はもちろん必要です。しかし、知識や技術があるだけでは保育者としては不十分です。保育者とて適切な保育を行うにあたり、どのような要素が必要とされるのでしょうか。

1 保育者の職業倫理

　子育ての社会化が進められている今日では、保育所や認定こども園に所属する保育者のみならず、家庭的保育事業や事業所内保育事業、ファミリー・サポート・センターなどさまざまな場面で保育士をはじめとした保育従事者が保育に携わっています。保育者の活躍する場面は異なっても、保育が子どもの健やかな成長・発達を支えるかけがえのない営みであることは共通しており、そこには子どもの育ちを支える専門職としての倫理が求められます。

　子どもの育ちを支える専門職としての役割や責務を果たすためには、保育に関する知識や技術がもちろん必要です。子どもがどのように発達して、その時々に応じてどのような関わりが求められるのかを知っておくことは必要ですし、実践できるようになることも大切です。しかしそれだけでは不十分です。保育のあり方や方法は単一ではなく、子どもの心情やその時々の状況によって柔軟に変化させていくことが必要です。また、保育者も一人の人間に過ぎません。時には行なっている保育に自信がなくなる時もあるでしょうし、迷いが生じる時もあるでしょう。常に正しい選択ができるとは限りません。そのような時に専門職としての倫理が、自らの行動の規範となり、判断基準になるのです。いくら保育に関する知識や技術があったとしても、専門職としての倫理が欠如していては子どもに対して適切な保育を提供することはできませんし、保護者や社会からの信頼を得ることもできないでしょう。

　保育者の職業倫理として、平成15年2月に採択された「全国保育士会倫理綱領」が参考になります。前文と8項目で構成されており、前文では、「私たちは、子どもが現在（いま）を幸せに生活し、未来（あす）を生きる力を育てる保育の仕事に誇りと責任をもって、自らの人間性と専門性の向上に努め、一人ひとりの子どもを心から

尊重し、次のことを行います。」とし、「私たちは、子どもの育ちを支えます。」「私たちは、保護者の子育てを支えます。」「私たちは、子どもと子育てにやさしい社会をつくります。」の３つの事項を宣言しています。そして、以下の８項目において、子どもの心身ともに健やかな成長と最善の利益を図るために求められる保育者としての職業倫理が示されています。

全国保育士会倫理綱領

　すべての子どもは、豊かな愛情のなかで心身ともに健やかに育てられ、自ら伸びていく無限の可能性を持っています。

　私たちは、子どもが現在（いま）を幸せに生活し、未来（あす）を生きる力を育てる保育の仕事に誇りと責任をもって、自らの人間性と専門性の向上に努め、一人ひとりの子どもを心から尊重し、次のことを行います。

　　私たちは、子どもの育ちを支えます。

　　私たちは、保護者の子育てを支えます。

　　私たちは、子どもと子育てにやさしい社会をつくります。

（子どもの最善の利益の尊重）
1. 私たちは、一人ひとりの子どもの最善の利益を第一に考え、保育を通してその福祉を積極的に増進するよう努めます。
（子どもの発達保障）
2. 私たちは、養護と教育が一体となった保育を通して、一人ひとりの子どもが心身ともに健康、安全で情緒の安定した生活ができる環境を用意し、生きる喜びと力を育むことを基本として、その健やかな育ちを支えます。
（保護者との協力）
3. 私たちは、子どもと保護者のおかれた状況や意向を受けとめ、保護者とより良い協力関係を築きながら、子どもの育ちや子育てを支えます。
（プライバシーの保護）
4. 私たちは、一人ひとりのプライバシーを保護するため、保育を通して知り得た個人の情報や秘密を守ります。

（チームワークと自己評価）

5．私たちは、職場におけるチームワークや、関係する他の専門機関との連携を大切に
します。

　　また、自らの行う保育について、常に子どもの視点に立って自己評価を行い、保育
の質の向上を図ります。

（利用者の代弁）

6．私たちは、日々の保育や子育て支援の活動を通して子どものニーズを受けとめ、子
どもの立場に立ってそれを代弁します。

　　また、子育てをしているすべての保護者のニーズを受けとめ、それを代弁していく
ことも重要な役割と考え、行動します。

（地域の子育て支援）

7．私たちは、地域の人々や関係機関とともに子育てを支援し、そのネットワークにより、
地域で子どもを育てる環境づくりに努めます。

（専門職としての責務）

8．私たちは、研修や自己研鑽を通して、常に自らの人間性と専門性の向上に努め、専
門職としての責務を果たします。

社会福祉法人 全国社会福祉協議会

全国保育協議会

全国保育士会

出典：全国社会福祉協議会・全国保育協議会・全国保育士会　「全国保育士会倫理綱領」

2　保育者の自己管理

（1）健康面の自己管理

　保育者が自らの健康管理を維持していく意義には大きく二つの側面があります。一
つは、保育という営みにおいて保育者は子どもにとっての重要な人的環境であり、そ
の影響は計り知れないものがあるという点です。子どもを取り巻く重要な人的環境と
して、子どもに対して良い影響を与えるためには保育者自身が心身ともに健康であ
り、安定していることが必要です。もしも保育者自身が心身の健康に不安を抱えてい
ると、保育そのものが不安定になってしまうことでしょう。例えば、心理的に不安定
であれば、子どもの行動や言動に対して過敏に反応してしまうかもしれません。身体

的に問題を抱えていれば、集中力が低下して大切なことを見落としたり、ミスを犯してしまうかもしれません。そもそも、保育者が体調を崩し、保育に携われなくなってしまうと、家庭的保育事業等で少数の保育者が保育を行なっている場合では、保育自体が成立しなくなってしまいます。

　2つ目の側面は、保育者が子どもの疾病の源にもなりうるという点です。疾病や感染症などにおいて子どもは脆弱です。子どもの健康を維持する役割を担っている保育者が、子どもの健康を害する要因になることは避けたいものです。

　いずれにしても、心身ともに健康であることは、適切な保育を行うための、また、保育者の能力を最大限に発揮する基礎と言えるでしょう。そのためには、保育者自身が子どもにとっての重要な人的環境であることを自覚し、健康を維持することを日頃の生活の中で意識することです。適切な食事や睡眠の習慣はもとより、季節の変わり目や体調に不安を感じた際には十分に休養すること、早めに医療機関を受診するなどして予防に努めることが大切です。

（2）保育者の自己研鑽

　保育の制度や方法、考え方は常に同じではありません。現在の子ども子育て支援制度が創設されたように、また 2019 年には保育・幼児教育の無償化が実施されたように、社会が変化すると制度も変わります。新しい理論や知見が提唱されると保育の方法も変化していきます。変化し続けることがいつも正しいとは限りませんが、社会や制度がどのように変化しているのか、また保育の理論や方法がどのように変わっているのかに対して関心を持つことは大切です。その中で、自らの考え方や方法に疑問を持ち、見直すことが保育者としての成長の源になります。その上で、新しい知識を身につけ、技術を磨くことが専門性を向上させるのです。

　保育者が磨くものは知識や技術ばかりではありません。保育は知識や技術以上に人間性が求められると同時に、保育には人間性が非常に表れます。一方、子どもは大人の姿を見ながら成長していきます。子どもにとって見本となる大人は保護者であり、保育者です。子どもは保育者の言動や行動、振る舞いなどを真似します。保育者の言動が乱暴であれば子どもの言動も乱暴なものになるでしょうし、保育者の振る舞いが粗暴であれば子どもの行動も粗暴になるでしょう。反対に、保育者が子どもに対して安定的で丁寧に、穏やかに関わることができれば、子どもも穏やかに生活します。そして、このことは決して表面的なことだけではありません。子どもは保育者の本質的な人間性を見抜く能力を持っています。安心できる相手に対しては心から安心感を示し、信頼できない相手に対してはなかなか心を開きません。保育者は子どもにとって

心から安心できる存在になるために、人間性を磨くことも求められるのです。

3　地域等との関係

　保育は近隣など地域との関わりが重要です。子どもが近隣を散歩したり、地域の行事などに参加することは子どもにとって意味のある経験です。地域との関わりの中で、地域住民と日常的に挨拶を交わし、互いが関心を寄せる関係が築かれていれば、子どもの活動や経験の幅も広がり、より魅力的な保育へとなっていくことでしょう。また、地域との良好な関係は子どもの安全面においても重要な意味を持っています。火災や地震などの緊急時に避難を要する場合では、地域住民の協力が大きな力になります。また、日頃から顔の見える関係性を築いておくことが防犯に対しては有効です。

　昨今では、地域の中で保育所の設立の際に反対運動が起きたり、子どもの声を騒音として取り上げられるニュースが報じられることもあります。先にも触れた通り、地域と隔絶された状態で保育を行うことは有効ではありません。地域社会の中で保育が行われるよう、また地域の中に受け入れられる存在になり得るよう、互いの理解を深めていくことが地域との関係づくりの第一歩といえます。

4　保育所や様々な保育関係者との関係

（1）連携施設との関係

　家庭的保育事業等の設備及び運営に関する基準において、「家庭的保育事業者等は利用乳幼児に対する保育が適正かつ確実に行われ、及び、家庭的保育事業者等による保育の提供の終了後も満三歳以上の児童に対して必要な教育又は保育が継続的に提供されるよう、次に掲げる事項にかかる連携協力を行う保育所、幼稚園又は認定こども園を適切に確保しなければならない。」としています。さらに連携協力を行う事項としては、家庭的保育事業を利用する乳幼児が集団保育を体験するための機会の設定や、保育の適切な提供に必要な相談や助言、家庭的保育事業者等の職員の病気や休暇などに伴う代替保育、家庭的保育事業等による保育の終了に際しての継続的な教育や保育の提供などが示されています。つまり、家庭的保育事業者等は事業の規模や職員等の配置も含めて小規模であるという特性から、連携施設を設定し、日常的な支援・協力体制を築いておくことが重要になります。

（2）様々な保育関係者との関係

　家庭的保育事業等の保育者は、複数の保育者などが所属する保育所や幼稚園、認定こども園とは異なり、職員が少人数であることが多いため、自らの保育の方法などに対して疑問を感じ、悩みを抱えていたとしても相談することができないことも少なくありません。その結果、孤独を感じ、悩みから脱出できなくなる負の循環に陥ってしまうこともあります。このような状況に陥らないようにするための有効な手段としては、仲間を得ることでしょう。それは連携施設の保育者でも構いませんし、同一の業界団体の保育者などでも構いません。大切なことは、同じ悩みを共有でき、相談できる相手であることです。必ずしもすぐに明確な答えを見出さなくても構いません。相談できる相手がいるだけでもきっと大きな支えになることでしょう。

　また、研修会などに積極的に参加することも有効な手段です。研修会ではテーマに応じて、同じ状況や境遇にあったり、同じ問題意識を持っている保育者が参加します。そこで新たな人間関係が構築されることはもちろん、研修会を通して新しい考え方や自分自身とは異なる考え方に触れることで、保育者としての次なる成長のきっかけ作りにもなることでしょう。

　これらのことは、事業等の運営管理者でも同様です。運営管理者は、保育者よりも悩みを抱えた時に相談できる相手や機会が少ない環境にあります。保育の方向性を示す役割を担っている運営管理者だからこそ、なおさら様々な保育関係者との関係性を築き、新しい考え方や自身とは異なった考え方に触れることが大切です。

5　行政との関係

　我が国の保育が法制度に基づいて展開されている以上、行政との関わりは不可欠です。行政は、制度の実施主体としての役割や事業に対する監督官庁としての役割も担っています。制度としての保育を適正に行うためには、行政との連携を密にし、必要に応じて助言や指導を仰ぐことも有効です。また、行政は家庭的保育事業等に限らず、保育所や認定こども園、さらには幼稚園や小学校などの教育機関や施設、医療機関や福祉施設などとの関わりも持っています。行政と関係性を築いておくことは、関係機関との連携が必要となった際の関係づくりの起点にもなるため、効果的に活用していきましょう。

6　地域型保育の保育者の役割の検討（演習）

「地域型保育事業に従事する保育者はどのような役割を果たすべきか」、KJ法を用いて、グループで定義づくりをしてみましょう。

（1）KJ法とは

KJ法とは、文化人類学者の川喜田二郎によって開発され、社会科学の質的調査の分析に用いられる手法です。KJ法は、アイディアや意見の収集や集約、整理、分類などが可能であり、分析前には気づかなかったことが創造的に見いだすことができる分析手法です。

（2）KJ法の手順例

①複数（5人〜10人以内）のメンバーからなるグループを作ります。

②一人一人がテーマに関連あるいはテーマから連想される意見をカードに記述します。その際、カード1枚につき、1つの意見を記述します。

③それぞれのメンバーから出されたカードから似ている内容のものをグループ化します。

④グループ化されたカードの集まりを、模造紙などの上で、意味や傾向の近いものは近く、遠いものは遠くに配置します。

⑤カードに記された意見を元に、グループ化されたカードの集まりに対して象徴的な命名（保育の知識、技術、倫理感など）をし、カードのまとまりを丸で囲み、図式化します。

⑥カードのグループ同士の関係性（関連や因果関係、相反関係など）を記述します。

⑦グループ化・命名されたカードの集まりや、グループとの関係性を元に、演習の趣旨である「地域型保育事業に従事する保育者の役割」について、考察しましょう。

図表 5-10　KJ 法のイメージ

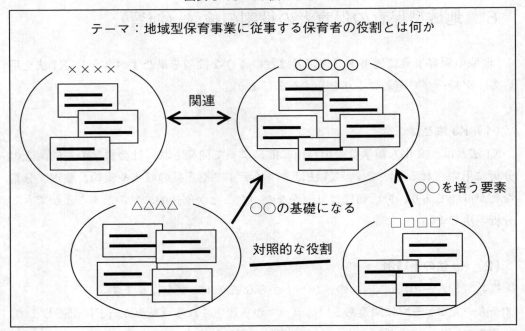

テーマ：地域型保育事業に従事する保育者の役割とは何か

×××× 　関連　○○○○○

△△△△

○○の基礎になる

○○を培う要素

対照的な役割

□□□□

出典：筆者作成

10 特別に配慮を要する子どもへの対応

皆さんは「気になる子」「特別な配慮を必要とする子」と聞いてどの様な行動の子どもが思い浮かびますか？ 0～2歳の乳児期は、成長や発達の個人差が非常に大きい時期です。この時期の子どもの発達を理解し、配慮が必要な子どもの対応方法を学びましょう。

1 気になる行動

上記した「気になる子」や「気になる行動」はどのような事が思い浮かびましたか？ 今、皆さんが思い浮かべた様に、「気になる子」や「気になる行動」が沢山あると思います。しかし、「発達障害」の定義（基礎研修「子どもの障害」に記載）の様に、「気になる子」に関する定義はありません。そこで、気になる行動をする特徴（行動の理由や気持ちを含めて）を理解して、気になる行動への対応方法を学び実践できるようにしておきましょう。

2 気になる行動をする子どもの行動特徴

（1）行動特徴

保育現場でよく耳にする「気になる子」や「気になる行動」は、以下のようなことがあります。

①ことばがでない・話せない、②アイコンタクトが取れない（視線が合わない）、③首座りやお座りができない、④2歳を過ぎても立つ・歩くなどができない、⑤コミュニケーションが取れない、⑥指示が通らない、⑦特定の物にこだわる、⑧じっと座っている事ができない、⑨表情が乏しい、⑩音や光等に敏感に反応する ⑪突然泣きわめいたりひっくり返ったり、嚙みつく等のパニック状態が激しい、⑫はさみ使用や運動遊びが苦手、⑬友達と遊べない、⑭集団行動がとれない、⑮行事に参加できない、⑯相手の気持ちを想像して理解するのが難しい

（筆者作成）

　このように、保育者が保育現場で「気になる子」や「気になる行動」がある。さらに、それぞれの「気になる行動」の共通点が沢山あります。例えば、心身の発達に関連する項目として1）ことばがでない・話せない、3）首座りやお座りができない、4）3歳過ぎても立つ・歩く等ができない、という発達段階についてみてみましょう。子どもの一般的な発達としては、言語発達では生後2〜3ヶ月から「あー」「うーん」等の喃語が出始めます。また、身体発達についても、生後2〜4ヶ月には首座り、6〜8か月頃には自力で座る、1歳前後にはつかまり立ち、1歳半頃には歩く、という発達段階を辿ります。精神的な発達で言えば、8ヶ月頃から「人見知り」や後追い等が出るようになります。例外として、大家族や商店等の人の出入りが多い家庭環境では「人見知り」があまり出ない場合もあります。乳児期の成長・発達の個人差は大きいですが、発達の過程や順序は同様で、9割方の子ども達ができるようになる時期はある程度決まっています。ですから、一般的な乳幼児の発達段階を理解しておくことは、「気になる子」や「配慮を要する子ども達」への対応を考える上で大切なヒントになります。

（2）子どもの心（気持ち）の訴え方

　生まれたばかりの赤ちゃんは、どのように自分の気持ちや欲求を訴えるでしょうか？

　皆さんもご存じの通り、赤ちゃんは「泣く」事によって自分の気持ちや欲求を訴えます。「お腹がすいた」「オムツが濡れて気持ち悪い」「寂しい」「暑い」「痛い」等々。赤ちゃんの一番身近にいる親や保育者は、泣き方によって赤ちゃんの気持ちや要求を理解してあやしたり対応したりします。成長・発達と共に、「泣く」事に加えて、「ことば」や「指さし行動」を通して自分の気持ちを表現できるようになります。しかし、障害のある子は乳児期に健常児と同じように訴えることが少ない場合と、反対にパニックのような形で気持ちを表現する場合があります。自閉的傾向がある子どもは乳児期を振り返ってみると「おとなしく手がかからない」「人見知りや後追いがなかった」「あまり笑わず、視線が合わなかった」「言葉の遅れがあり、クレーン現象[1]があった」等の特徴があります。他に「不器用、運動がぎこちない、突然飛び出す」等の行動があります。また、床に頭を打ち付ける自傷行為や他者に噛みついたりする他傷行為等のパニックを起こす場合もあります。子どもの行動には必ず原因があります。「もっと遊びたい！」「嫌だ」という気持ちを言葉ではなく、パニックという行動で表現せざるを得ない場合もあるのです。保育者から見た「困った子、手のかかる子」は「子ども自身が困っている子」でもあります。何故その様な行動をして

いるのかをよく観察して、子どもの個性・特性を理解するように努めたいものです。

3　気になる行動への対応の考え方

　上記した様に、気になる子や気になる行動に対して、保育者はどのような対応をしていったらよいのでしょうか。保育現場でおとなしく手がかからないと保育しやすいと思われがちですが、「あまり泣かない、視線が合わない、言葉が出ない」という場合は、気を付けて観察して機会を見て声掛けをしましょう。食事をする時等に「マンマ、美味しいね」「沢山上手に食べられたね」等。大人しいからと言って放置せず、しっかり見守って声掛けをして遊びを共有しながら信頼関係を築くようにすることが大切です。反対に、動きが活発でじっとしていられない、保育者の話が聞けない等の行動の子どもは注意や叱られる事が多くなりがちです。皆の前で叱られる事が多くなると自己肯定感[2]が低くなり、自信を失って二次・三次障害を持つ事になる場合もあるので、褒め方や叱り方の工夫をしましょう。褒める時は皆の前で、叱る時は皆とは別の場所で一対一で話す様にすると子どもが理解しやすいでしょう。良い点や得意な事を褒めると本人の自信に繋がり、苦手だった事も頑張ろうとする意欲が生まれます。保育者が愛情を持って接し信頼関係を築く事で、保育者の行動を模倣したり、注意も受け入れやすくなります。一人ひとりの子どもの気になる行動がどういう理由から起きているのかを丁寧に観察し理解した上で、愛情を持って対応することが重要になります。

4　気になる行動の原因とその対応

　「気になる子」に定義がないので、気になる子の原因とその対応を考える上で、汐見稔幸氏（白梅大学大学院教授）の「気になる子」の分類を掲載します。汐見氏は雑誌「エデュカーレ」の中で「気になる子」を 4 項目に分類していますので、参考の為、下記にまとめて掲載します。

① 　発達上の障がいを持っていることが疑われる子
② 　障がいではないが、欲求不満や虐待等が疑われる子
③ 　①②以外で、性格的に個性や癖が強い子
④ 　とても能力がありそうな子項目が「気になる子」

　④は将来楽しみな子として期待できるタイプの子ですが、保育現場では「気になる子」として①～③までの特性がある子を対象としている場合が多いと考えられます。その原因や対応について考えてみましょう。

（1）気になる行動の原因

　気になる行動の原因について、上記した①～③の項目についてみていきましょう。
　①「発達上の障がいを持っていることが疑われる子」については、胎児期や生まれつき脳や心身のどこかに原因があり、障害があると思われる子です。0～2歳の乳児期は、成長・発達の個人差が大きい時期なので、病院で診断されている場合以外は子どもの様子を注意深く観察して見守っていくことが大切になります。②の「障がいではないが、欲求不満や虐待等が疑われる子」に関しては、家庭環境の把握に努め、保護者と密にコミュニケーションをとり、信頼関係を築くことが大切です。子どもと保護者の様子から、その原因が環境（人的環境・物的環境）にあるのか、子ども自身の発達や個性に起因しているのかを、丁寧に観察して記録することが必要になります。観察した状況を保育者同士で話し合ったり、保育カンファレンス（保育の内容や方法に関する課題解決や保育実践を改善し保育の資質を向上させるもの）を実践する事で、障害児や保護者支援に繋がります。③の性格的な個性や癖が強い子は、「変わった子」「個性の強い子」等で、生来の気質や癖が強いユニークだが、反面、対応が難しい事がありますが、将来面白い子に育つ可能性もあります。気になる行動の原因には、①障害の特性なのか、②環境によるものか、③生来の個性・特性なのか、などが考えられます。

（2）障害とその対応

　乳幼児期に医師より明確な障害の診断が出ている場合は、障害の種類や障害の特徴を理解しておくことが対応のポイントとなります。その上で、障害名が同じでも個人差がありますので、障害のある子どもの一人ひとりの特性・個性を理解して、さらに、保護者の希望等も知った上で、対応していくことが望まれます。
　第1章基本研修の「子どもの障害」でも学習した様に、障害の種類には「発達障害（自閉症スペクトラム、注意欠陥多動性障害［ADHD］、学習障害［LD］）、視覚障害、聴覚障害、知的障害、言語障害、肢体不自由」等がありますので、まず、各障害について理解することが必要です。そして、障害児一人ひとりをよく観察して「好きな事や得意な事」「苦手な事・嫌いな事」「パニックを起こすきっかけ」等も記録して、他の保育者・職員とも共通理解をして一貫した対応をしていくことが大切です。

＜写真1＞

フィンランドの絵カード（筆者撮影）

＜写真2＞

砂場で絵カードにて指示（筆者撮影）

特に乳児期は言葉で説明して理解するのが難しい時期ですので、絵カード等の視覚教材を活用すると理解しやすくなります。視覚障害等のある子どもには絵カードを拡大したり、照明を明るくしたりすると見えやすくなります。

（3）環境要因とその対応

（1）②で記した様に生来障害はないですが、虐待等の生育環境の影響を受けて気になる行動がある場合は、まず、子どもの様子（身長や体重の増加状況、入浴等による衛生面や衣服の洗濯状況、身体の傷がないか等）をよく観察して記録します。子どもが安心して過ごせる居場所設定やストレスを発散できる楽しい遊びを提供することが大切です。同時に、保護者とコミュニケーションを密にして信頼関係を築き、保護者が安心して話せる環境を作りましょう。虐待が疑われる保護者は、保護者自身の悩みやストレスが溜まっていることが考えられるので、上司や保育者同士で相談・協力して保護者のストレスの軽減になるように話を聞く、行政の援助が必要か等の判断・対応をしていくことが重要となります。

5　保育者の役割

気になる行動や配慮が必要な子ども、障害児保育への保育者の役割として、以下の3項目が挙げられますので、しっかりと理解しておきましょう。

（1）発達課題を達成するための援助者

乳児期は可塑性が大きい時期です。特別に配慮を要する子どもの場合、その状態が

障害故か、成長・発達の個人差からくるものなのかの違いを判断するのが難しい時期でもあります。

　障害の有る無しに関わらず、どの子どもにも発達課題があります。一番大切な事は、子ども一人ひとりと仲良くなり信頼関係を築いておくことです。子どもとの遊びを通して丁寧に関わって観察する事で、子どもの特性を理解することができ、どんな課題を持っているかを早期に把握することができます。配慮を必要とする子どもには特に「早期発見・早期対応」が重要です。早期に発達課題に気付き、課題を克服・達成する為にどのような援助が必要かを明確にすることが保育者に望まれます。気になる行動に最初に気付けるのは保育者が多く、早期に発達課題に気付き対応方法を見定め、それぞれの子どもに適した援助方法を考えて対応する事を可能にする事が保育者として大切な役割になります。発達課題を達成するために他の保育者や保護者の希望を鑑みて、個別の指導計画を作成し保育することも大切です。

（2）行動モデルとしての保育者

①お手本としての保育者

　子どもの一番身近な大人は保護者（父母）ですが、その次に身近な存在が保育者となる場合が多いでしょう。「子は親の鏡」という諺があります。皆さんもご存じの様に「親の考え方や言動が、そのまま鏡の様に子どもに映しだされる」と意味で使われています。保護者の代わりに子ども達の身近にいる保育者も同様です。長時間共に生活していると、保育者の考え方や言動は「何を大切にし、どのような生活・言動をしているか、子どもに影響を与えて保育者に似る」と思われます。特に乳児期は、身近な大人をモデル（お手本）にして、その言動を模倣する事で成長・発達していきます。子ども達は、保育者の一挙手一投足をよく見ています。この様な点から、保育者は子どもの「行動モデルの模範（お手本）」として、日常生活の中での言動にも気を付けて生活していく努力が大切になります。

②基本的生活習慣の獲得

　配慮を必要とする子ども達は基本的生活習慣（食事・衛生・衣服の着脱・排泄等）の獲得に時間を要する場合が多いです。保育者は基本的生活習慣の自立を支援する援助者でもあります。食事も最初は援助しつつ、共に食事をする時の箸使いや食事の仕方等も見本となります。保育者自身の立ち居振る舞いや生活習慣も手本となる事を理解しておきましょう。

（3）楽しさを共有する保育者

　発達課題を援助する保育者、子どものお手本モデルとなる保育者であると同時に、子どもとの遊びを通して楽しさを共有できる保育者でありたいものです。子どもとよく遊び楽しさを共有する事で、子どもは保育者に心を開き、信頼関係を築く事ができます。信頼関係が築けると、より保育者の真似をして成長・発達が促進されます。配慮を要する子どもの好きな遊びや得意な事をよく観察・理解して、子どもの好きな「楽しい遊び」を共有して下さい。

6　遊びを通して、子どもの発達を促す方法

　世界初の幼稚園創設をしたフリードリッヒ・フレーベル（Friedrich Fröbel,1782-1852）は「遊びこそ子どもの持っている様々な可能性を発展させる唯一の手段」と遊びの重要性を説いています。遊びを通して興味や関心が育ち、周りの健常児や保育者との関わりも広げる事ができます。また、好きな遊びを通して関わる事で、コミュニケーションや身体能力の発達も期待できます。安心して遊べるように環境設定を整備する事が大切になります。子どもの特性や好きな遊びをよく理解して、好きな遊びを通して信頼関係を育み対応することで、子ども一人ひとりに合った成長や発達を促すことが可能となります。

[引用・参考文献]

1）クレーン現象：自閉的傾向の子どもに見られる場合が多く、物を取って欲しい時や何かをして欲しい時等に、相手の手を引っ張ってその目的を達成しようとする動作のことです。
2）自己肯定感：自己に対する評価を行う際に、自分のよさを肯定的に認める感情のこと。自尊心（英語：self-esteem）"自尊感情や自己肯定感に関する研究". web.archive.org. 東京都教育委員会（2009 年）．2019 年 8 月 7 日閲覧より抜粋。

・ドロシー・ロー・ノルト／レイチャル・ハリス、石井千春訳『子どもが育つ魔法の言葉』PHP 文庫、1999 年
・谷田貝公昭・石橋哲成監修、青木豊他『新版　障害児保育』（コンパクト版 保育者養成シリーズ）　一藝社、2018 年
・上野一彦監修『ケース別　発達障害のある子へのサポート事例集　幼稚園・保育園編』ナツメ社、2015 年
・研究代表者 榊原洋一『学校・園における　子どもの発達障害サポートブック』お茶の水女子大学大学院人間文化創成科学研究科　基礎研究(C)研究結果報告書　2014 年
・写真 1 ～ 2 は 2012 年フィンランドのインクルージョン視察・保育所にて筆者撮影

11 グループ討議

グループ討議を通して学習したことを他者と共有することで、理解が深まったり新しい気づきを得たりすることができます。では、どのようなグループ討議をすれば学びが深まるのでしょうか。

1 討議の目的

　グループ討議を行う目的は、地域保育コースで行う保育への理解を深め、不安や問題点について話し合い、その解決策を見いだすためです。

　地域保育コースで学んだことは多岐に渡ります。乳幼児の発達や栄養、乳幼児の保健や心肺蘇生法、地域保育の環境整備やマネジメント、特別な配慮が必要な子どもへの対応です。十分に理解できた科目もあれば、そうではない科目もあるでしょう。グループ討議では、こうした不安や問題点をグループで出し合い、話し合いを通して解決していきます。

2 討議の原則

　グループ討議は、マナーを守って行う必要があります。

　まず、発言者の話を途中で遮らないことです。話すことが得意な人もいれば、そうではない人もいます。発言を途中で遮ることのないようにしましょう。また、発言する人は簡潔に話すように心がけてください。長々と話すようでは、他の人が話す時間がなくなるだけではなく、内容が伝わりにくくなります。

　次に、発言を批判するのではなく、共感的な姿勢で発言のよさや面白さを認めることです。受講者それぞれの背景や経験は異なりますから、発言の中には自分にとって学びになるところがあります。他者の発言を批判するのではなく、学びとして受け止めるようにしましょう。

　最後に、必ず発言するようにしましょう。グループ討議に参加するということは、そこにいるというだけではなく、積極的に発言することです。グループ討議は参加者

がお互いに学び合うためのものです。そのような場にするためにも、積極的に発言するようにしてください。

3　討議の効果

グループ討議によって問題点を整理したり、情報の収集や提供をしたりすることができます。自分の頭でしっかり考えることは大切ですが、他者との討議によって自分では気がつかなかったことや見落としていたことに気がつき、幅広く深い学びになります。

また、グループ討議によって参加者同士の感情的な絆が形成されることがあります。保育所や子育て支援施設では必ず職員同士の話し合いの時間があります。それは、他の職員の考えや視点を知ったり話し合いの時間を共有したりすることで、感情的な絆を形成しやすくなるからです。こうした絆が、職員の協働や連携につながります。協働や連携は職員が集まればよいのではなく、お互いを認め合い、共感し合う関係があってこそ可能になるのです。

4　討議のすすめ方

討議は以下のように進めます。
①自己紹介
②司会係と記録係、全体討議での発表係を選ぶ
③個人の考えの明確化
④個人カードの発表
⑤問題点のグルーピング
⑥討議課題の決定
⑦解決策の討議
⑧記録
⑨まとめ
⑩全体討議での発表

5　グループ討議（演習）

実際にグループ討議を行い、グループ討議の進め方、効果について理解を深めま

しょう。最初はうまく進めることができなくても、どこでつまずいたか、なぜうまく進まなかったか、どうすればよいかを繰り返し考えることで、効果的なグループ討議ができるようになります。グループ討議で学んだことやグループ討議の進め方は、保育や子育て支援の際にも役立つでしょう。

12 実施自治体の制度について（任意）

保育や子育て支援は様々な機関等と連携して行います。研修が実施される地域には、どのような子育て支援の機関、保育資源や地域資源があるでしょうか。

1 関係機関

保育や子育て支援の関係機関や保育資源は様々あります。以下には、子ども・子育て支援制度に規定されている保育資源が整理されています。保育資源に関する詳細は、地域子育て支援コース＜利用者支援事業（特定型）＞の科目「保育資源の概要」（293頁）を参考にしてください。

図表 5-11 子ども・子育て支援新制度の概要

市町村主体		国主体
認定こども園・幼稚園・保育所・小規模保育など共通の財政支援	地域の実情に応じた子育て支援	仕事と子育ての両立支援

施設型給付

認定こども園0〜5歳

幼保連携型

※ 幼保連携型については、認可・指導監督の一本化、学校及び児童福祉施設としての法的位置づけを与える等、制度改善を実施

| 幼稚園型 | 保育所型 | 地方裁量型 |

| 幼稚園3〜5歳 | 保育所0〜5歳 |

※私立保育所については、児童福祉法第24条により市町村が保育の実施義務を担うことに基づく措置として、委託費を支弁

地域型保育給付

小規模保育、家庭的保育、居宅訪問型保育、事業所内保育

地域子ども・子育て支援事業

・利用者支援事業
・地域子育て支援拠点事業
・一時預かり事業
・乳児家庭全戸訪問事業
・養育支援訪問事業等
・子育て短期支援事業
・子育て援助活動支援事業（ファミリー・サポート・センター事業）

・延長保育事業
・病児保育事業
・放課後児童クラブ

・妊婦健診
・実費徴収に係る補足給付を行う事業
・多様な事業者の参入促進・能力活用事業

仕事・子育て両立支援事業

・企業主導型保育事業
⇒事業所内保育を主軸とした企業主導型の多様な就労形態に対応した保育サービスの拡大を支援（整備費、運営費の助成）

・企業主導型ベビーシッター利用者支援事業
⇒繁忙期の残業や夜勤等の多様な働き方をしている労働者が、低廉な価格でベビーシッター派遣サービスを利用できるよう支援

出典：内閣府「子ども・子育て支援新制度について　令和元年6月」

2　地域資源

　地域の中にある社会資源（地域資源）には、保育所や子育てひろばのようなフォーマルなものと、子育サークルのようなインフォーマルなものがあります。地域資源の詳細は、地域子育て支援コース＜利用者支援事業（基本型）＞の科目「地域資源の概要」（262頁）を参考にしてください。

地域保育コースの育成

第**6**章

地域保育コース
地域型保育

① 地域型保育の概要

地域型保育はなぜ、どのようにして誕生したのでしょうか。地域型保育にはどのような種類があり、それぞれにどのような特徴があるのでしょうか。ここでは、地域型保育に関する基本的な項目を学びましょう。

1　地域型保育の事業概要

　少子化の進行、核家族化、共働き家庭の増加、家庭や地域の子育て機能の低下など、子どもや家庭を取り巻く環境の変化が進む中で、保育所の利用希望者が増加しています。特に、都市部の低年齢児の待機児童問題が、重要な課題となっています。待機児童解消を目指して用意されたのが、2015年4月に始まった子ども・子育て支援新制度で規定された地域型保育事業です。

　地域型保育には、家庭的保育事業、小規模保育事業、事業所内保育事業、居宅訪問型保育事業の4つの形態があります（図表6-1）。家庭的保育事業とは、家庭的な雰囲気のもとで少人数（定員5人以下）を対象に行う保育です。小規模保育事業とは、少人数（定員6〜19人）を対象に行う保育です。事業所内保育事業とは、会社の事業所の保育施設などで従業員の子どもと地域の子どもを一緒に保育するものです。居宅訪問型保育事業とは、障害・疾患などで個別のケアが必要な場合や、施設が無くなった地域で保育を維持する必要がある場合などに、保護者の自宅で1対1で行う保育です。

　なお、地域型保育では、現在では小規模保育事業A型・B型が中心となっています。自治体が家庭的保育事業から小規模保育事業へ切り換えることを推進したこと、事業所内保育事業や居宅訪問型保育事業への取り組みが消極的であったことが影響しています。特に、居宅訪問型保育事業は病児・病後児対応において実施している自治体は複数見られますが、一般の待機児童対策として実施しているのは東京都のみとなっています。

図表 6-1　地域型保育事業の類型等

地域型保育事業の認可基準

地域型保育給付を受けるための認可基準を紹介します。
なお、「小規模保育事業」については、多様な事業からの移行を想定し、3類型の認可基準を設定しています。
A型：保育所分園、ミニ保育所に近い類型　**B型**：中間型　**C型**：家庭的保育（グループ型小規模保育）に近い類型

事業類型		職員数	職員資格	保育室等	給食
小規模保育事業	A型	保育所 の配置基準＋1名	保育士*1	0・1歳児：1人当たり3.3㎡ 2歳児：1人当たり1.98㎡	●自園調理（連携施設等からの搬入可）●調理設備 ●調理員*3
	B型	保育所 の配置基準＋1名	1/2以上が保育士*1 ※保育士以外には研修を実施します。		
	C型	0〜2歳児　3：1（補助者を置く場合、5:2）	家庭的保育者*2	0〜2歳児：1人当たり3.3㎡	
家庭的保育事業		0〜2歳児　3：1（家庭的保育補助者を置く場合、5:2）	家庭的保育者*2（＋家庭的保育補助者）	0〜2歳児：1人当たり3.3㎡	
事業所内保育事業		**定員20名以上**・・・ 保育所 の基準と同様 **定員19名以下**・・・小規模保育事業A型、B型の基準と同様			
居宅訪問型保育事業		0〜2歳児　1：1	必要な研修を修了し、保育士、保育士と同等以上の知識及び経験を有すると市町村長が認める者	―	―

・小規模保育事業については、小規模かつ0〜2歳児までの事業であることから、保育内容の支援及び卒園後の受け皿の役割を担う連携施設の設定を求めています。
・連携施設や保育従事者の確保等が困難な離島・へき地に関しては、連携施設等について、特例措置を設けています。
・給食、連携施設の確保に関しては、移行に当たっての経過措置を設けています。

〈参考〉

保育所	0歳児　3：1 1・2歳児　6：1	保育士*1	0・1歳児 乳児室：1人当たり1.65㎡ ほふく室：1人当たり3.3㎡ 2歳児以上 保育室等：1人当たり1.98㎡	●自園調理 ※公立は外部搬入可（特区）●調理室 ●調理員

出典：内閣府「子ども・子育て支援新制度ハンドブック　施設・事業者向け」2015年

2　地域型保育の特徴

（1）地域型保育の特徴

　地域型保育は、保育の必要性が認められた子どもに対し、1日8時間を基本とする毎日の保育で、保育所保育指針に準じて行われます。この点では、通常の認可施設の保育所と変わることはありません。

　一方で、保育所と異なるところもあります。1つ目は、地域型保育の職員は子育て支援員など必ずしも保育士でなくてもよいことです（図1）。2つ目は、地域型保育の対象は原則3歳未満児のみなので、子どもの成長の状況をきめ細やかに見ることができることです。地域型保育は、保育者の居宅など家庭的な空間で行われることから、保育者と子どもの距離が近く、子どもが安心しやすく、愛着関係を築きやすいと言われています。3つ目は、0歳児を含む異年齢の集団保育になるということです。異年齢保育は、子どもが社会性や協同性を身に付けていく貴重な経験となります。4つ目は、地域型保育では職員数が少ないことから、一人の職員への負担は比較的大きくなることです。そのため、常にチームワークを意識して取り組む必要があります。

（2）連携施設の役割

　小規模保育事業は小規模かつ0〜2歳児までの事業であることから、保育内容の支援及び卒園後の受け皿の役割を担う連携施設の設定が必要となります。そのため、連携施設には以下の4つの役割が求められています。

　1つ目は、集団保育の経験を提供することです。地域型保育には、少数の保育であり、施設も園庭やプールが無い場合がほとんどです。ですから、連携施設の園庭開放に参加したり、プールや行事へ参加したりすることは、集団活動を経験する貴重な機会となります。

　2つ目は、情報提供と相談支援です。保育所がもつ情報や人的資源を共有することで、地域型保育の保育の質を高めていくことが重要です。

　3つ目は、代替保育の提供です。地域型保育は、突発的な事態により代替保育が必要となるケースがあります。それに備えて代替保育を提供してもらうことを取り決めておくと保護者の安心につながります。

　4つ目は、地域型保育の卒園児を優先的に受け入れることです。地域型保育は0〜2歳までです。ですから、地域型保育の施設と連携施設が協力して、卒園児のために優先的に受け入れ枠を用意することで、保護者も子どもも安心できる環境を作ること

が重要です。

3　地域型保育のリスクを回避するための課題

　地域型保育は前述のような特徴がある一方で、小規模の施設で少人数の保育者で保育を行うがゆえのリスクも多くみられます。こうしたリスクを回避するためには、以下のような取り組みを行うようにします。

　1つ目に、開かれた保育を行うことです。地域型保育は少人数であるため、密室性が高くなります。写真や動画で保育を可視化したり保育の記録を作成したり、また定期的に保護者の保育参観・参加を行うことで、開かれた保育にするようにしましょう。

　2つ目に、チームワークで保育を行うことです。地域型保育に限らず、保育はチームで行うものです。保育者それぞれ経験や知識に偏りがあります。得意なこともあれば、苦手なこともあります。だからこそ、保育者がチームとなり、自分が得意なところは生かし、苦手なところは仲間に補ってもらうことで、よりよい保育をすることが可能になるのです。

　3つ目に、様々な地域資源を活用することです。地域型保育はこうした地域資源の中の1つであり、他の地域資源と連携、協働して子どもの育ちを支えていくようにします。例えば、近くにある子育て広場と合同で保育を行う機会を用意してもよいでしょうし、地域型保育の利用者が子育て広場で行われる保護者向けの講演会に参加することができるようにしてもよいでしょう。

　4つ目に、自己研鑽と健康管理です。保育者は専門家です。専門的な知識や技術を常に学び続ける姿勢が必要です。また、保育者一人一人の自己研鑽だけではなく、保育施設全体で保育者の学びを支援していくようにしましょう。保育施設に学び合う雰囲気が作られているかどうかが重要です。また、健康管理も重要です。健康な身体に健全な精神が宿る、と言います。保育者が健康であることが、学ぶ意欲や姿勢の高まりや、前向きな気持ちや挑戦する心へとつながっていきます。

　5つ目に、保育ネットワークの活用です。地域型保育は少数の保育者で保育を行うことから、こうしたネットワークはいっそう重要です。保育ネットワークを活用するためには、日頃からこうしたネットワークを形成できるように意識しておく必要があります。例えば、近くにある保育所の保育参観や見学を行ったり、自治体主催の研修会に積極的に参加して自分の存在を知ってもらったりするような活動を行うことです。

　以上の5つを特に意識して、地域型保育に伴うリスクを回避するようにしましょう。質の高い保育は、そもそも安全や安心が確実に保障されていることが前提なのです。

② 地域型保育の保育内容

実際に保育現場に入ること場面を思い浮かべ、1日の保育を想像してみてください。異年齢の子どもたちをどのように保育していきますか。新しく子どもを受入れる場合の注意点とは。またなぜ保育には記録が必要なのでしょうか？

1 地域型保育における保育内容

　地域型保育の基本方針は、一般の保育所と同様に、全ての子どもが健やかに成長するために適切な環境を提供することです。ですが、地域型保育は、基本的には0～2歳の子どものみを対象としており、小規模な保育を行うものです。それゆえ、子どもの成長の状況をしっかり見ることができます。発達の段階に応じて、ゆったり寄り添えるという長所を活用して、柔軟な保育になるようにしましょう。

2 地域型保育の一日の流れ

　地域型保育の一般的な一日の流れ（図表6-2参照）は、次のようになっています。

①子どもを迎え入れるまでの準備

　子どもを迎え入れる前に、施設内外の清掃を行います。壊れているおもちゃはないか、いつの間にか破損している箇所はないかを確認します。地域型保育では乳児が中心となることが多いことから、室内の温度・湿度を確認し、快適な環境になるようにします。

②子どもの登園・受入

　子ども一人ひとりと挨拶し言葉を交わすなかで、視診・健康観察を行います。保護者とのコミュニケーションも重要です。受入時間のほんの短い会話からでも、保護者や子どもの状態がよくわかるものです。保護者や子どもの様子がいつもと違う場合は、質問やいつもよい丁寧な声がけをする配慮をしてください。

図表6-2　一日のながれの例

時間	０歳児	1・2歳児
7:30	登園・受入	登園・受入
8:00	（視診・健康観察・薬の有無確認） 自由遊び	（視診・健康観察・薬の有無確認） 自由遊び
9:00	おやつ（幼児食移行後） 水分補給	おやつ・水分補給 朝の集まり
10:00	室内遊び・戸外遊び 手ふき	室内あそび・戸外遊び
11:00	離乳食・授乳	排泄・手洗い・うがい 昼食
12:00	睡眠	着替え
14:00	目覚め・検温・授乳	睡眠 目覚め・検温・着替え・手洗い
15:00	手ふき・おやつ（幼児食移行後）	おやつ・うがい
16:00	室内遊び・戸外遊び・ 自由遊び	室内遊び・戸外遊び・ 自由遊び
17:00	降園 （離乳食・授乳）	降園
18:30	（延長）	（延長）

出典：筆者作成

　また、受入時間は大変忙しくなりますが、連絡帳もしっかり確認しましょう。口頭では言えないことが連絡帳に書いてあることもあります。また、連絡帳の表現や書き方の変化に、保護者の気持ちが表れていることもあります。連絡帳を丁寧に読み、保育や子育てに対して保護者は不安や心配を感じていないかを読み取るようにしましょう。

③自由遊び

　自由遊びでは、子どもの興味や関心に即して、子どもの発達や成長を促すような環境を用意しておきましょう。保育は環境を通して行います。すなわち、子どもが遊びから何を、どれだけ学ぶかは、保育者の巧みな環境の構成によるのです。

　また、月齢別の遊びの特徴を理解しておきましょう。０歳児は、体の欲求のままに、遊びの中で、見る・触る・なめる・這う・歩くことを経験していきます。１歳児は、探索活動が活発になり、遊びの中で物と物・自分と物の関係を試し、様々な発見をしていきます。２歳児は、急速に心身が発達する時期で、好奇心が強くなり、自発性・自立性が強く現れてきます。見立て遊び、模倣遊びも盛んになり、やがて友達と協働して遊ぶようになります。

④おやつ・水分補給

年少児は1日3回の食事だけでは十分な栄養が取れません。おやつは子どもにとっての楽しみだけでなく、栄養素やエネルギーを補う意味もあります。

⑤散歩・外遊び（戸外遊び）

地域型保育は園庭がないことが多く、散歩や外遊びのような戸外遊びの経験はいっそう重要です。公園にある木々や遊具に好奇心や探求心をもって関わったり、公園までの道のりで季節を視覚的、嗅覚的に感じたりすることで、施設だけではできない経験をすることができます。こうした多様な経験が、子どもの育ちにつながっていきます。

⑥昼食

昼食は、可能であれば保育者と一緒にとるようにしましょう。地域型保育では保育者が少ないため、つい保育者は食事を与えるだけになりがちですが、保育者が一緒に食事をとることで子どもは食事の楽しさや食事のルールを学んでいきます。また、アレルギー児がいる場合は、座る位置を他の子どもと離すなどの配慮も行いましょう。

なお、小規模保育は、自園調理が義務付けられているため施設で栄養バランスを考慮した給食を提供することができますが、家庭的保育など自園調理ができていない場合は、提供する昼食の栄養のバランスにも配慮をします。

⑦歯磨き

虫歯予防のために、歯磨きの習慣を身につけることは大切です。歯磨き時に、鼻やのどなどに歯ブラシが突き刺さる事故が起きないように配慮しつつ、子ども自身が歯磨きの必要性を理解して、楽しく歯磨きできるように工夫しましょう。

⑧午睡

昼食後、排せつを済ませ、午睡に入ります。子どもの体調を把握した上で、子ども一人ひとりの状態に合わせて寝かしつけます。午睡の時間は職員にとっては、休憩や記録・連絡帳への記入を行う時間となりますが、うつぶせ寝や乳幼児突然死症候群（SIDS）に気をつけてください。そのために、呼吸や顔色などの睡眠チェックは、5分程度の間隔で実施します。また、窒息を防ぐためにうつぶせ寝になっている場合は、仰向きに戻します。睡眠チェックの結果は、チェックシートに記録しますが、顔の向きを矢印で記録するなど、形式的にならないように工夫しましょう。

⑨帰宅の準備

　朝は保護者も出勤のために時間が取れないことが多いですが、お迎え時は保護者と会話したり相談したりする時間がとりやすくなります。一日の子どもの様子をできるだけ丁寧に伝えるようにしましょう。特に、子どもが怪我をした場合は、連絡帳に書くだけではなく、口頭で保護者に伝えるようにしましょう。

⑩保育終了後

　子どもを見送った後は、施設内の掃除や片付けをします。保育日誌を記入し、翌日の準備をします。必要に応じて、職員会議を行い、子どもや保護者に関する情報の共有をしたり、保育者の保育を発表・議論したりすることで保育の質の向上につなげます。

3　異年齢保育

　異年齢保育とは、年齢ごとにクラス分けをせず、複数の年齢の子どもでグループを作って一緒に保育を行うことです。「混合保育」や「縦割り保育」とも呼ばれています。

　異年齢保育において、乳児と1〜2歳児が同じ室内に居る環境の場合は、まず乳児の安全を優先します。保育者は必ず乳児と年齢の高い子どもの間の位置に居て、乳児を見守りつつ年齢の高い子どもと遊びます。ですが、保育者は、乳児と年齢の高い子どもを完全に切り離すのではなく、お互いの存在を意識できる環境にしておくようにすることが大切です。異年齢が同時に遊ぶ場合は、子ども達の構成をみながら、絵本の読み聞かせやごっこ遊び、お絵かきなど、それぞれの発達に応じて楽しめるように工夫します。

　このように、異年齢のこどもと共に食事をし、お昼寝をし、遊ぶといった生活をすることはとても重要です。自分とは違う育ちを観察し、人間関係を体験し、人への思いやりや配慮を学んでいきます。年齢の高い子どもにとっては、年齢の低い子どもを思いやる気持ちが育ち、年齢の低い子どもにとっては、年齢の高い子どもをロールモデルとして成長していくというように、お互いにとってよい影響があります。

4　新しく子どもを受け入れる際の留意点

（1）ならし保育

　新しく子どもを受け入れる際には、ならし保育が重要です。ならし保育は、入園か

らしばらくの間、子どもが保育施設の生活に慣れるまでの間の負担を減らすよう、保育時間を少しずつ調整することをいいます。ならし保育は、保護者にとっても職場復帰のならし期間であるということも忘れてはいけません。特に一人目の子どもの場合、自分の子どもを預ける不安と職場復帰の不安が重なって不安定になる保護者もいますので、保護者に対する支援や配慮も必要になります。

　ならし保育をどのように進めるかは、入園前の親子面談時に話し合いましょう。その際は子どもの様子、家庭での生活リズム、食事の状況、睡眠の様子、遊びの好みなど、さらに保護者の職場復帰や就労の予定などを丁寧に聞き取ります。

　ならし保育の期間は、短い場合は1週間程度、長い場合は1ヶ月程度をかける場合があります。子どもの様子や保護者の状況を見ながら柔軟に対応しましょう。

（2）ならし保育の配慮事項

　子どもにとって、保護者から離れるということは心身ともに大きなストレスとなるため、泣いたり騒いだりします。乳児の場合、比較的短い時間で泣き止むことが多いため順応が早いように思えますが、環境の変化が健康状態にあたえる影響は少なくはなく、十分に注意が必要です。

　1・2歳児の場合、自分が親から離れた状況に置かれたということを理解しています。そのため、その状況を受入れるまでに時間がかかることもあります。しかし、夕刻になったら必ず迎えに来てくれるという安心感が生まれると、次第に順応できるようになっていきます。保護者には、登園時に「行ってきます」「夕方迎えに来るからね」と話しかけ、お迎え時には「ただいま」と抱きしめてあげるなどの工夫をするようにアドバイスしましょう。また、子どもが施設に慣れない場合は、家庭でいつも使っている安心できるもの、例えばハンカチやタオル、ぬいぐるみなどを用意するように保護者に伝えるのもよいでしょう。

　ならし保育中の他の在園児の保育は、今まで通りの一日の流れを保つことができるように配慮をします。スペースに限りがある地域型保育の場合、ならし保育の子どもが長時間泣き続けた場合、他の子どもも情緒が不安定になる場合もあります。そのため、保育者は状況を見ながら配置人数を増やすなど、柔軟に対応するようにしてください。

5　地域の社会資源の活用

　地域保育は規模が小さいことが多く、地域資源の活用（連携や協働）が重要です。

近隣の保育所や幼稚園、あるいは学童クラブや子育て支援拠点施設、図書館などと普段から交流を図り、いつでも地域の社会資源と連携・協働できるような体制を日頃から作っていくようにしましょう。そのためには、まずあなたの地域にどのような社会資源があるか調べて、一覧表にしてみましょう。

6　保育の計画と記録

（1）保育の計画

　保育は思いつきで行うものではありません。きちんと計画を作り、計画を踏まえて保育を行っていきます。これが、子どもの育ちの連続性を支えることになります。そこで、地域型保育でも、一般の保育所と同様、保育の基本となる「全体的な計画」を作りましょう。施設に入所した子どもの０歳から２歳までの育ちを見通して、日々の保育を行うためです。また、年間指導計画や月案といった長期指導計画、週案・日案といった短期的な計画も作るようにしましょう。こうして、計画的に教育・保育に取り組めるような環境を用意しましょう。

　ただ、保育の計画を作るということは、子どもを計画に合わせるということではありません。子どもの興味や関心に即して保育を変化させていく柔軟性が必要です。柔軟性と計画性がバランスよく保たれることが、質の高い保育へつながっていく第一歩となります。

（2）記録の種類

　保育には様々な記録があります。保育日誌には、その日の保育のねらい、保育者の関わり、子どもがどのような姿であったかを記録します。また、ドキュメンテーションという保育の記録を活用している保育所も多くなってきました。ドキュメンテーションとは、写真や動画を使って保育をわかりやすく伝えるものです。さらに、児童票（保育経過記録）もあります。児童票には、成長過程、保育経過をはじめ、家族に関わること、アレルギー情報などの情報も記載します。

　これら以外にも、様々な記録があります。保育の記録は、日々の保育を振り返り、子どもの育ちを確認し、次の保育の改善につながるためにあります。こうした記録を持ち寄って、同僚の保育者と保育カンファレンスを行うことで、自分の保育の振り返り、子どもに対する新しい気づき、保育をする上での学び、同僚との絆形成ができます。

（3）連絡帳の書き方

　連絡帳は、保護者との信頼関係を築き、保護者の理解と協力を得るための重要なコミュニケーション・ツールです。保育者にとってはたくさんいる子どものうちの1人の連絡帳かもしれませんが、保護者にとってはそうではありません。卒園後も連絡帳を大事に保管している保護者も多くいます。また、子ども自身が成長してから連絡帳を読み返すこともあります。

　ですから、前向きな表現を使って、丁寧に、正確に書く必要があります。

　また、連絡帳を上手に書くためには、どうやって書くかという書き方だけではなく、そもそも何を書くかという日々の保育の中での着眼点が重要です。参考文献に挙げた書籍を参考にして、ぜひ連絡帳名人になってください。

7　保育の体制

　地域型保育に限らず、保育施設における保育者それぞれの役割を明確にしておくことは重要です。保育施設での大きな事故や怪我は、「私がすべきこととは思っていなかった」というように、役割分担の「隙間」で生じることが多いものです。毎月の職員会議等を通じて、誰が、何に対してどこまで責任をもっているのかを明確にしましょう。

　また、チームワーク（保育者間の連携）も重要です。チームワークがきちんと機能するためには、保育者がお互いに認め合うことと、学び合う雰囲気があることが重要です。保育者それぞれのよいところ、工夫しているところ、頑張っているところを認め合いましょう。また、お互いの保育から学び合うことができるような環境や雰囲気を作るようにしましょう。

［引用・参考文献］
・浅井拓久也『活動の見える化で保育力アップ！ドキュメンテーションの作り方＆活用術』明治図書、2019年
・浅井拓久也『先輩保育者が教えてくれる！連絡帳の書き方のきほん』翔泳社、2019年

③ 地域型保育の運営

地域型保育の設備や運営の基準はどのようなものでしょうか。なぜ情報提供をする必要があるのでしょうか。子どもを受け入れる際の具体的な流れや注意事項とは何でしょうか。

1 設備及び運営の基準の遵守

（1）設備及び運営の基準

　児童福祉法 34 条の 16 において、設備及び運営の基準は、厚生労働省令の基準に従って自治体（市町村）ごとに定めることとなっています。事業者等の一般原則、連携施設、一般的要件及び資質、職員の基準、食事などの基準が定められています。市町村によっては保育士を手厚く配置するように定めるなど、独自の基準を設定している場合があるため、自分自身の勤務する自治体の条例を確認してください。

　また、子ども・子育て支援法においては、「特定教育・保育施設及び特定地域型保育事業の運営に関する基準」（内閣府令第 39 号、2014 年）のように、運営に関する基準を内閣府令の基準に従って定めることとしています。ここでは、利用定員に関する基準、運営に関する基準、給付に関する基準などが定められています。

（2）市町村による確認と監査

　地域型保育を運営する事業者は、前述の基準に従っているかについて市町村の確認を受け、認可を受ける必要があります。運営開始後は、運営基準の順守のため市町村が指導監督を行います。おおむね 1 年に 1 度程度、市町村が立ち入り検査を行います。その結果によっては、勧告や措置命令、確認取消といった処分があります。

（3）運営委員会の設置・開催

　運営委員会とは、事業の公共性に鑑みて、利用者を含む関係者の意見を聞き、適正な事業運営を行っていくための諮問機関です。メンバーは、利用者の代表、社会福祉事業についての知識経験を有する者、地域の有識者などと、施設長を含む事業者で構成されます。通常の認可保育所では必ず年 1 回以上実施することが求められています

が、地域型保育でもなるべく実施し、運営に関する客観的な意見を伺うことが望まれます。なお、市町村によっては、一定の基準を設けて開催を必須としている場合もあります。

2　情報提供

（1）情報提供の必要性

　地域型保育の類型は、利用者にとって違いが分かりにくいところがあります。そのため、地域型保育の類型の中から利用者が適切に選択することができるように、事業者から積極的に情報提供を行っていくことが重要です。また、利用者だけではなく地域住民に対しても、地域から理解と協力を得ることができるような情報提供をしていく必要があります。

　情報提供については、まず事業者自らが積極的に行うようにします。できればホームページを作成し、保育理念、保育の特徴、保育方法、行事などを写真とともに紹介し、利用を　検討している人に公開することが大切です。

　また、行政や関係団体等による情報提供もあります。自治体などが、広報誌やホームページで情報を提供しています。掲載の機会を逃さないよう自治体窓口担当者と普段からコミュニケーションを密にしましょう。

（2）個人情報への配慮

　情報提供の際は個人情報の取り扱いに注意しましょう。個人情報保護法では、個人情報とは「生存する個人に関する情報であって、当該情報に含まれる氏名、生年月日その他の記述などによって特定の個人を識別できるもの、または個人識別符号が含まれるもの」とあります。つまり、個人情報とはその個人に関する情報全てであり、氏名・生年月日・住所などはその一部ということです。例えば、写真やビデオに映った子どもの写真も個人情報です。ＳＮＳへの掲載などは、背景や名札から個人が特定できてしまうため、慎重に行わなければいけません。個人識別符号とは、代表的なものはマイナンバーや免許証番号等です。他にも最近では、指認証データ、顔認証データも該当します。保育施設には個人情報があふれています。細心の配慮をして守秘義務を順守してください。

図表6-3　地域型保育利用の仕組み

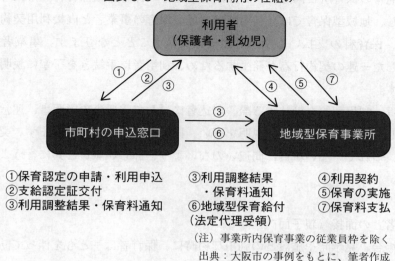

①保育認定の申請・利用申込　③利用調整結果　④利用契約
②支給認定証交付　　　　　　　・保育料通知　⑤保育の実施
③利用調整結果・保育料通知　⑥地域型保育給付　⑦保育料支払
　　　　　　　　　　　　　　（法定代理受領）
（注）事業所内保育事業の従業員枠を除く
出典：大阪市の事例をもとに、筆者作成

3　受託までの流れ

①問い合わせへの対応

　保護者からの問い合わせは、いつあるかわかりません。ですから、いつ、どの職員が対応しても同じ対応ができるように、説明用の資料や説明方法の準備をしておきましょう。また、現在の保育制度は多様で複雑です。そのため、保護者の中には地域型保育の保育や仕組みを理解していない人もいます。このような場合は、保護者の意図や利用の目的を丁寧に聞き取り、保育者の質問や不安に対して適切に対応していきましょう。

②見学の受け入れ

　利用を具体的に検討し始めると、保護者は見学を希望します。あらかじめ保護者に見学してもらう保育実践や場面を考えて準備しましょう。保育方針、保育方法、保育の一日の流れなどを丁寧に説明します。また、保護者からの質問には真摯に答えます。保護者にとって初めての子どもである場合は、保育者にとっては当然と思えることでも保護者にとっては分からないことばかりだからです。

③利用の申し込み

　利用を希望する保護者が、保育認定の申請と利用を申込むのが市区町村の窓口であ

る点は、通常の保育所と同じです。しかし、通常の保育所は保育料を市区町村に支払うのに対し、地域型保育では、利用者は地域型保育の事業者と直接利用契約を結ぶことになり、保育料の支払いも事業者宛てに支払うこととなります。事業者にとっては、こうした一連の契約行為が発生するため、利用者に手続きを丁寧に説明する必要があります。

　事業者は、利用契約を締結する際、申込者に対して重要事項説明書、運営規程の内容を記載した文書を交付して、説明を行い、同意を得る必要があります。契約行為であるため、慣れていない職員は間違いのないよう、詳しい職員と共に行うようにしてください。

　③保護者との面接（親子面談）

　多くの場合、見学時や施設との利用契約時に、保育者は子どもを伴って訪れます。その際に、子どもの状態をよく視診するとともに、保護者の保育に関する考え方を確認しておきます。入所が確定し、保護者面談を行う場合も、原則親子面談とします。

　事前に必要書類を送付し、記入してもらうとスムーズに進みます。施設によって書類は異なりますが、代表的なものとしては、児童票、健康票、食事に関する調査票などがあります。母子健康手帳も持参してもらうとよいでしょう。面談時には、子どもの現在の状態と育ちの過程、発達の様子などを丁寧に聞き取り、面談記録に記載しておきます。

　④保育を始めるにあたって

　実際に保育を始めるに際しては、保護者が施設に安心して預けられるよう、仕組みを十分に理解し納得するまで丁寧に説明してください。子どもの受入れに際しての配慮事項は、非常勤職員も含めて、職員全員で共有してください。この最初の段階での対応ややり取りが、保護者と施設の信頼関係の形成に重要なのです。

4　地域型保育の運営上必要な記録と報告

（1）必要な記録

　法令により「地域型保育事業者は、職員、設備及び会計に関する諸記録を整備しておかなければならない」と定められており、保管期限は完結の日から5年間保存しなければなりません。保存が義務付けられている記録は、「保育の提供にあたっての計画、保育に係る必要な事項の提供の記録、市町村への通知に係る記録、苦情の内容等

の記録、事故の状況及び事故に際して採った処置についての記録」とされています。

　記録作成は義務であるということだけではなく、安全対策や危機管理の観点からも重要です。ヒヤリハットや事故に対する再発防止策の記録や、苦情とその対策の記録など、地域型保育が小規模で密室性の高い保育だからこそ、こうした記録を丁寧に作成し、必要に応じて公表をしていくようにしましょう。

（2）必要な報告

　市町村への報告は、地域型保育給付受給のための報告（保育利用者実績報告等）をはじめ、運営に係わる報告は多岐にわたります。市町村の担当窓口ときめ細やかな情報共有を行う必要があります。

　また、重篤な事故（死亡事故、意識不明等）、病院での治療が複数回にわたるような怪我、集団食中毒、10 人以上の感染症の発生、誤食、誤飲などが発生した場合は、速やかに報告を行い、市町村の担当者の指導のもとで問題解決に向けて対応します。

4 地域型保育における 保護者への対応

なぜ子育て支援が求められるようになったのでしょうか。保護者の悩みや相談内容は多岐にわたります。保育者はどのような姿勢で臨み、何を大切にしながら対応すればよいでしょうか。

1 保護者との関わりと対応

（1）保育者に求められる役割

保育所保育指針の第4章には、保育所における保護者に対する子育て支援は「家庭と連携して子どもの育ちを支援する」、「保護者及び地域における子育て力の向上に資する」ことであるとされています。この背景は、家庭における教育・保育力の低下が背景にあります。核家族化や地域とのつながりの希薄化により、子どもをどのように育てていくべきか分からずに悩み、孤立する親が多くなっています。

こうした背景から、保育者にはソーシャルワーク的機能が求められます。ソーシャルワークとは、人がより良く生活していく上での問題点を解決するため技術です。相談や援助、調整機能などを通して、その人が本来もっている解決力を引き出したり、社会資源や制度を活用したり、あるいは社会そのものを変えて行くように働きかけたりすることです。

前述の通り、家庭的・社会的な環境が大きく変化していく中で、保育者が直面する相談内容は、より複雑で専門的になっています。地域型保育は、保護者と非常に近い距離感で日常の保育が行われているだけに、より個人的な相談も多くなります。例えば、子どもの言葉や発達・障がいの悩み、育児方法の悩み、離婚や心の不調などです。また、保育者は子どもが発達障害の可能性があると感じているのに保護者は気付いていないケース、子どもの様子から虐待が疑われるケースなどもあり、このような場合はソーシャルワーク的な手法（姿勢、知識、技術）を活用することが必要になります。

地域型保育の保育者は、こうしたソーシャルワーク的な手法を駆使して、子どもや保護者の支援をしていきます。この点については、保育所保育指針解説書にも、「関

係機関及び関係者の役割や機能をよく理解し、保育所のみで抱え込むことなく、連携や協働を常に意識して、様々な社会資源を活用しながら支援を行うこと」、「保育所における子育て家庭への支援は、地域において子どもや子育て家庭に関するソーシャルワークの中核を担う機関と、必要に応じて連携をとりながら行われるものである」と示されています。

（2）地域型保育における保護者への対応

地域型保育における保護者対応は、保育者と保護者との距離が近く、密度も高いということを理解し、以下の4つに即して行います。

①保護者の理解と協力

保育施設がすること、保護者がすること、と分けて考えるのではなく、連携して子どもの育ちを支える視点が必要です。家庭での子育て力を高めるためにも、保護者自身の主体性や自己決定を尊重する考え方が重要です。

②保護者への個別支援と対応

保育者にとってはよくある相談でも、保護者にとってはそうではありません。よくあることと突き放すような支援ではなく、保護者一人一人に寄り添った支援が必要です。初めての子どもである場合や子どもの発達に不安がある場合など、保護者それぞれの事情や個別の状況、気持ちや不安を聞き取り、支援していく必要があります。

③保護者相互の協力・連携

地域型保育に子どもを預けている保護者は、両親ともに保育を必要としている状況です。子育てについての情報が少なく孤立しがちです。そこで、保護者の個別の事情に配慮しながらも、保育参観や親子遠足、運動会、保護者会などには、保護者が他の保護者や他の子どもと触れ合う場面を設定し、ネットワークづくりを支援します。保護者は、他の保護者との交流や相互支援を通して、自身の子育て力も高めていくことになります。

④地域資源との連携・地域交流の活用

規模の小さい地域型保育にとって、地域資源との連携や地域との交流は不可欠です。近隣の保育所や認定こども園、学童クラブや子育て支援拠点施設などと連携・交流できる関係を日頃から作っていきましょう。また、地域との関わりが希薄な保護者には、地域資源に関する情報を提供したり利用を促したりすることで、保護者と地域の関わりが生まれてきます。これによって、子育ての孤立化を回避することができます。

2　保護者への対応の基本

　保育所における保護者に対する支援の基本として、旧保育所保育指針（2008年版）に7つの視点がまとめられています。これらの視点を日々の保護者支援に生かしていくようにしましょう。

①子どもの最善の利益を考慮し、子どもの福祉を重視すること。
②保護者とともに、子どもの成長の喜びを共有すること。
③保育に関する知識や技術などの保育士の専門性や、子どもの集団が常に存在する環境など、保育所の特性を生かすこと。
④一人ひとりの保護者の状況を踏まえ、子どもと保護者の安定した関係に配慮して、保護者の養育力の向上に資するよう、適切に支援すること。
⑤子育て等に関する相談や助言に当たっては、保護者の気持ちを受け止め、相互の信頼関係を基本に、保護者一人ひとりの自己決定を尊重すること。
⑥子どもの利益に反しない限りにおいて、保護者や子どものプライバシーの保護、知り得た事柄の秘密保持に留意すること。
⑦地域の子育て支援に関する資源を積極的に活用するとともに、子育て支援に関する地域の関係機関、団体等との連携及び協力を図ること。

3　子育て支援における保護者への相談・助言の原則

　保護者への相談・助言に際しては、ソーシャルワークの原則として、バイステックの7つの原則が広く知られています。保護者支援では、これらを意識した対応をしましょう。

①個別化の原則（1人ひとりの個別性の尊重）
　環境や価値観が違えば子育てについての考えも異なってきます。決して同じ問題は存在しない、という考え方です。保護者のかかえている悩みや問題点は、共通点はあっても一歩踏み込めばそれぞれ個別の事情が現れてきます。
②意図的な感情表現の原則（利用者・相談者のありのままの感情表出の促進）
　保護者が自由にありのままに感情表現をすることを認める態度です。話しやすい雰囲気づくりのために、話す場所や座る位置も工夫します。時には、保育者自らの感情

表現を工夫することで、保護者の心の壁を取り除く工夫も必要でしょう。

③統制された情緒関与の原則（自らの感情のコントロール）

保育者自らの感情をコントロールして平常心を保つことです。保護者に自由な感情表現を認めていくうちに、自分自身が感情移入や反発などの感情をもってしまいがちです。保護者の相談内容を正しく理解するためにも、解決を焦らずに丁寧に話し合いを進めて行きます。

④受容の原則（傾聴・受容・共感的理解）

保護者の悩みは、その人の人生の縮図でもあります。保育者にとって否定的な内容であっても強く否定せず、じっくり話を聞き、まずは受入れ、共感してから、なぜそういう悩みをもつに至ったかを理解することです。保育者は、自身の判断基準を中立に保ちながら相談を進めて行きます。

⑤非審判的態度の原則

保護者の相談を受入れたら、決して善悪の判断をしないという態度です。価値観や道徳観は多様であり、保育者が相談相手の考えを否定してしまっては、信頼関係が構築できません。保育者は、自分の常識や考えはいったん脇に置いて、保護者の立場や視点から客観的に相談に乗ります。

⑥自己決定の原則（利用者の自己決定の尊重・保護者のエンパワメント）

相談や助言をしても、結局問題を解決するのは保護者自身です。問題の解決を通して、保護者自身も成長するのです。その保護者が本来もっている生きる力を信じて力を与えることを「エンパワメント」と言います。相談を受けた人が問題解決をするのではなく、解決の仕方や糸口を与えることをいいます。相談援助が行き過ぎないよう、命令的な指示をしないように心掛けなければいけません。

⑦秘密保持の原則

保護者のプライバシーを守ることは絶対です。ですが、虐待が疑われるようなケースに接した場合は保育者は通告義務がありますので、速やかに施設の責任者に相談をしてください。

4　保護者への対応　〜事例を通して考える〜

保護者への対応は、個別的であるべきで、様々な背景を踏まえて対応していくことになります。保育者同士が身近な事例を出し合い、グループごとに検討しあうことで自分にはなかった客観的な視点に気付くことができます。下記の点に着目して、できるだけ具体的な内容にまで踏み込んで検討してください。

①表面に表れている事象を整理し、背景に隠れている重要な要素は何かを考えてみます。

②この問題で、保護者と最初に接する時にどのような態度で臨むかを考えてみます。

③この場合、ソーシャルワーク的な観点で特に何が重要か考えてみます。

④問題の解決のために、どのような方法が取れるか検討してみます。

⑤保護者にどのようなアドバイスができるか、保護者のエンパワメントを意識して考えてみます。

[引用・参考文献]

・川村隆彦『ソーシャルワーカーの力量を高める理論・アプローチ』中央法規出版、2011 年

5 見学実習オリエンテーション

いよいよ現場での見学実習です。不安なことはなんでしょうか。見学時は何に配慮して、何を学ぶべきでしょうか。また、事前に準備するべきことは何でしょうか。

1 見学実習の目的

見学実習の目的とは、ここまでの講義で学んだ環境整備や保育内容、安全確保に関する事項などについて、実際に保育現場を見学することで具体的なイメージをもち理解を深めるとともに、今後実践する保育において具体的に参考にすることです

2 見学実習のポイントと配慮事項

以下の9つは見学実習の際の視点となるものです。これらの視点から見学実習を行い、実習先の様子や取り組みを学び、実りのある実習になるようにしましょう。

①見学先と子どもたちへの配慮：見学実習時も保育は行われています。見学が保育の支障や妨げにならないように気を付けてください。

②環境、特に安全で安心できる環境づくり：保育は環境を通して行います。見学先の施設で実施している環境の工夫について学びましょう。

③一日の生活の流れと保育者・子どもの様子：一日の保育の流れ（時間と活動）と、それぞれの場面での保育者や子どもの様子を学びましょう。

④異年齢・小集団保育を生かす遊び：地域型保育ならでの遊びや遊び方を学びましょう。

⑤地域資源の利用：見学先と地域資源の連携について質問しましょう。

⑥保護者とのかかわり：保育者がどのように保護者に関わっているか、また連絡帳の書き方等、保護者支援のあり方について学びましょう。

⑦複数の保育者体制、保育者間の役割分担、引継ぎ等：保育者間の連携や役割分担について学びましょう。

⑧保育者の保育観や保育方針：保育をする際に大事にしていることや工夫している
　ところについて質問してみましょう。

⑨見学の記録：以上の視点で質問したり聞き取ったりしたことを見学実習の記録と
　してまとめましょう。

⑥　見学実習

さあ、実際に保育現場の見学です。どのようなところを見学・観察するか整理してありますか。講義で学んだことが実際の保育ではどう生かされているか、どう運営されているかを学びましょう。

1　見学実習の目的

　①地域型保育の現場に出向き、講義で学んだ環境整備や保育内容、安全確保など、実際に見学・観察を通して理解を深めます。

　②保育に取り組むに際して、具体的に参考になることについて理解する機会とします（家庭的保育は、家庭的保育者個人の自宅であり、異なる地域の環境の中でそれぞれ独自の工夫をして、保育を展開していることに留意します。）。

2　見学実習1日目

　見学実習の1日目は、受入から降園までの保育の1日の流れを見るようにしましょう。園にデイリープログラムがあれば、ぜひ見せてもらいましょう。

3　見学実習2日目

（1）具体的な保育内容について学ぶ

　保育の記録・計画、受付等の書類や環境構成、保護者対応の実際等、初日の観察を踏まえて、より詳しく踏み込んだ内容を学びます。指導計画や日誌などの記録、危機管理等のマニュアルなども見せてもらいましょう。

（2）疑問点を質問する

　特に配慮が必要な子どもへの対応や、保護者との関わり、地域資源の活用など、見ていただけでは分かりにくいことは、予め質問項目を書き出しておき、保育の妨げに

ならないように要領よく質問していきます。

（3）実習を終える

2日間といえども、子ども達にとっては既に「先生」です。子ども達に丁寧にお礼とお別れを言ってから実習を終えましょう。実習先の先生には、しっかりと感謝の気持ちを伝え、後日お礼の手紙を出すことも忘れないでください。

研修の主催者から、見学実習記録の提出を求められている場合は、記録用ノートに基づき、詳しく丁寧に記載し、締め切りを厳守して提出しましょう。

第7章

地域保育コース
一時預かり事業

1 一時預かり事業の概要

一時預かり事業の背景や幼稚園・保育所・認定こども園の子育て支援についての役割を考えてみましょう。

1 一時預かり事業とは

一時預かり事業とは、家庭において保育を受けることが一時的に困難となった乳幼児を幼稚園・保育所・認定こども園等で一時的に預かる事業です。

児童福祉法第 6 条の 3 には「一時預かり事業とは、家庭において保育を受けることが一時的に困難となった乳児又は幼児について、厚生労働省令で定めるところにより、主として昼間において、保育所、認定こども園の場所において、一時的に預かり、必要な保護を行う事業」と示されています。2015 年に施行された「子ども・子育て支援新制度」において「地域子ども・子育て支援事業」のひとつとして位置付けられました。

これまでの仕組みは、「保育所型・地域密着型（法定廷事業）、「地域密着Ⅱ型（予算事業）」、「基幹型加算」、「幼稚園における預かり保育」でしたが、①一般型、②余裕活用型、③幼稚園型、④訪問型の 4 つの仕組みになりました。

保育所や認定こども園では、主に①一般型で行われています。③の幼稚園型は、従来の幼稚園での預かり保育を指します。最近では、早朝保育が行われている園もあります。④訪問型は、過疎地域や障害児等に対応できる体制を充実させるためのものです（図表 7-1）。

図表 7-1　現行の一時預かり事業の仕組み

①一般型	在園児以外の地域の子どもを預かる保育
②余裕活用型	入所定員に達してしない場合に、保育所等において定員の範囲以内で在園時児以外の子どもを預かる保育
③幼稚園型	幼稚園・認定こども園で 1 号認定の在園児を教育時間終了後に預かる保育
④訪問型	子どもの自宅で行う一時保育

2　一時預かり事業の意義

　2015 年の「一時預かり事業実施要綱」では、「保育所等を利用していない家庭においても、日常生活上の突発的な事情や社会参加などにより、一時的に家庭での保育が困難となる場合がある。また、核家族化の進行や地域のつながりの希薄化などにより、育児疲れによる保護者の心理的・身体的負担を軽減するための支援が必要とされている」と、一時預かり事業の目的が示されています。つまり、これまで、一時預かりの利用理由は、「就労」と「緊急」が主でした。しかし、昨今の家庭は地域との関わりが希薄になって子育ての孤立が顕著になってきました。特に、母親の子育ての孤立によるストレス、子どもへ虐待、自信の持てない子育てなどの子育てに対する不安が見られるようになってきました。そのため、「育児のリフレッシュ」が利用理由として含まれるようになってきました。ここでいうリフレッシュとは、子どもを預けている間に美容院に行く、マッサージに行くというようなことまで含まれます。

　このようなことから、一時預かり事業の意義は、単に、保護者の都合で子育てができない時間や期間に子どもを預かるということだけではありません。子どもを一時的に預けることにより、保護者自身が気持ちを整理したり、リフレッシュしたりて子育てへの意欲を持てるようにすることや、保育者の子どもへの関わりを知り、具体的な子どもとの関わりを学ぶことなども含まれます。さらに、子育てについての悩みを保育者に相談したり、他の保護者との関わりから子育ての孤立を防止することができます。つまり、物理的な支援だけではなく精神的な支援を通して、保護者自身を支援することも兼ねているのです。こうして、保護者が子育てに意欲が持てるようになったり、子育ての楽しさを感じられるようになることにより、子どもの育ちが豊かになるのです。

3　一時預かり事業の特徴

　一時預かり事業は、多くが利用者の登録制になっています。一時預かり事業の実施については、月曜日から金曜日が多く、土曜日、日曜日にも実施している施設もあります。実施時間は、8 時間～ 9 時間が多くなっています。

　一時預かり事業を利用する子どもの特徴について説明します。

　まず、対象年齢は、0 歳～ 2 歳の割合が多いです。定員については、10 人未満が多いです。預かりの時間は、開園時間の限度（8：30 ～ 17：00 頃）までの利用が目

立ちます。利用園に在園の兄弟がいて毎回同じ園を利用する子ども、様々な施設に登録しており複数の園で不定期に過ごす子どももいます。兄弟がいる、同じ園に通う子どもなどはその園にも慣れ、保育者との関係も構築されていきますが、緊急やその日限りの利用の場合はそうはいきません。また、定期的に通う場合も、ほとんどの園が利用限度を設けていますので、多くても週3回程度になります。

　次に、一時預かり事業を利用する保護者の特徴について説明していきます。まず、保護者は実際に、どのような理由で利用するのでしょうか。一時預かりの特徴から、不定期な就労や就職活動、緊急な場合として家族の病気、けが、事故などがあげられます。基本的には、子どもを預かってもらえる大人が近くにいない場合が多いです。

　最後に、一時預かりは、長時間保育、異年齢、少人数保育、不規則な利用者という特徴があります。このように、定期的、ある一定期間、初めての申し込みというように、一時預かりを利用する子どもは毎日変わっていきます。

4　一時預かり事業従事者の基本姿勢

　一時預かり保育の特徴は、3で示したように、毎日同じ環境や子ども、保護者でないことです。そのため、保育実践や計画立案に難しさがあります。第1に、子どもの情報収集の困難さです。例えば、食事や排せつなど生活習慣です。第2に、その日限りやある程度日数があいてからの利用などのため、遊びにおける興味関心を捉えることが難しいことです。第3に、保護者との情報交換にも限界があります。このような状況から、保育者が一人ひとりの子どもや保護者と信頼関係を構築していくことの難しさがあります。第4に、子ども自身初めて始めて利用する、時々利用するというような状況から、不安な子どもも見られます。一時預かり事業は子育て支援の一環です。以上の背景から、一時預かり事業者に求められる基本姿勢は、子どもの様子を伝えることで子どもの育ちを共有したり、子どもへの関わりを伝えるなどを通して、保護者が自信をもって子育てできる支援をしていくことです。

［引用・参考文献］

・内閣府ホームページ、2019 年 8 月 13 日閲覧
　　　https://www8.cao.go.jp/shoushi/shinseido/administer/setsumeikai/.../s5-4.pdf

・厚生労働省資料 5-4　「一時預かり事業について」2014 年

・文科初第 238 号　平成 27 年 7 月 17 日　文部科学省初等中等教育長　各都道府県知事「一時預かり事業実施要綱」

・長島和代編「これだけは知っておきたい　わかる・書ける・使える　保育の基本用語」p.86、わかば社、2016 年

・内閣府・文部科学省・厚生労働省「幼保連携型認定こども園　教育・保育要領解説」平成 30 年 3 月

・厚生労働省「保育所保育指針」平成 30 年 3 月

・三菱 UFJ リサーチ＆コンサルティング「一時預かり事業の運営状況に関する調査報告書」成平 30 年度子ども・子育て支援推進調査研究事業　平成 31 年 3 月

・工藤遙「「子育ての社会化」施策としての一時保育の利用に見る母親規範意識の複層性」福祉社会学研究 15（0）、pp.115-138、2018 年

② 一時預かり事業の保育内容

一時預かり保育の特徴を踏まえた保育には、どのような配慮点や工夫が必要でしょうか。また、一人ひとりに応じた保育内容や環境構成について具体的に考えてみましょう。

1　初めて会う子どもとの関係づくり

　一時預かり保育の特徴は、毎日同じ子どもで構成されたクラスではないということです。そのため、保育経験も子ども一人ひとり違います。もうすっかり慣れている子どももいれば、初めて保護者から離れる子どももいます。

事例1－1　子どもも母親も初めての預かり（0歳児女児）

　母親自身が病院へ行くことになり、どうしても緊急に預かりが必要になったななこちゃん。家族にも預けたことがなく、母親の不安感がななこちゃんにも伝わっているようでした。そこで、少しでも家庭と同じような雰囲気で過ごせように、母親に家庭での様子や過ごし方を伺いました。排せつや睡眠を家庭での時間に合わせられるように細かく質問しました。母親が保育者と安心して話している姿をみることで、ななこちゃんの警戒心も少し取り除かれたようでした。

　事例1の場合、緊急であり、体調への不安も重なり、母親自身がおそらく一時預かりの心の準備もあまりない状態だったと考えられます。そのような緊急の状況がななこちゃんに伝わり、ななこちゃんの緊張や不安も大きかったことが考えられます。初めての母子分離への不安はとても大きいものです。そこで、保育者はななこちゃんが少しでも安心して過ごせる工夫として、家庭と同じ時間での排泄や睡眠を取り入れようとしています。こうした工夫が子どもの心身の安定につながります。また、ななこちゃんにとって保育者は初めて出会う他人です。そこで、母親と保育者が親しく話すことで「お母さんの知り合い」として認識され、ななこちゃんの安心につながっていきました。間接的な関わりから信頼関係を構築していったのです。このように、初めて出会う大人とすぐに直接的な関係を作っていくことは難しくても、安心できる環境

構成、保育内容の工夫から対応できるのです。保護者にとっても、このような子ども
の安心感が保護者の安心感につながるのです。

2　一人ひとりの発達に応じた生活・遊びの援助

（1）一時預かり事業における配慮事項

　幼保連携型認定こども園教育・保育要領解説、第4章子育ての支援、第4節1にお
いて「地域の子どもに対する一時預かり事業などの活動を行う際には、一人一人の子
どもの心身の状態などを考慮するとともに、教育及び保育との関連に配慮するなど、
柔軟に活動を展開できるようにすること」と示されています。また、「在園している
園児に対して行っている教育及び保育の内容と関連させて、例えば在園している園児
と触れ合う機会や場面を工夫したり、場合によっては、部分的に親子で行事に参加で
きるように」というような配慮も示されています。

　教育・保育要領に示されているように、子ども一人ひとりの心身の状態を把握する
際に発達の視点を持てるようにしましょう。一時預かりの多くは異年齢の小集団で
す。年齢による発達を捉えながら、一人ひとりの状況を一緒に遊びながら理解してい
くことが大切です。また、同じ1歳でも月齢の差はもちろん、家庭での環境や経験は
違います。特に、初めて一時預かりを経験する子どもについては、その子の興味・関
心や、生活の仕方など丁寧に確認することが必要です。一時預かりでは、常にクラス
みんなで何かをするという保育内容を中心にするのではなく、状況に応じて一人一人
の子どもが自分の好きなことを楽しみながら安定して過ごすことに重きをおくことが
大切です。何度か一時預かりを経験している子どもの場合は、様子がわかるようにな
るので、遊びを広げていくとより楽しい時間になります。

　また、保育所保育指針解説、第4章3（1）イには「家庭での生活と保育所におけ
る生活との連続性」についての配慮や「一日の流れ」の工夫の大切さが示されていま
す。一人一人の子どもが安心して過ごせるための保育計画についても工夫が必要です。

（2）年齢別保育のポイント

　乳児の場合は、排せつ、睡眠、食事などについては、家庭での様子を丁寧に伺い、
できるだけ同じ時間や同じ関わり方で行うとよいでしょう。そうすることが、子ども
の安心につながります。遊びでは、気に入った玩具で遊べるように、玩具の配置や種
類を工夫します。そして、一緒に遊ぶことで親しみやすさを感じられるようにしま
しょう。歩行が可能になると探索行動が見られるようになります。安全に過ごすこと

はもちろん重要ですが、「危ないからだめ」と禁止ばかりでは、子どもは自分の思い
を受け止めてくれないと感じてしまいます。安全面の工夫をしながら、子どもの探索
行動に付き合ってみましょう。

　また、幼児の場合は、3歳児は誰かと遊びたい気持ちより、自分がしたい遊びをし
たい気持ちのほうが強い時期です。わがままと捉えず、やりたい気持ちを汲み取り、
十分にやりたい遊びが楽しめるようにしましょう。4，5歳児になると、人と関わっ
て遊びたい気持ちが大きくなってきます。通常クラスの子どもたちの遊びを眺めてい
ることもあると思います。様子をみて一緒に同じ遊びを楽しめるようにすることも必
要です。

3　子どもが安心して過ごせる環境づくり

　一時預かりの子どもは、明日は来ない場合もあります。では、明日はこの遊びはし
ないので、とりあえず今日遊んでいてもらえればよいという考えで、その場しのぎの
遊具や玩具をなんとなく置いておくというような環境構成では、子どもの充実した遊
びにはなりません。たとえ今日だけの遊びだとしても、子どもにとってはかけがえの
ない1日です。一時預かりを利用した子ども一人ひとりにとってこの1日が充実した
ものとなるためにも、環境構成は大切です。まず、環境作りで大切なことは、安心し
て過ごせる空間の保障です。あたたかみのあるゆったりとした雰囲気の保育室が大切
です。その際、配色や物的環境の構成にも気をつけます。家庭的な雰囲気をつくるこ
とが、子どもの安心感へつながります。次に、遊びが楽しめる環境の工夫です。子ど
もがすぐに関わりたくなるような物的環境があるということです。その際、発達を踏
まえた遊具、玩具の工夫が求められます。また、長時間保育の場合、遊びが単調にな
らないように、体全体を使った動きの遊びを取り入れたり、異年齢で関わって遊べる
時間を作ったりなどの工夫も必要です。

事例3－1　遊びが楽しめる環境

　緊急の預かりもあるA園では、家庭でも遊んでいそうな玩具もおいてあります。さ
らに、親しみが持てるキャラクターも置いてあります。乳児の場合は音のなるものも
準備しておきます。また、特に幼児の場合、外遊びや、ままごと、水遊び、泥団子つ
くりなど通常クラスの子どもたちが使う遊具や玩具、同じ環境で遊べる工夫も取り入
れています。

　事例 3 － 1 の A 園での環境構成の工夫は、「家庭でも遊んでいそうな玩具」です。子どもは家にあるものと同じものがあることによって、安心して過ごせるからです。また、親しみのあるキャラクターがあることは、遊びのきっかけを作ったり、保育者とのコミュニケーションに繋がったりします。音のなる玩具は、音によって興味をもったり、気持ちの変化に繋がったりします。幼児の場合は、通常クラスの子どもたちがしている遊びを見て、自分もやってみたい気持ちになり意欲的に過ごすことができます。また、初めて一時預かりを利用する子どもは「ここには何があるのだろう」と緊張してやってきます。受け入れの面談等で好きな遊びを聞いて、その遊びができるようにするという臨機応変な配慮も必要です。環境を工夫することにより、子どもにとって安心して過ごすだけでなく、必要な経験もでき、豊かな育ちにつながっていくのです。

[引用・参考文献]
・内閣府「幼保連携型認定こども園教育・保育要覧解説」2018 年
・厚生労働省「保育所保育指針」2018 年

[協力園]
・かつし風の子保育園（東京都）、もみの木保育園太子堂（東京都）、みふふ認定こども園（栃木県）

❸ 一時預かり事業の運営

一時預かり事業の業務の流れはどのようになっているのでしょうか。また、記録や保護者への報告の仕方、保護者のプライバシーの尊重、職員間の連携のあり方について、要点を学んでいきましょう。

1 一時預かり事業の業務の流れ

まず、一時預かり事業の運営について理解しましょう。一時預かり事業の対象は、就労や家庭の緊急的な事情だけでなく、保護者のリフレッシュも含まれるようになりました。それゆえに、ニーズは高まっています。登録制にしている園が多いため、また利用限度が設けられているため、複数の園に登録している利用者もいます。一時預かり事業の利用手続きの流れは園によっても様々ですが、主な手続きは図表7-1の通りです。

まず、①利用者がどの園に申し込みするのか、一時保育の内容はどのようなものかなどの情報収集を行います。利用する園が決まったら、②登録を行います。登録の方法は、園に直接電話したりやインターネットで予約したりします。登録が済むと、③園との面談になります。利用前に園が面談を行うことが多いです。園によっては問診

図表 7-1　手続きの流れ

①情報収集（各自検討、事前見学含む）

↓

②登録（電話、インターネット等）

↓

③面談（園と情報交換、情報の共有）

↓

④申し込み（電話、来園など）

というところもあります。面談の内容は、例えば、アレルギー等身体面で配慮すべき点の聞き取り、他園の一時預かりの利用状況（子どもの疲れ、健康状態を含む）、家庭での遊びの内容や興味・関心などです。面談が終わると④申し込みとなり、一時保育を利用する日時を決定します。登録面接→登録→インターネット予約→利用（自動抽選によって週3回まで）という園、電話または来園による予約と問診（事前または当日）を行い登録はしない園、利用開始前に登録→面談→利用という流れの園のように様々あります。

　利用時間については、初回は午前中のみの場合もあります。基本的には、8：30、9：00〜16：00、17：00頃までとなっています。保育内容については、一時預かりの子どもで過ごす場合と、通常クラスに入って過ごす場合があります。また、一時預かり専用の保育室を設けている園もあります。そして、どの園でも定員制になっているため、定員以上の申し込みの場合は、断らざるえない状況になっています。

　利用当日の配慮点として、子どもの安全、体調管理、持ち物の紛失、食事などがあげられます。園よっては、アレルギー対応のため弁当の持参としています。利用料金は、利用ごとに発生します。

2　情報提供、受付、登録

　利用者は、一時預かり事業の情報を、「園のしおり」、「友人や近所の人」、「インターネット」、「福祉事務所」、「保健所」、「子育て支援センター」、「雑誌・広報」などから得ています。自分で何園にも直接問い合わせている方もいます。情報はこのように様々な方法で得ることができますが、自然に情報が得られるというより、利用者自身から積極的に働きかけたり、役所や子育て広場で教えてもらったりすることで得る場合が多いようです。このように、知ろうとしないと知れない状況にあることから、一時預かり事業についての情報提供の方法は課題といえます。

　実際利用することになった場合、事前に利用説明が行われています。これは1で示した面談に含まれます。面談では、利用目的や、子どもや家庭の状況を確認します。そして、状況を踏まえ、保育時間や保育内容を伝えます。さらに、預けるうえでの注意点などを伝えます。例えば、ある園では、一時保育利用のルールは崩さないようにしています。1度の例外的な対応が次回の期待となり、期待通りにいかぬことによる不満を引き起こさないようにするためです。「今日だけ」、「1分だけだから」で職員が対応するのではなく、臨機応変な対応は園長に確認の上行うことを徹底してい

す。これは、預かる責任があるからこそです。

　また、一時預かりは緊急性のある場合もありますので、慣らし保育を行えない場合がほとんどです。したがって、子どもとの関わり方や保護者との関係性を捉えるうえで、このような事前の利用説明や面談は重要となってきます。そして、受付、登録となります。園によっては登録がなく、その都度随時申し込む形になっている場合もあります。利用者によっては、1に示した通り、いくつもの園に登録して状況に応じて利用している場合もあります。

3　記録、保護者への報告

　保育における記録は子どもの育ちや保護者との連携、保育者自身の振り返りにおいて欠かせないもの一つです。これは一時預かり事業についても同じです。ほとんどの園では、記録を行っていますが、保護者への簡単な報告という形が主です。ある園では、保護者へ「今日の様子」として用紙に数行書いて伝えています。またある園では、睡眠時間、食事の量など最低限度の情報を記録して伝えます。遊びの内容については、紙面ではなくお迎えの時に直接伝えるようにしています。安全面、子どもの体調管理などの確認として記録は必要です。また、子育て支援の視点から捉えると、たとえ一時的な預かり保育でも、保護者に紙面で報告する、そしてそれをもとに直接伝えることから、子育てに関する共感に繋がり、保護者自身の子育てへの意欲や関心を深めていくきっかけになります。報告における注意点は、保育者が指示するような表現や立場にならないように配慮することです。

（記録例）

青木まきちゃんの記録　5月10日（月）　預かり時間：8：30 ～ 17：00
＜健康面について＞
・食事：昼食（11：20 ～ 12：00）ご飯　味噌汁（わかめ）　豚肉とキャベツの炒め物　ポテトサラダ　リンゴ　完食　　おやつ（14：40）プリン　完食 ・睡眠：12：40 ～ 14：20　・排せつ：4回
＜遊びの様子＞
ままごとが気に入ったようで、フライパンやスプーンを使って、色々な料理をしていました。作ったものを「食べて」と、保育者にもってきてくれました。

　上記は簡単な記録となっています。記入項目があり、量も多くないので、記録を作成する側にとっても負担になりません、このような簡単な記録が迎えの際のコミュニ

ケーションのツールにもなります。

4　職場倫理・チームワーク、職員間の共通理解

まず、一時預かり保育担当の職員配置について、厚生労働省では次のように示されています。

保育士を原則とするが、2分の1以上を保育士とし、保育士以外は子育ての知識と経験及び熱意を有し、一定の研修（家庭的保育者の基礎研修程度）を受けた者とすることができることとする。1日当たり平均利用児童数3人以下の施設においては、家庭的保育者と同等の研修を受けた者を保育士とみなすことができる。

現状では、一時預かり事業の運営状況に関する調査報告書によると、保育士は専従が1.3人、兼務が2.4人、子育て支援員、資格なしはいずれも専従、兼務とも0.1人となっています。例えば、ある保育園では、専任常勤1名（有資格者）、専任補助パート1名（有資格者）、預かりの人数に合わせて子育て支援員、ベビーシッター、無資格の計3名が待機となっています。またある園では、専任保育士3名（常勤1名、非常勤短時間職員2名）となっています。

このような状況で円滑に保育を行う際の職員間における配慮点が2点あげられます。

まず、職員倫理です。保育所保育指針にも示されているように、個人情報の取り扱いへの注意が必要です。面談等で得た家庭の情報管理を徹底しましょう。また、立場をわきまえた言動も必要です。一時的な預かり利用者の中には、様々な背景を抱えている方も多いです。保育者という立場を十分に理解して関わりましょう。さらに、情報を子どもの前や保護者の前で伝え合うことのないように気を付けましょう。

次に、適切な引継ぎと情報の共有です。勤務時間や雇用形態の違い（常勤、非常勤）、一定でない子どもの人数やメンバーという状況だからこそ、子どもの健康状態、遊びの様子、保護者の様子などの情報交換が重要です。情報のすれ違いにならないよう、職員間で記録による共有を行うとよいでしょう。その際、時間の問題もありますので、あらかじめ項目を決めておくと負担も減ります。また、保育計画についても共通理解が必要です。一時預かり保育における課題として、保育計画の難しさをあげている園もあります。一時保育であっても、子どもにとっては大切な1日です。子どもにとって有意義な時間となるように、臨機応変の対応できるような柔軟性をもった保育になるように工夫していきましょう。保育者の真摯な態度が、子どもの豊かな育ちに繋がっていくからです。

228

[引用・参考文献]
・松岡知子「保育所における一時保育を利用した母親の意識調査」立命館人間科学研究第7
　　号、pp.13-24、2004年
・三菱 UFJ リサーチ＆コンサルティング「平成 30 年度子ども・子育て支援推進貯砂研究事業
　　一時預かり事業の運営状況に関する調査報告書」2019 年
・厚生労働省「一時預かり事業について」2014 年
・内閣府「幼保連携型認定こども園教育・保育要領」2018 年
・厚生労働省「保育所保育指針」2018 年

[協力園]
・かかつしか風の子保育園（東京都）、もみの木保育園太子堂（東京都）、みふみ認定こども園
　　（栃木県）

④ 一時預かり事業における 保護者への対応

一時預かり事業における保護者支援とは、具体的にどのようなことでしょうか。様々な背景をもつ保護者に対して、どのような支援が適切なのでしょうか。

1 保護者との関わりと対応

　幼稚園、保育所、認定子ども園の役割として、在園児の保育だけではなく、子育て支援があります。保育所保育指針等で示されている子育て支援の対象は、在園している子どもの保護者だけでなく、地域の在園していない子どもやその保護者も含まれます。一時預かり事業はそのようなすべての子どもと保護者を対象にした子育て支援事業です。

　一時預かり事業を利用する保護者の状況には、例えば家族の病気、けが、事故などがあげられます。また、保護者が就職活動中であることや、保育所に入所できない待機児童などの利用もあります。いずれも親戚や家族など身近に預かってもらえる人がいない場合が多いです。家族形態の多様化や地域とのつながりの希薄化、子育ての孤立などの社会背景から保護者支援が必要なケースが増えています。

　このような背景から、仕事のため子育てができないというような物理的な理由だけではなく、子育ての不安や孤立など精神的な不安が理由になる場合もあります。いずれにしても、困りごとのある保護者に対して支援していくことが園の役割です。保育者から専門的な保育を受けることは子どもにとってはよりよい育ちに繋がります。そして、保護者が、専門的な視点から支援を受けることは、保護者自身のよりよい子育てに繋がります。例えば、ある園では、子どもの様子が気になる場合、保護者に子育てについての迷いや悩みを話してもらえるような関係性を作ることを心がけています。

2 保護者への対応の基本

ここでは、保育者が大切にすべき対応の基本を3つの視点から説明します。
　第1に、「子どもの最善の利益」です。子どもの安全や安心が保障されていること

や、子どもの思いが反映されていることです。保護者支援は子どもが豊かに育つための支援です。保護者の要望は子どものためになっている内容か、専門的な視点から考え対応していきます。

　第2に、「保護者と共に子どもの成長を喜び合う」ことです。通常クラスでは日々の子どもの成長を長期間で見ていくので捉えやすいですが、一時預かりの場合は長期的な視点で見ることが難しい場合が多いです。しかし、それぞれの保育の場面における丁寧な読み取りから、保護者に子どもの育ちを伝えることで、その成長を保護者と共有できるようにします。さらに、共感にとどまらず、保護者の思いに同感していくことが子どものよりよい育ちに繋がります。周りの大人が同じ視点で喜んでいる姿は子どもにとっても嬉しいことです。

　第3に、「保護者の養育力の向上に資する」ことです。先も述べましたが、園の役割には保護者を育てることも含まれます。特に、現代では情報過多になり、保護者がそれらに振り回され自分の子どもとじっくり向き合えていない場合も少なくありません。目の前の自分の子どもをしっかり向き合い、迷いながらも楽しく子育てができるような支援が必要です。その際、他の子どもと比べるのではなく、その子の良さを伸ばしていけるような、子どもの思いに気づけるような具体的な関わりを示していくようにしましょう。

3　子育て支援における保護者への相談・助言の原則

　ここでは、一時預かり事業の保育者に求められる基本姿勢について、具体的な場面に即して理解していきましょう。

　まず、保護者支援における基本姿勢のポイントは3つあります。
（1）傾聴・受容・共感的理解
（2）利用者の自己決定の尊重
（3）信頼関係の構築

次の事例から、これら3つのポイントについて理解を深めていきましょう。

事例3-1　子どもをかわいいと思えない母親

　母親Aさんは子どもと一緒に保育所にある子育て広場を利用していました。保育者が、不安そうなAさんが気になり声をかけたところ、一時預かり保育の申し込みにやってきました①。利用が始まると、Aさんは、「子どもがかわいいと思う感覚がわか

らない。このように感じる自分は変なのではないか」というような話をするようになりました②。また、準備物や送迎時の支度に戸惑っていました。そこで、保育者は、こうして自宅から外に出て社会とつながることが継続できることや、Aさんにとって一時保育室がずっと利用したい場所になることを目指しました。Aさんが「こんなこともできない」、「こんなことにも気づかない」と言うたびに、保育者は「みなさん同じですよ」、「忘れることがあってもそんなことは大したことないですよ」というメッセージを込めて対応しました③。そして、子どものちょっとしたかわいいエピソードを伝えるようにしました④。Aさんは、最初は「家ではそんな姿見せない。家より保育園が好きなのですね」と話していましたが、次第に「この間、保育園でしていた仕草を家でもしました」と笑ったり、「保育園で食べた物を家でも出してみたら食べました」というように自分を責める言葉より、子どもの話をするようになってきました⑤。保育者は、きっと、子どもをかわいいと思う感覚が分からなかったのではなくて、子どもの姿の意味や成長の姿が分からなかったのはないか、子どもの姿を観察する視点が見つけられなかったのではとAさんについて考えました。

　この事例では、保育者はAさんが気になり声をかけたところ、①のようにAさんは自分から一時保育の申し込みをしています。これは（2）自己決定にあたります。②と③では、Aさんから自分の困りごとについて話しており、それを保育者は受け止めて聞いています。このような関わりは（1）受容や傾聴を意味します。そして、④のように伝えていくことが、⑤のAさんの態度の変化に繋がっています。この積み重ねが（3）信頼関係の構築になっていきます。

　この事例では、母親が子育てを批判的、否定的に捉えていたことがわかります。しかし、保育者が読み取ったように、その背景には子どもの姿の意味や成長の姿がわからなかったことが考えられます。子育ての難しさ等からくる無関心が自己否定につながっていったのでしょう。母親が自分の思いを素直に打ち明けていることから、保育者はまず傾聴や受容の関わりをしています。また、一方的に子育ての提案や指示をせず、母親の自己決定の尊重をしています。さらに、子どもの姿を伝えることにより、信頼関係の構築を試みていることが見られます。このような積み重ねが、保護者自身が育つきっかけになるのです。

4　保護者への対応〜事例を通して考える〜

　具体的な事例から、保護者対応について理解を深めましょう。

事例 4 - 1　事前に何度も見学にくる保護者

　Ｃさんは、これから就職活動を行う予定です。そのため、これまでは家庭で自分一人で子育てしてきたゆうちゃんを一時預かり保育に預けることにしました。慎重に検討した結果、Ｆ園の雰囲気がよかったので、Ｆ園に見学に行き、保育内容やシステムについてたくさん質問して、帰っていきました。次の日、電話で聞き忘れたといい、質問してきました。さらに違う時間の保育の様子がみたいと再度園にやってきました。何度かの来園、電話での対応ののち、一時預かりを利用しました。

　この事例での保護者への対応には、どのようなことが考えられるでしょうか。何度もの来園、電話での質問から、初めての母子分離に慎重であり、かなりの不安を抱いていることがわかります。一方、このような行動は保育に関心があるとも言えます。園ではどのような保育が行われているのか、保育者はどのように対応してくれるのか不安と共に期待もあるのでしょう。心配症の母親としてだけ捉えるのではなく、保育に関心をもってもらう良い機会と捉えましょう。まずは母親が安心できるように、具体的な園での関わりを伝え、例えば、「ゆうちゃんはこんな遊びをしていて、とっても嬉しそうでしたよ」というような、共に喜びあえるようなことを伝えていくとよいでしょう。

事例 4 - 2　様々な施設に登録をして利用する保護者

　利用者Ｃさんは、一時預かり保育をよく利用している保護者です。理由は、兄弟の習い事の送迎や付き添い、自分の用事などその時によって様々です。そのため、複数の施設に登録しています。その時のＣさんの都合や施設の空き状況によって申し込みをしています。したがって、預けられるなおきくんも様々な園や環境の中で様々な保育者と過ごしています。利用者のＣさんの様子をみると、どのような保育を行っているのかあまり関心がないようでした。

　この場合の保護者への適切な対応には、どのようなことが考えられるでしょうか。確かに一時預かり事業の目的や役割として、Ｃさんの場合も該当します。しかし、まず子どもの最善の利益について考えてみると、生活する環境が安定しない状況では、なおきくんの心身の育ちに影響がでてしまうことが考えられます。また、保育の内容に関心がない様子や緊急性がなく、子育て自体への関心の低さが伺えます。このような場合、保育者が一方的に指導的な伝え方をするのは好ましくありません。家庭での

子育てにつながるように、子育てに関心がもてるようになおき君の育ちや、興味や関心を丁寧に伝えいくことが大切です。

　その他にも、どの園を利用するかを料金を基準に選択する保護者、制限まで利用する保護者など様々な保護者がいます。保護者への対応で大切なのは、保育者の価値観だけで判断しないことです。このような態度になった保護者の背景を考えてみましょう。また、保護者との関係性の構築のためにと、必要以上に個人情報を聞きだすことには気をつけましょう。保育者の専門性という立場を踏まえた関わりが求められます。

　幼保連携型認定こども園教育・保育要領解説には一時預かり事業について「家庭の教育の充実につながっていくことが期待される」と記されています。この節ではいくつかの具体的な事例を見てきましたが、いずれの保育者も家庭教育とのつながりを捉えた関わりがありました。子どもの豊かな育ちには家庭との連携が重要です。

[引用・参考文献]
・厚生労働省「保育所保育指針解説」2018 年
・内閣府「幼保連携型認定こども園教育・保育要領」2018 年

[協力園]
・かつしか風の子保育園（東京都）、もみの木保育園太子堂（東京都）、みふみ認定こども園（栃木県）

5 見学実習オリエンテーション

一時預かり事業における見学実習の目標を自分なりに考えてみましょう。何をどのように学ぶ必要があるでしょうか。学びの視点を整理しましょう。

1 見学実習の目的

　一時預かりの見学実習では、これまで学んできた理論を実際の現場を通して理解を深めていくことです。これまでの理論を、実践を通して理解を深めるようにしましょう。

　そのために必要なことは、具体的な目標を立てることです。何となく現場に行っても観察する視点がなければ、具体的な学びを得ることができません。自分はこの見学実習で具体的に何を学びたいのかじっくり考えましょう。

　目標を立てるときの留意点は、具体性です。「見学実習を意欲的に頑張る」、「積極的に参加する」というような抽象的な、心構え的な内容では具体的な学びは困難です。例えば、「一時保育の一日の流れを知る」、「具体的な保育内容とその計画について学ぶ」、「子どもと保育者の関係構築の仕方について知る」などが考えられます。

2 見学実習ポイントと配慮事項

　見学実習におけるポイントと配慮事項を踏まえて、実習に臨みましょう。

　①園や子どもへの配慮として、実習させていただくという謙虚な気持ちで、園や子どもの生活を壊さないように行動しましょう。今は何をしている時なのか把握して適切な行動をとりましょう。②保育室の環境つくりとして、子どもが安全で安心に過ごせるための工夫を捉えましょう。③一時保育の一日の流れと保育者・子どもの様子として、一日の流れを知り、保育者や子どもの場面ごとの様子を捉えましょう。④異年齢・小集団保育を生かす遊び、子どもの年齢構成や人数に適した遊びの内容やその工夫を学びましょう。⑤地域資源の利用として、一時保育と地域との繋がりを捉えましょう。⑥保護者との関わりとして、一時保育における保護者と関わり方や配慮など

について学びましょう。⑦家庭的保育における複数の保育体制、保育補助者の役割として、保育者の連携や役割について学びましょう。⑧保育者の保育観や保育方針として、一時保育の保育計画やねらいについて学びましょう。⑨見学の記録として、記録の方法や内容について理解しましょう。

　これらの視点が先ほど述べた具体的な自分の実習目標に繋がります。

⑥ 見学実習

実習における記録を踏まえて、具体的に学んだことを説明してみましょう。そして、この学びから、どのような反省や次の目標が考えられるでしょうか。

1 見学実習の目的

見学実習の目的は、①講義で学んだ環境整備や保育内容、完全確保など、実際に見学・観察を通して理解する、②保育に取り組むに際して具体的に参考になることについて理解する機会とする、③子どものおむつ交換、食事の介助、子どもの生活援助について実習を通して理解する、ことです。

2 見学実習の仕方について

オリエンテーションでの具体的な学び方を踏まえ、実践していきます。

まず、1日目の学び方として、一日の流れを見ます。受け入れから降園までの1日の流れを子どもや保育者と共に過ごす中で、よく観察し流れを理解しましょう。その際、おおよその時間を確認してください。実習方法は、見学、観察実習、参加実習など様々です。いずれにしても、様々な場面を丁寧に観察し、1日の流れの理解を深めていきましょう。観察の際は、自分の立ち位置に注意し、保育者や子どもの動線を遮らないようにすることが大切です。

2日目は、一日の流れを踏まえて、各場面での具体的な保育者や子どもの姿を捉え、環境構成、保育の計画、保護者対応の理解を深めていきましょう。保護者対応については、実習生という立場を踏まえ、個人情報の取り扱いについて十分に気をつけるようにします。

3 実習記録について

実習における記録によって、自分の学びを客観的に捉え、省察（せいさつ）し、具

体的な学びを深めることができます。丁寧に記録し、学びを整理しましょう。記録に書く内容は、大きく 3 点あります。まず目標、日時、子どもの人数、などの基本事項、次に時系列による 1 日の流れ、最後にエピソード記録と考察です。特に、エピソード記録は具体的な学びを得る大切な記録です。単なる感想にならず、自分なりにしっかり考えて考察を書きましょう。また、最終日には実習全体の振り返りと反省、課題を記述することで、次への学びにつなげていきます。さらに、記録を持ち寄り、意見交換などを行うことにより、自分の学びを客観的に見つめ直し、理解の幅を広げていきましょう。

第8章

地域保育コース
ファミリー・サポート・
センター

1　ファミリー・サポート・センターの概要

ファミリー・サポート・センターの成り立ちの背景と社会情勢の関係はどのようなものでしょうか。また、相互援助活動とはどのような活動でしょうか。

1　ファミリー・サポート・センターとは

（1）ファミリー・サポート・センターの成り立ち

　1973年ごろ、「家庭的保育」アプローチや地域婦人連合会のファミリー・サービス・クラブなどが各地域で行われており、各地域による子育ての課題を柔軟に対応していました。これらは、1990年代には労働省による国の補助金事業として行われました。国の補助事業であったため、全国的に運営方法がある程度統一されていました。2005年には、病児・病後児を一時的に預かる「緊急サポートネットワーク事業」が開始されました。さらに、宿泊を伴う預かり、緊急時の預かりなども、ファミリー・サポート・センターで対応することになりました。

　そして、先に述べた社会背景を踏まえ、2015年の厚生労働省による「子ども・子育て支援新制度」の開始に伴い、ファミリー・サポート・センターは「地域子ども・子育て支援事業」の一つとして位置づけられました。厚生労働省によると、「本事業は、平成17年度から次世代育成支援対策交付金（ソフト交付金）、平成23年度から「子育て支援交付金」、平成24年度補正予算により「安心こども基金」へ移行し、平成26年度は「保育緊急確保事業」として実施されてきた」と示されており、「子ども・子育て支援新制度」の開始に伴い、2005年度からは、「地域子ども・子育て支援事業」として実施します。これに伴い、2005年に交付金事業へ移行し、地方自治体の事業となりました。そこで、支援の対象が就労の有無にかかわらず子どものいる家庭すべてとなりました。センターの運営方法は、市町村の直接運営よりも、市町村からの委託が多くなっています。

（2）ファミリー・サポート・センター事業の仕組みと活動理念

　厚生労働省によると、ファミリー・サポート・センターは、「ファミリー・サポー

ト・センター事業は、乳幼児や小学生等の児童を有する子育て中の労働者や主婦等を会員として、児童の預かりの援助を受けることを希望する者と当該援助を行うことを希望する者との相互援助活動に関する連絡、調整を行うもの」と示されているように、会員制の仕組みです。その仕組みは、下図の厚生労働省が示している通りです（図表8-1）。

　まず、ファミリー・サポート・センターという相互援助組織があります。そこには、アドバイザーと呼ばれる利用者と援助者をマッチングしていく役割の人がいます。援助を受けたい人、援助をしたい人はまず、その会員になります。両方の会員になっている人もいます。援助を受けたい人は、ファミリー・サポート・センターに援助の申し入れをします。ファミリー・サポート・センターのアドバイザーは申し入れの条件、内容にあう会員に登録されている援助をしたい人を探します。そして、その方に、援助の打診を行います。これをマッチングといいます。多くの場合、援助されたい人と、援助したい人との簡単な面談などが行われます。そして、マッチングできた場合、実際に援助をしたい人が援助の申し入れをした人にサポートを行います。これも地域や自治体によりますが、援助の後、報告書を作成しアドバイザーに提出します。その後、援助を行った人に賃金が支払われます。このような関係で相互援助活動が行われています。援助を申し入れる人を利用者、援助をしたい人をサポーター、提供者などと呼ばれています。

　また、ファミリー・サポート・センターの存在を利用者が知るきっかけは、市役所、乳児健康診査会場、子育て支援の場でチラシを見て知った場合が多く、自分から意識的に働きかけないと知る機会があまりないという状況があります。つまり、情報

図表8-1　ファミリー・サポート・センターの仕組み

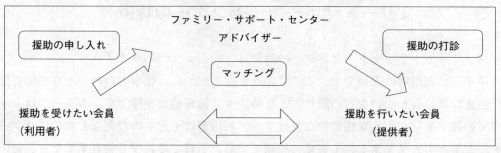

出典：厚生労働省ホームページより筆者作成

がいきわたっていないのが現状です。

2　ファミリー・サポート・センターの意義

　相互援助活動とされていることから、一方的に困りごとのある家庭の援助や支援というのではありません。また、無償のボランティアでもありません。援助をしてもらう側は支払いが生じます。サポートする側は、社会貢献したいなどの希望があり、さらに報酬として賃金が発生します。この場合、サポートする側は、収入を得たいことが一番の目的というより、先に述べたように、これまでの自分の経験を生かした活動をしたいという意思により援助を行います。そして、お互いが求めているものをマッチングして行っていく活動です。ここに相互援助活動としての意義があります。

　実施状況は厚生労働省によると、以下のようになります。援助を受けたい人よりも援助を行いたい人の人数が少ない状況です。

《実施市区町村数》　※平成 29 年度実績
・基本事業 863 市区町村・病児・緊急対応強化事業 151 市区町村
《会員数》　※平成 29 年度末現在（　）は平成 28 年度末現在
・依頼会員（援助を受けたい会員）　57 万人（55 万人）・提供会員（援助を行いたい会員）　13 万人（13 万人）

　以上のように、現状では利用者と援助者の登録者に偏りがあることが、相互援助活動としての課題の一つです。

3　ファミリー・サポート・センターの特徴

　ファミリー・サポート・センターの特徴は、大きく 2 つあります。

　第 1 に、利用者の支援です。ここでいう支援の一つは、仕事のため子どもの保育園の迎えに間に合わないなどの困りごとを解決する物理的な支援です。もう一つは、子育ての孤立を防ぐような精神的な支援です。利用者は子どもの迎えなどの時にサポーターと子どもの話をする、子育ての相談をする、子育ての喜びを共有するなど、短い時間での会話を重ねることにより、信頼関係が生まれ、子育てに対する不安が減ります。また、サポーター自身が利用者やその子どもとのかかわりを通して、孤立せず、地域とのつながりを持つことができます。会員の年代別では、60 代が最も多く、次

に 50 代、40 代の会員が続きます。年齢層が全体的に高くなっています。このように、利用者とサポーター相互にとって意義があります。

　なお、マッチングを行うアドバイザーは、特に資格要件を設けていない自治体が多く、様々な経験のある方が行っています。

　第 2 に、センターの活動時間帯についてです。援助活動の開始時間は 7 時台が多く、終了時間は 17 時台が最も多いです。また、夜間の活動時間については、開始時間は 19 時台が多く、終了時間は 22 時台が多くなっています。

［引用・参考文献］

・厚生労働省ホームページ http://www.mhlw.go.jp　2019. 8. 20 閲覧
・一般財団法人女性労働協会「平成 18 年度　全国ファミリー・サポート・センターの活動実態調査結果」2017 年
・伊達岡五月・西村真実子「ファミリー・サポート・センターにおける子育て支援の実態と利用者の認識」石川看護雑誌 13、2016 年、pp.21-32

② ファミリー・サポート・センターの援助内容

具体的な援助内容を理解し、様々な事例を考えてみましょう。例えば、3歳児の援助活動を行う場合、どのようなことに配慮し、どのような遊びの工夫をしますか。

1 ファミリー・サポート・センターの援助活動における基本姿勢

（1）援助活動内容

まず、提供会員が行う援助活動の範囲について、厚生労働省による具体的な相互援助内容の例は、次にように示されています。

・保育施設までの送迎を行う
・保育施設の開始前や終了後または学校の放課後、子どもを預かる
・保護者の病気や急用などの場合に、子どもを預かる
・冠婚葬祭や他の子どもの学校行事の際、子どもを預かる。
・買い物など外出の際、子どもを預かる。
・病児、病児後の預かり、早朝、夜間などの緊急預かり対応。

　一番ニーズが多いのが、保育施設までの送迎です。特に、仕事で保育園の迎え時間に間に合わず依頼する場合です。そのまま、提供者の自宅で、利用者の帰りを子どもと待つ場合も多く、迎え、預かるという場合が多いです。さらに、利用者によっては、休日出勤、そもそも休日が出勤日である場合、仕事の時間帯が保育園開園時間とあわないなどから利用する場合もあります。

（2）提供会員としての心構え

　援助活動を行う上での心構えとして、大切なことは主に3つ挙げられます。一つは時間厳守です。一番ニーズが多いのが迎えです。約束の時間に迎えに行くことは信頼関係の形成において重要です。次に、子どもが安全に安心して過ごせることです。援助活動中にケガや事故などがないよう責任をもって、しっかり預かることです。次に報告です。預かっている間の内容を、誠実に正直に報告することです。これらの心構

えがあってこそ、利用者との信頼関係の形成や子どもの健康の保障に繋がります。

2　援助活動の流れ

具体的な援助の流れを事例から捉えていきましょう。

事例　子どもの預かりと迎え

　利用者 A さんはシングルマザーの看護師です。夜勤もある勤務のため、どうしても保育園開園の時間とあわない日があります。シフトが決まり次第、ファミリー・サポート・センターに依頼し、提供者の方に子どもを預かってもらっています。夜勤勤務の時は、夜間預かりをお願いしています。おかげで、安心して仕事ができています。

　事例の利用者 A さんのように、自分の周囲に子どもの世話をしてくれる人がいない場合があります。また、保育園開園の時間外に仕事がある場合もあります。様々な時間に利用者のニーズに対応できることもファミリー・サポート・センターの強みです。援助活動の流れについて、事例では、まず利用者 A さんがファミリー・サポート・センターに依頼します。利用者 A さんのシフトに対応できる提供者を探し、マッチングしていきます。該当者が見つかると、アドバイザーは A さんと提供者の双方に確認をとり、アドバイザーが立ち合って事前打ち合わせを行ってから、提供者による援助活動が行われます。事例のように、事前にある程度余裕をもって対応できる場合もありますが、緊急の場合もあります。アドバイザーは提供者の状況をしっかり把握して適切な対応をすることが求められます。援助活動後は、提供者は援助内容の報告書を作成し、ファミリー・サポート・センターに提出します。

3　活動を行う上での配慮事項

ファミリー・サポート・センターは地域のつながりを深めていくことや活性化していくこと、みんなで子育て支援をしていくこと、子どもが安心して育つことに意義があります。そのため、援助活動において、援助をしてほしい人と援助を行う人とがより良い関係を形成できるよう、また、子どもが安心して過ごせるよう様々な工夫が行われています。

その一つが提供者の研修です。提供者に登録するには、特に保育士などの資格は必要ありません。そこで、事故防止や提供者の資質向上のため、研修が行われていま

す。まず、活動前の講習として、養成講習があります。1日で行う場合が多いようです。カリキュラムの項目には、「保育の心」、「心の発達とその問題」、「子どもの遊び」、「安全・事故」のような理論だけではなく実技的な項目まで、様々な内容が行われています。提供者が一緒に研修で学ぶことから、提供者としての自覚や一体感が生まれます。しかし、この研修は、義務ではないのですべての自治体が行っているわけではありません。子どもの安全や安心を守ることや提供者と利用者の関係構築の観点から考えると、すべてのファミリー・サポート・センター事業でこのような研修が行われていないということは課題といえるでしょう。

　また、会員登録後のフォローアップ講習などの継続的な研修が実施されています。このような研修を通して、子どもが安全に過ごせるよう、利用者と提供者の信頼関係が築けるよう学び続けていくことが大切です。

4　発達に応じた保育内容・生活援助

（1）年齢や発達に即した援助内容

　預かる子どもの年齢も様々です。特に、3〜5歳児が多く、次に6〜8歳児が多いようです。一人ひとりの年齢や発達に即した関わりや遊びを行うことが、子どもが安心して過ごすことに繋がります。おおよそ何歳ではこのような育ちが見られるというような、子どもの発達の理解を学ぶことが必要です。例えば、3歳児は基本的生活習慣や話し言葉の基礎が形成され、知的好奇心が高まってきます。友達との関わりが増えてきますが、一人遊びもまだ多い時期です。自分自身の子育て経験があったとしても、経験だけに頼るのではなく、新たな知識を習得していくことが求められます。年齢による発達の理解を得ることにより、より適切な援助活動ができます。一方、年齢による発達にとらわれすぎて、何歳なのに何ができないというような固定観念に偏らず、柔軟な対応をすることも必要です。

（2）年齢や発達に即した保育環境の整備

　子どもが安心、安全に過ごす環境が大切です、まず、清潔であることです。特に、乳児の場合、床に落ちているものを口に入れたり、つまずいて転んだりというような事故が起こらないようにします。カーペットを敷いたりスペースを確保したりするなどして、子どもが安全で安心できる居場所を作ることも必要です。遊具や玩具については、その子どもが好きなものがいくつかあるとよいでしょう。例えば、3歳児は同じもので繰り返し遊ぶようになります。前回遊んだものが次もできるようにしておく

とよいでしょう。遊具や玩具については、時には子どもと一緒に作るということも楽しさを共有できる工夫の一つになります。研修等で学んだことを取り入れながら、環境を整えるようにしましょう。

（3）年齢や発達に応じた遊びの工夫

　おおよその年齢による発達の理解を踏まえた遊びの工夫が必要です。例えば、乳児はお気に入りの玩具を用いて、話しかけながら遊んでいきます。幼児、例えば3歳児は、一緒にままごとなどのごっこ遊びをする、歌を歌うことなどやり取りを楽しむというような遊びが考えられます。時には、一人でじっくり遊びたいという場合もあるので、そのときは様子を見守るなど子どもが何を楽しんでいるのか、理解しながらかかわることが大切です。決して強制せず、ゆったりとした気持ちで過ごします。子どもが楽しく過ごすことができるようにしていきましょう。

［引用・参考文献］
・厚生労働省ホームページ
・一般財団法人女性労働協会「平成28年度全国ファミリー・サポート・センター活動実態調査結果」平成29年3月
・井出（田村）志穂「ファミリー・サポート・センター事業における学びの様相─地域の子育て支援事業の事例として─」日本女子大学大学院社会研究紀要（25）pp.1-12

③ ファミリー・サポート・センターにおける保護者（依頼会員）への対応

子どもが安全で安心して生活していくための保障として、依頼会員と提供会員が信頼関係を構築していくためには、どのような工夫が必要でしょか。あなたがそれぞれの立場だったらどのような対応をのぞみますか。

1 保護者（依頼会員）との関わりと対応

　ファミリー・サポート・センター事業は子育て支援の一つです。ここでは、子育て支援の視点から依頼会員との関わりについて考えていきましょう。

　子育て支援にどのようなイメージを持っていますか。困っている保護者を助けるというイメージがあるかと思います。もちろん、それは大切な役割です。しかし、目の前の困りごとを解決するだけでなく、保護者が子育てを楽しく感じたり、自信をもって子育てできるような支援も子育て支援の役割です。つまり、親自身の育ちを支援していくことが重要です。

　具体的な援助における関わりでは、預かっているときの子どもの様子を丁寧に伝えることです。ポイントは伝え方です。この子は何ができる、できないという評価的な視点で伝えるのではなく、具体的な場面でこのような発見があった、おもしろかったというような、その子なりの育ちが感じられる視点で伝えることです。例えば、「食事の仕方がよくないので、しつけをきちんとしたほうが良い」というような指示的なことではなく、「○○ちゃん、パンが大好きなんですね。パクパク自分からおいしそうに食べていましたよ」と具体的な行動を伝えることです。自分の子どもの良さを認めてもらえることで、親として自信がつきます。一方的な報告ではなく、会話になるような関わりを持ちましょう。

　また、聞く姿勢を大切にしましょう。こちらの思いだけを伝えるだけではなく、相手の思いに気づくことが保護者との信頼関係構築に繋がります。そのためには、相手が相談しやすい雰囲気つくりも大切です。対等な関係が築けるよう、和やかな雰囲気

を作ります。また、子どもに聞かれたくないような内容の場合には特別な配慮も必要です。

2　保護者（依頼会員）への対応の基本

　対等な立場で、信頼関係を構築していくことが大切です。そのためには、まず、正確で誠実な事実の報告を行うことです。特に、事故やケガについてです。具体的には、転倒が事故の要因として一番多いです。どこでどのような状況で転倒したのか具体的な説明が必要です。大したことはないと自己判断したり、子どもへの責任転嫁などせず、状況を正直に伝えることが信頼関係に繋がります。起きてしまったことは仕方がありません。その後、どのような対応をしたのかということが重要です。

　次に、関わるときの態度です。お世話してあげている、子育てを助けている、依頼会員より子育ての経験があるというような意識では、対等な関係は築けません。また、自分の価値観を押し付けるのは、相手を受け入れていない態度と理解されてしまいます。そのような関係では、依頼会員は相談などできません。ともに子育てをしている立場として関わることが大切です。依頼者が気楽に話せる態度を意識しましょう。

　最後に、協力、連携の構築です。同じ利用者に対して継続して援助活動を行う場合、情報交換を重ね、子育てを連携しながら行えるようにしていくことです。子どもにとっては、かかわる大人は違いますが、生活は連続しています。子どもが混乱せず、円滑に1日を過ごすために、同じような関わり方や対応ができるよう協力・連携していきます。一方、初めての依頼会員に対しては、節度を持ったかかわり方を心がけましょう。依頼会員も、初めてわが子を預けるという緊張があると思いますので、安心して預けられるような温かい雰囲気をもてるようにしましょう。自分がファミリー・サポート・センターの代表であるという自覚をもって、丁寧な関わりをすることが重要です。

3　保護者（依頼会員）への対応〜事例を通して考える〜

　具体的な事例を通して、保護者への対応や信頼関係の構築について理解していきます。

事例３－１　病後児の預かり

　利用者Ａさんは、感染症にかかった２歳のあいちゃんの症状がほとんどよくなり病院からも了解を得たので、明日から出勤を予定しています。しかし、治りがけでまた保育園で感染したら、させたらという不安から、明日だけまだ保育園に登園するのはやめ、ファミリー・サポート・センターに子どもの預かりを依頼することにしました。提供者のＢさんは看護師の経験がある方でした。子どもの様子を事前に伝え、頻繁に様子を確認するようお願いしました。Ｂさんは、Ａさんの依頼どおり、頻繁にあいちゃんの様子を確認しながら、一緒に過ごしました。また、予防のため散歩など外出することも避け、室内で遊びました。預かり後、無事だったことを報告しました。

　事例のＡさんの場合は、病後児の預かり、緊急預かりに当たります。緊急、しかも病後の場合、急変が起こることも考えられます。利用者の方から、十分に情報を収集し、子どもの関わり方への注意点を確認しておく必要があります。決して、自分の経験だけで対応してはいけません。子ども一人ひとりの状況は違うからです。

事例３－２　よく泣くひろとくん

　４歳児ひろと君は、父親が単身赴任、母親が不規則な勤務のため、頻繁にファミリー・サポート・センターを利用しています。毎回、Ｃさんという同じ提供者の方と過ごしています。すっかり、Ｃさんにも慣れているひろと君ですが、Ｃさんは些細なことですぐ泣くひろと君が気になります。例えば、前回読んだ絵本がない、おやつをもっと食べたい、眠いというようなことです。その都度、Ｃさんは理由を聞いて対応していますが、どうにも気になります。家庭の状況をどこまで尋ねてよいか迷っています。一度、「よく泣いちゃうんですよね」と母親に具体的に伝えたところ、「家ではそのようなことはありませんけど」と否定的な対応をされてしまいました。果たして自分の立場でどのように母親に伝えると、ひろと君のためになるのか考えてしまいます。

　事例２では、気になる子どもの様子をどのように伝えることが、ともに協力した子育て支援に繋がっていくのか、Ｃさんは悩んでいます。気になる様子から何とか利用者と協力して、ひろと君が充実した生活を送ってほしいという願いがあります。大切なのは子どもが安心して育つことです。利用者と提供者とが関係を構築していくためには、何でも話せたり、相談したりできる信頼関係が大切です。この場合、Ｃさんの困りごとも大切ですが、どのようなときにどのように泣くのか記録したり考察したり

していくことで、まずはCさんなりにできることを行っていくことです。そして、解決方法や原因が見えてきたら、「こんな時に泣いてしまって、このようにかかわったら笑顔になり、こんなことをやりました」というように出来事として報告します。そうすと、母親も受け入れやすくなるでしょう。一方的に困りごとと決めつけずじっくり観察していくことが必要です。

　このように、様々な状況に応じて対応してくれるのがファミリー・サポート・センターの援助活動です。利用者の状況や事情は様々ですから、一人ひとりのニーズにあったサポートが必要なのです。

　利用者との信頼関係を築いていくうえで、利用者の個人情報を漏らさないこと、家庭事情などについて安易に立ち入らないことなどの配慮も必要です。適切な関係性を維持することが信頼関係の構築に繋がります。

　また、預かる子どもに対する配慮事項として、事例1の場合のような病児・病後児の場合以外でも、まず子どもが安心して過ごせることが大切です。預かる環境の清潔さや心地よさにも注意が必要です。また、おやつなどの食事についてはアレルギーの心配があります。事前に利用者から説明を受け、従うようにしましょう。

[引用・参考文献]
・一般財団法人女性労働協会「平成28年度　全国ファミリー・サポート・センター活動実態調査結果」2017年
・平沼博将・岩本朗・藤井真希・岩狭匡志『「ファミサポ」の安全を考える　八尾市乳児死亡事故を教訓に』クリエイツかもがわ、2018年

④ 援助活動の実際

提供会員（サポーター）として行う援助活動の内容と援助、依頼会員（利用者）への望ましい対応について、援助活動で大切なことを具体的に考えてみましょう。

1 実際の活動について学ぶ

ここでは、援助内容で一番多い保育園の迎えの事例から、援助活動の実際を捉えていきます。

事例1－1 保育園迎えとその後の対応

サポーターのAさんは、今日は利用者Bさんのお子さんである1歳のゆうちゃんを保育園にお迎えに行く日です。夕方、保育園へお迎えに行くと、保育者がゆうちゃんの様子をBさんに伝え、荷物などを渡します。Aさんはゆうちゃんに「お迎えですよ、かえりましょう」とゆうちゃんに声を掛けます。すでに5回目のお迎えでBさんに慣れているため、ゆうちゃんは泣くこともなく、Aさんに抱っこされ園を出てBさんの家に向かいます。Bさんの家に着くと二人遊んで、Aさんを待ちます。少し、鼻水や咳をしていたので、念のため熱を測りました。しばらくしてAさんが迎えにやってきました。ゆうちゃんはBさんを見ると、満面の笑顔です。Aさんは、園の保育者からの連絡や待っているときの様子を伝えます。BさんはAさんと少しの時間会話をして、ゆうちゃんと自宅に戻りました。

事例のお子さんゆうちゃんは、泣くこともなくAさんと一緒に帰宅している様子から、すでに安定した関係性ができてきることがわかります。同じ人に担当してもらうことが子ども自身の安心や心身の安定につながります。また、Aさんは何度もかかわっていることから、体調の変化にも気が付くことができています。Aさんはゆうちゃんの様子から熱を測っています。しかし、ここで気をつけなければいけないのは気づいたあとの対応です。利用者にとって、一番の不安は預けている子どもの健康です。サポーターは冷静で適切な対応をとることが大切です。そして、子どもの様子

だけではなく、自分がどのような対応をしたのか丁寧に正直に伝えることが、子ども
の健康維持や利用者の安心につながります。

　この事例のように、お迎えの時の少しの時間の会話も大切です。子どもの様子を共
有することはもちろん、利用者の子育てへの不安や喜びに共感していくことが、利用
者の子どもを育てる喜びに繋がります。直接かかわる時間はわずかですが、このよう
な会話が利用者の精神的な支えにもなっているのです。

参考資料 ───────────────────────────────

　「地域で子育て支援　ファミリー・サポート・センターの取り組み」DVD　ビデオライブラ
　　リー　新宿スタジオ

第9章

地域子育て支援コース
利用者支援事業・基本型

① 地域資源の把握（事前学習）

利用者支援事業には、地域の社会資源（地域資源）の把握が欠かせません。あなたの周りにはどのような社会資源があるでしょうか。それぞれの社会資源の特徴は何でしょうか。

1　地域資源の把握

　利用者支援事業には、地域の社会資源に関する情報の収集と整理が欠かせません。必要になったら調べるというのではなく、日常的に自分が住む地域や、隣接する地域にある子育て支援に関する社会資源を調べ整理しておく必要があります。また、保育所や子育てひろばのようなフォーマルな事業だけではなく、子育てサークルのような、インフォーマルな取り組みに関する情報も収集するようにしましょう。

2　受講者の周りの地域資源の情報収集と整理の実施

　以下の項目を調べて、一覧表にまとめてみましょう。また、利用者支援事業を実施する地域に適切な施設や機関がないこともあるため、隣接地域の情報も収集するようにしましょう。

（1）利用者支援事業で活用できるフォーマルな社会資源
〔A〕どのような機関があるか
　①教育・保育施設として、認定こども園、幼稚園、保育所があります。認定こども園には幼保連携型認定こども園等４つの類型があります。

　②地域型保育事業として、小規模保育、家庭的保育、居宅訪問型保育、事業所内保育があり一事業によって利用定員は異なりますが、対象はいずれも０歳から２歳です。

　③地域子ども・子育て支援事業は13事業あります。利用者支援事業、地域子育て支援拠点事業、妊婦健康診査、乳児家庭全戸訪問事業、養育支援訪問事業・子どもを守る地域ネットワーク機能強化事業、子育て短期支援事業、子育て援助活動支援事業（ファミリー・サポート・センター事業）、一時預かり事業、延長保育事業、病児保育

事業、放課後児童健全育成事業（放課後児童クラブ）、実費徴収に係る補足給付を行う事業、多様な事業者の参入促進・能力活用事業です。これらは、市町村が地域の実情に応じて実施する事業です。

　④小児科・産婦人科等の医療機関、保健所・保健センター等の保健機関、児童相談所、福祉事務所や自治体の福祉の窓口等の福祉機関、児童・民生委員、母子・父子支援の窓口や機関、DV等の問題に対応する様々な関係機関があります。

〔B〕それぞれの機関について何を調べるか

　①～③について、（Ⅰ）施設（名称、種類、所在地）や設置主体・事業主体（自治体、法人、団体の種別）、（Ⅱ）事業実施時間等（実施日、実施時間、月間スケジュール等）、（Ⅲ）事業内容、（Ⅳ）提供形態（施設型・訪問型・出張型の別、無料・有料の別）等の情報を収集し整理しましょう。

　④について、機関名（名前）、所在地（居住地）、利用可能日・時間等の情報を収集し整理しましょう。

（2）利用者支援事業で活用できるインフォーマルな社会資源

　インフォーマルな社会資源には、地域の子育て支援団体や子育てサークルがあります。これらについては、構成員、事業・活動内容、活動時間等を調べてみましょう。

（3）行政資料

　利用者支援事業で活用できる社会資源は多様にあるため、一つひとつ調べていくのは大変です。そのようなときは、市町村が作成した資料（行政資料）を活用しましょう。行政資料には、利用者支援事業を実施する際に必要な情報がたくさん掲載されています。利用者支援事業の実施主体は市町村ですが、都道府県が作成した行政資料にも有益な情報があります。こうした行政資料には、フォーマルな社会資源に関する情報だけではなく、市民を対象とした様々な調査結果もあります。調査結果を読むと、その地域の人々の意識や傾向を把握することができます。一例として、岡山県の「岡山いきいき子どもプラン2015」があります。この冊子には、県内の子育て支援に関する社会資源がまとめて掲載されています。行政資料は県庁や市役所にあり、その多くは無料です。社会資源に関する情報を収集する際は活用してください。

［引用・参考文献］

・内閣府・文部科学省・厚生労働省「利用者支援事業ガイドラインについて」2015年

② 利用者支援事業の概要

子どもや子育てを取り巻く制度や機関は多岐に渡り、複雑になってきました。そこで、制度や機関の案内役として利用者支援事業が誕生しました。利用者支援事業はどのように誕生し、今後どのような役割を担うのでしょうか。

1　事業成立の背景と目的

（1）事業の目的

　利用者支援事業の目的は、「一人一人の子どもが健やかに成長することができる地域社会の実現に寄与するため、子ども及びその保護者等、または妊娠している方がその選択に基づき、教育・保育・保健その他の子育て支援を円滑に利用できるよう、必要な支援を行うことを目的とする」[1] と示されています。すなわち、利用者の主体性や自己決定を尊重しながら、妊娠から出産、乳幼児の子育てへと切れ目のない継続的で包括的な支援をすることが目的です。

（2）事業成立の背景

　利用者支援事業には、基本型、特定型、母子保健型の３つの類型があります。基本型と特定型は 2014 年、母子保健型は 2015 年に誕生し、利用者支援事業は３つから構成されるようになりました。

　基本型は、地域子育て支援拠点事業から分離して誕生しました。地域子育て支援拠点事業は 2007 年に始まり、2013 年には一般型、連携型、地域機能強化型の３つから構成されるようになりました。一般型や連携型では親子の交流の場の提供を行いました。また、地域機能強化型では、子育てに悩む家庭の相談に応じたり支援したりする利用者支援と、そうした家庭を地域の中にある子育て支援の施設や制度につなぐ地域連携を行いました。

　2014 年になり、地域子育て支援拠点事業の地域機能強化型が基本型として分離しました。地域機能強化型から誕生したこともあり、基本型は利用者支援と地域連携の２つから成り立っています（詳細は次項を参照）。また、横浜市等が取り組んでいた

保育コンシェルジュを参考に、利用者が多様な保育形態の中から自分に適した施設や制度を選べるように支援する特定型も用意されました。特定型は市町村の窓口が同時に担うことが多いです。こうして、2014年に利用者支援事業の基本型と特定型が誕生しました。

　基本型と特定型が誕生した背景には、2015年から始まった子ども・子育て支援制度があります。同制度では、保育や子育て支援に関する多様な選択肢が用意されたことから、利用者が情報収集や選択に困ることがないようにする必要がありました。別の言い方をすると、子ども・子育て支援制度を利用者が十分に活用するためには、利用者が身近なところで、気軽に相談できる存在が欠かせなかったのです。そこで、基本型と特定型が用意されたのです。

　2015年になると、子ども・子育て支援制度が始まり、利用者支援事業でも妊娠や出産の支援をする母子保健型が加わります。母子保健型は、妊娠・出産包括支援モデル事業からつながるものです。母子保健型では、助産師や保健師が支援を行います。妊娠中や出産後の支援は市町村で実施されていましたが、利用者支援事業の母子保健型の誕生によっていっそうきめ細かく実施されることが期待されています。

　このような変遷を経て、利用者支援事業は基本型、特定型、母子保健型の3つの類型からなる、教育、保育、保健に関する子育て支援をする事業となりました。現在、利用者支援事業は、子ども・子育て支援法第59条1号で規定された、地域子ども・子育て支援事業の1つとなっています。

2　事業の内容

（1）基本型の内容

　基本型は、地域機能強化型から誕生したこともあり、利用者支援と地域連携から構成されています。

　利用者支援とは、子育て家庭が子育てしやすくなるように社会資源を主体的に選択し活用するための支援です。具体的に言うと、子育ての悩みの相談に応じたり子育てや保育に関する情報の収集や提供をしたりすることです。また、行政の文章は難しく、手続きが複雑なこともあります。そのようなときは、利用できる施設やサービスの案内や紹介をしたりすることです。なお、社会資源とは、保育所やボランティアのような、地域の中にある子育てを支援する施設、制度、サービスのことです。

　地域連携とは、子育て家庭が社会資源を活用しやすいように、地域と連絡や調整、連携や協働したり、社会資源を開発したりすることです。例えば、前者は、児童相談

所や保育所の代表者会議に参加したり研修会を合同開催したりすることです。こうした公式のものだけではなく、不定期に開催される非公式な集まりや情報交換会もあります。こうして、子育てに関わる各種機関とつながることで、連絡や調整、連携や協働が可能になります。

　後者は、地域の中の子育てに関するニーズや課題を発見し、行政や関係団体に伝え、支援体制の確立や政策立案に役立ててもらうことです。例えば、子どもの送迎がないことが保護者の大きな負担になっている、外国人の保護者のための英語表記の書類がほしいというような、地域の中にある子育てに関するニーズや課題を発見し、行政や関係団体に伝えることです。

（2）実施方法

　基本型の実施場所は、利用者にとって身近で、日常的に利用できる場所であり、利用者支援専門員等の相談できる相手がいる場所となります。例えば、子育てひろばや保育所です。

　また、基本型の職員の配置については、専任職員である利用者支援専門員を1事業所につき1名以上配置する必要があります。基本型に従事する利用者支援専門員は、地域子育て支援拠点事業等の一定の実務経験があり、子育て支援員研修の基本研修と専門研修（地域子育て支援コースの利用者支援事業（基本型）の研修）を修了した者等となります。

　利用者支援事業は、基本型を含む3類型とも市町村が実施します。ただし、市町村が認めた者への委託等を行うこともできます。

3　当該地域における実施状況

　次頁の図（図表9-1）は、利用者支援事業類型別の実施か所数の推移を表したものです。3類型ともに、実施か所数が年々増加していることがわかります。ただし、利用者支援事業の実施主体は市町村であり、それぞれの地域の子育て環境や経済状況は異なります。だから、市町村によって実施状況にばらつきがあります。

図表 9-1 利用者支援事業の実施か所数の推移【事業類型別】
（子ども・子育で支援交付金 交付決定ベース）

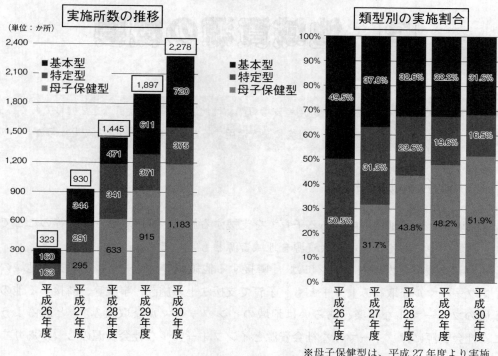

※母子保健型は、平成 27 年度より実施

出典：厚生労働省「利用者支援事業とは 平成 30 年度実施状況」2019 年

［引用・参考文献］

1) 内閣府・文部科学省・厚生労働省「利用者支援事業実施要綱」2019 年

❸ 地域資源の概要

利用者支援や地域連携のために、利用者支援専門員は地域にある社会資源を把握しておく必要があります。社会資源とは何か、社会資源を活用するとはどのようなことでしょうか。

1 社会資源とは

社会資源とは、地域の中にある子育てを支援する施設、制度、サービス等のことです。地域の中にある様々な社会資源を地域資源とも言います。

利用者支援事業ガイドラインには、「隣接する他領域のフォーマルな事業や地域のインフォーマルな取組み」、「子ども・子育て支援法上の施設・事業等、隣接する他の領域のフォーマルな事業、あるいは地域のインフォーマルな取組み」[1] とあるように、社会資源にはフォーマルな社会資源とインフォーマルな社会資源の2つがあります。

フォーマルな社会資源とは、公的な制度として存在するものです。例えば、保育所や幼稚園、児童手当等の行政による各種手当です。インフォーマルな社会資源とは、公的な制度ではないものです。例えば、近隣住民や子育てに詳しい住民、ボランティアや子育てサークルです。

利用者支援専門員は、これらの社会資源を把握しておく必要があります。なぜなら、利用者支援専門員の役割は、子育て家庭がこうした社会資源を主体的に選択し活用することができるように支援することだからです。子育て家庭の不安やニーズは様々ですから、できるだけ多くの社会資源を把握しておくことがよりよい利用者支援や地域連携となります。

特に、インフォーマルな社会資源はインターネットや行政の窓口ではわからないこともあります。フォーマルな社会資源とのつながりを好まない利用者には、ママ友の集まりや子育てサークルのような、インフォーマルな社会資源とのつながりが重要になります。利用者支援専門員には、地域のイベントや集まりに積極的に参加して、インフォーマルな社会資源の把握に努めることが求められます。

2　地域における社会資源の把握と連携

（1）様々な社会資源

利用者支援専門員が活用できる社会資源には、次のようなものがあります（図表9-2）。

もちろん、ここに示されたものだけではありません。福祉事務所、児童委員、医療機関、療養機関、教育委員会、警察、地域のNPO法人も重要な社会資源です。また、ここにはフォーマルな社会資源が多く掲載されています。ですが、先ほど説明した通り、ある喫茶店では開店前にママ友が集まって子育て話をしているというような、インフォーマルな社会資源も重要です。

（2）利用者支援事業と地域子育て支援拠点事業の関係

社会資源の中でも、地域子育て支援拠点事業とは特に強いつながりがあります。利用者支援事業は、地域子育て支援拠点事業から分離して誕生したこともあり、2つの

図表9-2　地域における様々な社会資源

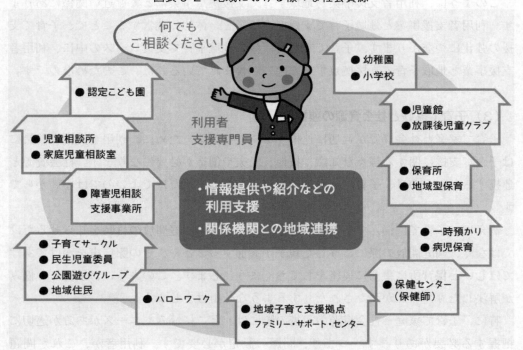

出典：内閣府・文部科学省・厚生労働省「子ども・子育て支援新制度なるほどBOOK」2016年

事業は似ているところがあります。実際には、2つの事業は相互補完の関係にあります。

　まず、利用者支援専門員は利用者の身近なところにいて、気軽に相談できる存在です。利用者支援専門員が子育てひろばという、日常的に多くの子育て家庭が集う場所にいることで、その存在が認知され、いっそう身近な存在となります。利用者支援専門員は、保育士や幼稚園教諭と比べると多くの人が知っている存在ではありません。だからこそ、子育てひろばにいて、存在を知ってもらうことが重要になります。一方、子育てひろばにとっても、利用者支援専門員がいることで、子育てに悩む家庭が足を運びやすくなります。

　次に、利用者支援専門員は、子育て家庭と社会資源をつなぐことが求められます。子育てひろばは、すでに地域の中にある社会資源とのつながりがあります。例えば、児童相談所、保育所や幼稚園、児童館です。子育てひろばがすでにもっている社会資源を活用すれば、利用者支援専門員は子育て家庭と社会資源をつなぎやすくなります。子育てひろばにとっても、利用者支援専門員が子育てひろばのもつ地域資源とつなげるほど、子育てひろばとその社会資源の関係は密接になり、存在感が増していきます。

　このように、利用者支援事業と地域子育て支援拠点事業はとても近い関係にあります。利用者支援事業と地域子育て支援拠点事業を一体的に運営することで、子育て支援の強化につながります。子育て支援員研修の地域子育て支援コースの中に、利用者支援事業と地域子育て支援拠点事業の両方が含まれているのは、このためなのです。

（3）子育て家庭と社会資源の連携

　子育て家庭と社会資源が適切に連携する（つながる）ために、利用者支援専門員には子育て支援に関する様々な知識や技術、工夫や創造が必要になります。社会資源と連携するというのは、子育て家庭に社会資源を紹介するだけでよいのではないからです。

　例えば、子育てに悩んでいる親に対して、保育所の園庭開放の日時を知らせるだけではなく、園庭開放の際にこうした親子が参加することや、その際に声をかけてあげてほしいと保育所に事前に連絡をしておくようにします。このように、子育ての悩みが解決したりニーズが満たされたりするような仕掛けをします。

　特に、子育て家庭と社会資源の連携の際には、どこに悩みやニーズがあるか適切に把握する必要があります。つまり、問題の設定が必要です。利用者が、これが問題だ、これに困っているというものをそのまま受け入れるのではなく、本当にこれは問

題なのだろうか、本当の問題はどこにあるだろうかと考えるのです。

　例えば、次の事例について考えてみましょう。

> 　子育てに悩む母親から、子どもが嫌いになった、子どもの言葉の遅れが気になるという相談がありました。母親に話を聞いてみると、子どものちょっとした言動がイライラの原因になっていることがわかりました。また、保育所の担任に子どもの言葉の発達が遅いと言われたことも気にしていました。

　あなたなら、どのような支援をするでしょうか。子どもと一緒に活動できるイベントを紹介したり、子どもの発達を支援するセンターの利用について話し合ったりするでしょうか。その場合、あなたは子どもへの対応や発達を問題として設定していることになります。問題をかかえている本人がそう言っているのだから問題に違いないのでしょうか。

　しかし、母親の気持ちを受け止めつつ、もう少し話を聞いてみると、最近、夫婦関係が悪いことがわかりました。夫が仕事から帰宅しても口もきかない日々が多くあるそうです。夫婦関係が悪くなった時期と、母親が子どもを嫌いになったり子どもが言葉を話さなくなったりした時期は、ほぼ同じでした。では、なぜ夫婦関係が悪くなったのでしょう。さらに話を聞くと、ある時期から義理の母の介護をする必要がでてきました。しかし、夫は仕事が忙しく介護まで手が回らない一方、家事や子育てはすべて母親が担当していたことがわかりました。

　さて、ここまでくると最初の問題とは異なる問題がみえてきます。解決すべき問題は、母親がかかえる介護と子育ての二つの負担です。介護の負担を減らすなら、介護士を利用することも選択肢です。子育ての負担を減らすなら、ファミリー・サポート・センターやベビーシッターの利用も考えられます。保育所の延長保育を利用してもよいでしょう。

　いずれにしても、最初に考えた解決策である子どもと一緒に活動できるイベントや子どもの発達を支援するセンターは、解決策にはならないということです。それどころか、介護と子育てで苦しんでいる母親にとって、子どもとイベントに行くという選択肢はマイナスでしかないでしょう。なぜなら、イベントに出かけている間、介護は誰がするのかという新たな問題がでてくるからです。この事例では、夫は介護に非協力的でした。

　この事例からわかることは、正しい問題設定をすることの大切さです。最初の問題設定は子どもへの対応や発達でしたが、母親の話を丁寧に聞く過程を経て最終的に行き着いた本当の問題は介護と育児の二重負担でした。介護と育児のどちらを問題とし

266

て設定するかによって解決策も異なります。ですが、何より重要なことは、間違った問題設定をしてしまうと問題は解決しないということです。それどころか、事態が悪化するかもしれません。だからこそ、利用者支援専門員には正しい問題設定が求められるのです。

［引用・参考文献］
1）内閣府・文部科学省・厚生労働省「利用者支援事業ガイドラインについて」2015年
・浅井拓久也・湊照代『子育て支援の専門家―利用者支援専門員の手引き―』吉備人出版、
　　2018年

4 利用者支援専門員に求められる基本姿勢と倫理

利用者支援専門員には行政の窓口とは異なる役割があります。利用者支援専門員の役割とは何でしょうか。なぜそのような役割が求められるのでしょうか。

1 利用者支援専門員の役割

利用者支援専門員（基本型）の役割について、利用者支援事業ガイドラインでは「「基本型」の利用者支援専門員は、「特定型」の利用者支援専門員の役割に加え、発達が気になる子ども[ママ]ついての相談や育児不安のある保護者等からの相談等があった場合には、直接、個別問題を解決するのではなく、相談者が抱える課題を解決するために早期に適切な専門機関等につなげ、継続的な見守りを行い、また、必要に応じて社会資源の開発等を行うなど、「間接的支援」、「予防的支援」の役割を担う。」[1] と示されています。

利用者支援専門員は、行政の窓口や医療機関のように利用者の問題を直接的に解決するのではなく、間接的な支援をします。すなわち、利用者と、利用者が抱える問題を解決するための最適な社会資源とをつなぐようにします。そのためには、前節3項で説明したように、利用者の問題を正しく把握することや、地域の社会資源を幅広く把握していることが必要になります。

また、予防的な支援もします。予防的とは、利用者の問題を先回りして解決するということではなく、利用者の置かれた状況を見極め、利用者が抱える問題を解決するために必要な社会資源を考えたり開発したりすることです。

2 支援における基本原則〜受容と自己決定の尊重、信頼関係の構築〜

利用者支援事業ガイドラインによると、利用者支援専門員には6つの基本的な姿勢が求められます。

（1）利用者主体の支援

　問題を解決する主役は利用者である子育て家庭です。利用者支援専門員は子育て家庭が問題を解決する手伝いをするのであって、自らが積極的に解決するのではありません。例えば、子どもについ叱りすぎてしまうことで自己嫌悪に陥っている母親からの相談に対しては、こうしなさい、子育てはこうあるべきだ、と言うのではありません。夫の協力はあるか、祖父母と同居しているかなど、母親と一緒に生活や家庭の環境を丁寧に整理していきます。子どもへの対応方法、支援を求めることができる施設やサービスを母親と一緒になって探します。このように、利用者支援専門員がどうしたいか、どうあるべきかではなく、利用者自身が状況を整理し、解決する問題を明らかにし、解決策を考え取り組む過程を支援するようにします。

（2）包括的な支援

　包括的というと難しそうに聞こえますが、問題はいくつかの要因が重なって生じるため、幅広い視点や視野で問題をとらえて解決の支援をするということです。例えば、子どもについ手がでてしまうという場合、親と子の関係だけではなく、夫婦関係、親とその親の関係、職場の人間関係等、様々な要因が重なって子どもへの暴力となっていることがあります。この場合、親と子の関係だけで問題をとらえていたのでは、問題を適切に解決することにはなりません。また、このように複数の要因が重なっている場合、支援も複雑になります。夫婦関係の問題と祖父母の介護の問題に対応する施設やサービスは異なります。複雑な手続きや仕組みのために利用者が支援を受けられなくなることがないように、包括的に支援するようにします。

（3）個別的ニーズに合わせた支援

　個別的ニーズに合わせた支援をするためには、利用者の生活や家庭の環境を適切に把握することが重要です。例えば、子育てに疲れてしまい子どもが嫌いになったという相談があったとします。このとき、親子でお出かけをしたり、一緒に何か活動をしたりしてはどうかという話をする前に、利用者の生活環境や家庭状況の把握に努めます。夫婦の関係はどうか、祖父母と同居しているかなど、子育てを支援してくれる身近な存在がいるかどうかによっても解決策は変わってきます。家庭の状況も子育ての悩みも各家庭それぞれです。子育て家庭の個別の状況やニーズを的確に理解したうえで、オーダーメイドで支援するようにします。

（4）子どもの育ちを見通した継続的な支援

　利用者支援事業の対象者は、就学前までの子どもを育てる家庭です（妊娠期や学童期を含むこともあります）。この間、子どもはそれぞれの発達段階で心身共に変化するため、家庭もそれに対応していく必要があります。一方で、こうした変化の様々な場面で、悩むことや不安に思うこともでてきます。子どもが2歳のときと小学校1年生のときでは子育ての悩みは異なるでしょう。また、子育て家庭と関わる機関も行政の各種サービスや手当も変わります。例えば、行政は子どもの年齢や所属している機関によって窓口も提出する書類も異なります。子育て家庭は行政から支援を受けるために必要な書類を準備したり、各種手続きをしたりしていかなくてはなりません。そのため、こうした変化の中で生じる子育て家庭のニーズや課題を見通し、子育てが中断したり停滞したりしないように継続的に支援していきます。

（5）早期の予防的支援

　予防的とは、利用者支援専門員が利用者の問題を先回りして取り除くことではなく、問題が生じたり悪化したりすること、再発することを防ぐことです。子育てに関する悩みや不安は最初は小さなものであることが多いです。それを放置したり適切な対処をしたりしないと、取り返しのつかない大きな問題となります。利用者支援専門員は利用者が気軽に相談できる身近な存在です。だからこそ、日頃から利用者の言葉に耳を傾け、問題が小さなうちに解決の支援をします。予防的支援は、利用者支援専門員が利用者のすぐそばにいるからこそできることなのです。こうして、子育て家庭とともに問題が小さな段階から一緒に向き合い、問題の解決に向けて支援します。

（6）地域ぐるみの支援

　利用者支援専門員は、子育て家庭が自分なりの子育てができるように地域の中にサポート体制をつくっていく支援をします。家庭と地域の社会資源をむすびつけるのです。社会資源の中には、保健機関、医療機関、教育機関や発達支援センター、ハローワーク等の公的な（フォーマルな）機関やサービスがあります。一方で、近隣住民やボランティア、サークル活動など非公式な（インフォーマルな）社会資源もあります。利用者は地域に住んでいても、必ずしも社会資源に詳しいとは限りません。それどころか、よく思いつくものや使いやすいところしか念頭にないこともあります。このようなとき、利用者支援専門員は子育て家庭が多様な社会資源とつながり主体的な子育てができるように、その状況やニーズを十分に理解し支援します。

3　特別な配慮が必要となる利用者への配慮事項

　特別な配慮を必要とする子どもについては、発達上の課題や障害に応じた適切な支援の下で、他の子どもとの共同生活を通じて共に成長できるようにするようにします。発達上の課題や障害があるから特別な扱いをするというのではなく、子ども一人ひとりの課題や障害に応じた支援をしつつ、課題や障害の有無によって子どもが分け隔てられることなく、お互いの人格と個性を尊重し合いながら、安心して共同生活が送れるようにすることが重要です。

　また、そのためには、利用者支援専門員と家庭との緊密な連携が欠かせません。それぞれの環境や取り組みを伝え合うことで、その子らしさや得意なことが発揮できるような支援につながるようにします。子どもの育ちを支え促すためには、子ども一人ひとりの課題や障害に応じたきめ細やかな支援が必要です。

4　個人情報と守秘義務

（1）個人情報

「個人情報の保護に関する法律」によると、個人情報とは、生存する個人に関する情報であり、氏名、生年月日、住所、電話番号等によって特定の個人を識別することができるものです。特定の個人を識別できる防犯カメラ等の映像やメールアドレス、また他の情報と容易に照合することで、特定の個人を識別することができるものも含まれます。

（2）守秘義務

　利用者支援事業ガイドラインには、「利用者支援専門員は、子どもの「最善の利益」を実現させる観点から、子育て家庭への対応に十分配慮するとともに、正当な理由なく、その業務上知り得た秘密を漏らしてはならない」[1]とあります。現代社会ではいったん情報が流出すると、完全に回収したり消したりすることは不可能です。利用者支援専門員は、子育ての悩みや家庭内の問題という機密性の高い情報を取り扱う仕事です。利用者のプライバシーや人権に、十分配慮した対応が求められます。

　そのために、いくつかすべきことがあります。

　まず、常勤職員はもちろんですが、非常勤職員も含めて個人情報保護に関する研修会や勉強会を定期的に開催して、常に最新の知識を得るようにします。法律や行政の

通知は変更されることもあるため、関係する法律や通知の動向には常に注意を払い学ぶようにします。

　また、非常勤職員に関しても個人情報保護や守秘義務に関する誓約書を取り交わす必要があります。

　日頃の情報管理にも気を配るようにします。紙媒体の書類や記録は施錠付きのロッカーに保存します。パソコンへのログインは個別のIDを使うことで誰が、いつ、どのような情報にアクセスしたかわかるようにします。USBやSDカードのような紛失する危険があるものは使用しないようにします。

　このように、守秘義務の遵守は利用者から信頼を得ることにつながります。ですが、「正当な理由」がある場合はこの限りではありません。「正当な理由」とは、児童虐待の疑いがある場合です。身体的虐待や性的虐待が疑われるときは、児童相談所や福祉事務所、警察のような関係機関と十分に連絡、連携する必要があります。このようなときは守秘義務が適用されません。子どもを守るために迅速に行動することが求められます。

　なお、守秘義務や情報共有に関しては、「個人情報の保護に関する法律」、「児童虐待の防止に関する法律」、「要保護児童対策地域協議会設置・運営方針」等も参考になります。

[引用・参考文献]
1）内閣府・文部科学省・厚生労働省「利用者支援事業ガイドラインについて」2015年
・浅井拓久也・湊照代『子育て支援の専門家―利用者支援専門員の手引き―』吉備人出版、2018年

5　記録の取扱い

医師や弁護士のような専門職は必ず記録を作成しています。子育て支援の専門家である利用者支援専門員も記録の作成が求められます。どのように記録を作成し、活用すればよいのでしょうか。

1　記録の目的

　利用者支援事業ガイドラインでは、「事業を利用する保護者のニーズを把握したり、相談を受けた際には、適切な支援活動と支援活動の継続性の担保や、事例検討、関係機関等との的確な情報共有等のために、得た情報を記録しておくことが重要である」と示されています[1]。すなわち、記録を作成する目的は、適切な支援活動とその継続性の担保、事例検討、関係機関等との的確な情報共有のためです。

（1）適切な支援活動とその継続性の担保

　利用者支援専門員には、子育て家庭の個別的ニーズにあわせた支援、様々な要因を含めた包括的な支援、子どもの育ちや生活の変化に対応した継続的な支援が求められます。利用者との会話やその時の様子を丁寧に記録し、様々な情報を整理したり確認したりすることで、こうした支援活動が可能になります。

　また、蓄積された記録を振り返ることで、自分の支援活動を振り返り、評価し、改善することにもなります。記録を作成している際は気づかなかったことに気がついたり、自分の支援の特徴や傾向を理解したりすることで、支援活動の質を高めることになります。

　さらに、私たちの記憶力はあまり頼りにできません。丁寧に記録を作成しておくことで、利用者の言葉や反応を忘れる心配もなくなります。職員の退職や異動によって支援活動が途切れてしまわないようにすることにもなります。このように、記録を作成することで、継続的で一貫した支援活動が可能となります。

（2）事例検討

　作成した記録を事例として職員同士で話し合うと、様々な意見がでてきます。ここに、それぞれの職員の支援に対する考え方や方法が表れます。一緒に働く職員の考え方や方法を知ることは、自分の学びになるだけではなく、支援活動の協働、連携、継続のためにも重要です。また、具体的な事例に即して話し合うことで、支援のあるべき姿のような一般論や理想論ではなく、具体的で個別的な支援のあり方を考えやすくなります。

　利用者支援専門員は専門家ですが、専門家が集まりさえすればよい組織になるのではありません。一緒に働く仲間や同僚の考え方や方法を知り、共感し合い、学び合うことで、組織全体の支援活動の質が高まります。

（3）関係機関等との的確な情報共有

　利用者支援専門員は、子育て家庭と社会資源をつなぐ役割を担います。そのため、個人情報の取り扱いには注意を払いつつ、問題が大きくなる前から様々な専門家や施設と家庭の状況や様子について情報共有する必要があります。

　その際に、記録が役立ちます。記録に基づいて様々な立場や視点から支援活動のあり方を考えることで、自分一人では考えつかなかったことに気づくことがあります。また、伝言ゲームを体験したことがある人ならわかると思いますが、口頭で状況を説明するだけでは情報は的確に伝わらないものです。記録に基づく会議や話し合いをすることで、的確な情報共有になります。

2　記録の種類、項目、記述の方法

（1）記録の種類と項目

　記録の種類や項目は事業所によって様々です。ここでは、利用者支援事業ガイドラインを参考にして整理します。

　記録には、利用者との相談内容を記した相談記録、事例経過を記した支援記録、ケース会議を開催した際に作成したケース記録があります。

　相談記録の項目には、相談を受けた日付、相談を受けた子育て家庭に関する外形的情報（家族構成や生年月日等）、子育ての状況、相談内容や家庭の意向や希望、支援の方向性等があります。次節で説明するジェノグラムとエコマップもあります。

　支援記録の項目には、事例の経過、所感等があります。

　ケース記録の項目には、ケース会議日時や参加者、家族の意向、状態、課題、支援

目的と具体的支援内容等があります。なお、ケース会議とは、問題となっている事例に対して支援に関わる関係者が集まり、現状や問題点を確認したり、支援方針や役割分担を話し合ったり決めたりする会議のことです。

いずれの記録でも、何をどこに書くのかという項目をあらかじめ決めておくようにします。記録するべきことが明確になるので、記録をし忘れることが少なくなるからです。

（2）記述の方法

記録を記述する際は、利用者の承諾を得てから行うようにします。利用者と一緒に記述していくことで、利用者が主体的に問題に取り組んだり、利用者支援専門員に対する信頼を形成したりすることになります。

また、記録は作成者以外の関係者とも共有します。だから、誰が読んでもわかるような記述が求められます。そのために、2つのことに気をつけます。

まず、5W2Hを明確にすることです。5W2Hとは、誰が（who）、何を（what）、いつ（when）、どこで（where）、なぜ（why）、どうやって（how）、どのくらい（how much/how many）のことです。これらの情報が欠けると、的確に情報を共有することが難しくなります。別の言い方をすれば、こうした情報が十分であるほど、記録が具体的になりやすく、誰が読んでもわかるようになります。

また、客観的な事実と記録作成者の意見を区別して記述することです。利用者が言ったことなのか記録作成者の感想なのかの区別が曖昧だと、記録を共有する際に誤解が生じます。一般的に、「辛そう」や「あまり元気がない」のような形容詞や副詞を多用すると、記録作成者の主観的な記述になりやすいので気をつけましょう。

もちろん、この2つは最低限のことです。他にも、断定的な表現や決めつけたような表現はしないようにする、主語と述語を対応させる、記録の中で使用する用語を統一する等、記述を的確にしたり論理的にしたりする方法は様々あります。

3　記録の管理

前節でも説明したように、守秘義務の観点からも記録の管理は重要です。記録には様々な個人情報が含まれているからです。そのため、記録作成の場所、保管方法、保管場所、閲覧権限、保存年限等を明確にしておく必要があります。

また、記録を廃棄する際も注意が必要です。紙媒体の記録を破棄する際はシュレッダーを使用したり、記録作成に使用したパソコンを破棄する際は粗大ごみに出すので

はなく、データが復元されないように専門業者に依頼して適切に処分したりします。記録を適切に破棄しなかったことで記録内の情報が流出すれば、利用者との信頼関係は崩れ、場合によっては利用者から損害賠償請求されることもあります。

　記録は適切に管理しなければなりませんが、あまりに厳格にしすぎると支援活動を大幅に制限することにもなり好ましくありません。守秘義務の遵守や記録の適切な管理と、日々の支援活動のやりやすさのバランスが重要です。

　なお、利用者から記録の開示を要求されることもあります。その場合は、特段の事情がない限り、開示するようにします。

[引用・参考文献]
1）内閣府・文部科学省・厚生労働省「利用者支援事業ガイドラインについて」2015年
・浅井拓久也『先輩保育者が教えてくれる！連絡帳の書き方のきほん』翔泳社、2019年

6 事例分析Ⅰ
～ジェノグラムとエコマップ
を活用したアセスメント～

ジェノグラムとエコマップを作成することで、利用者の状況やニーズを把握したり支援に活用できる社会資源を考えたりしやすくなります。ジェノグラムとエコマップとは何か、どのように作成し活用するのでしょうか。

1 ジェノグラムとエコマップの書き方

（1）ジェノグラム

ジェノグラム（genogram）とは、家族構成を図で表したものです。口頭で家族構成を説明されても理解しづらいことがあります。そこで、利用者と一緒にジェノグラムを作成し、家族構成を可視化していきます。これをもとに、利用者支援専門員がさらに質問し、問題の所在を明らかにし、支援の方法を考えます。

ジェノグラムの書き方は次の通りです（図表9-3）。ただし、これ以外の書き方も

図表9-3 ジェノグラムの書き方（1）

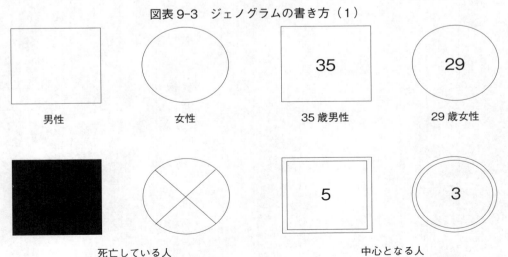

| 男性 | 女性 | 35歳男性 | 29歳女性 |

| 死亡している人 | | 中心となる人 | |

出典：筆者作成

図表9-4 ジェノグラムの書き方（2）

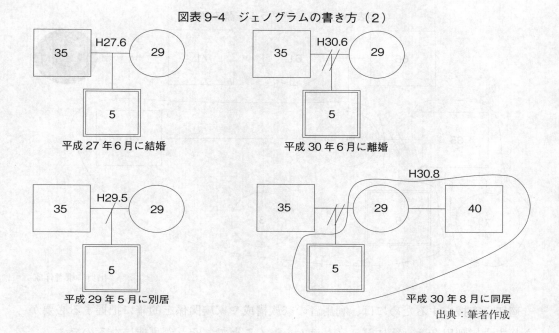

平成27年6月に結婚　　　　平成30年6月に離婚

平成29年5月に別居　　　　平成30年8月に同居

出典：筆者作成

あります。

　男性は四角、女性は丸で表します。その中にある数字は年齢を、塗りつぶしてある
かバツ印がついている場合は死亡していることを表しています。また、問題の対象者
や中心となる人には二重線を用います。例えば、図表9-3には、四角の中に35とあ
りますので、35歳の男性を表しています。二重線の丸の中には3とありますので、
3歳の女児が問題の対象者であることを表しています。

　また、婚姻関係等の家族関係の書き方は図表9-4の通りです。夫婦関係や親子関係
は線で結びます。一本の斜線は別居を、二本の斜線は離婚を表します。これらの斜線
の上に書いてある数字は別居や離婚した年月を表しています。また、年月の前に結婚
はm、離婚はd、別居はsをつけることがあります。mは結婚（marriage）、dは離
婚（divorce）、sは別居（separation）を意味します。囲みは、その中に含まれてい
る者が同居していることを表しています。

　以上をもとにして、図表9-5のジェノグラムを読み解いてみましょう。

　この事例で問題となっているのは5歳の男児です。両親は35歳の父親と29歳の母
親で、7歳の姉がいます。男児の両親は離婚し、母親は40歳の男性と再婚し、3歳
の女児がいます。男児の実父と7歳の姉が同居しています。男児は母親と再婚相手の
父親、3歳の妹と同居しています。男児の母親には66歳の父親と61歳の母親がいま
す。母親の再婚相手には71歳の父親がおり、母親は死亡しています。

図表9-5　ジェノグラムを読み解く

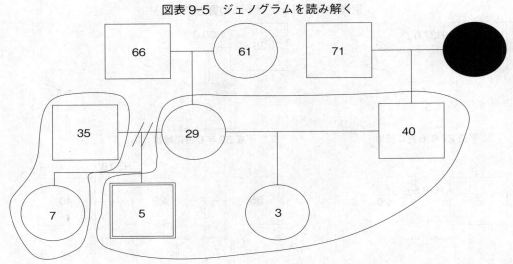

出典：筆者作成

　適切な支援をするためには、利用者の家族構成や家族関係を的確に把握する必要があります。利用者と一緒にジェノグラムを書くことで、それが可能になるのです。

（2）エコマップ

　エコマップ（ecomap）とは、家庭と地域の社会資源の関係を図で表したものです。ジェノグラムが家庭内の関係を表しているのに対して、エコマップは家庭と社会資源の関係を表しています。利用者支援専門員は利用者と一緒にその家庭にどのような社会資源が関与しているのか、まだ関与していない社会資源は何かについて、エコマップをみながら話し合い、支援の方針や方法を考えていきます。利用者と一緒に考えることで、利用者主体の支援になります。また、一緒に考えることで利用者の承諾を得やすくなり、支援の効果が期待できます。

　エコマップでは、ジェノグラムに社会資源を書き込んでいきます。その際、社会資源との関係の強弱等を線で表します。普通の関係の場合は線、親しい関係や強いつながりの場合は太い線、希薄な関係の場合は点線で結びます。関係が悪い場合や対立している関係の場合は線路のような線で結びます。また、関係の方向性を表す際は矢印を使うこともあります。

　以上をもとにして、図表9-6のジェノグラムとエコマップを読み解いてみましょう。

　この事例では、問題の中心にいる5歳の男児は、母親や姉とは普通の関係です。祖母や保育士とは強い関係で結ばれています。しかし、母親の再婚相手である40歳の父親との関係はよくありません。そこで、地域子育て支援拠点や児童相談所が5歳児

図表 9-6　ジェノグラムとエコマップを読み解く

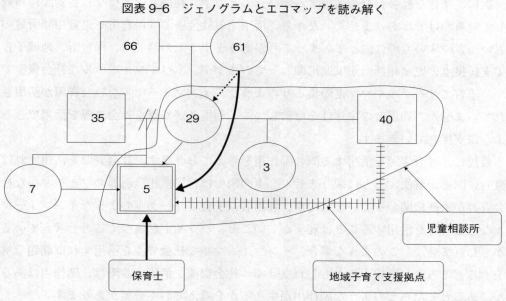

出典：筆者作成

とその家族を支援しています。普通の線で表されているので、現時点では強い関わりではないことがわかります。

　このように、エコマップを作ることで、家庭と社会資源の関係がわかります。この事例では、社会資源として保育所、地域子育て支援拠点、児童相談所がありました。しかし、子育てを支援する社会資源は他にもあります。また、関わり方にも様々な程度があります。利用者支援専門員は利用者と一緒にエコマップをみながら、どのような社会資源が、どのように使えるかを話し合い、その家族に適した支援を考えていきます。

2　事例に基づくジェノグラムとエコマップの作成と支援方法の検討

　ジェノグラムとエコマップを参考に、支援内容や方法を検討します。その際、いくつか注意する点があります。

　まず、支援内容や方法を考える際は、利用者と一緒に考えるということです。利用者支援専門員がこうしましょう、これがよいですと提案するのではなく、どのような社会資源があるか、どのように活用できるかを利用者と一緒に考えていきます。利用者が主体的に問題を解決できるように支援するのです。

　次に、多様な社会資源を活用するということです。利用者は多様な社会資源に精通しているわけではありません。だから、活用する社会資源は保育所や児童相談所等の思いつきやすいものに偏ってしまうことがあります。上の例では、保育所、地域子育て支援拠点、児童相談所が家庭に関わっていますが、すべてフォーマルな社会資源です。子育てサークルやママ友の集まりのような、インフォーマルな社会資源が活用されていません。利用者の主体性を尊重しつつ、利用者が多様な社会資源を活用できるように支援していきます。

　最後に、社会資源を活用する際の副作用を考えておきます。社会資源を活用すれば直ちに問題が解決するとは限りません。上の例では、児童相談所等のフォーマルな社会資源が家庭に関わっていましたが、利用者は子育てサークルのようなインフォーマルな社会資源を活用することは恥ずかしいこと、プライドが傷つくことと考えているかもしれません。このような場合、インフォーマルな社会資源を活用すれば問題は解決するどころか、悪化するかもしれません。社会資源を活用する際は、副作用はあるか、あるとしたらどのような副作用が生じるかを考えておく必要があります。

　ジェノグラムとエコマップを参考にして支援内容や方法を検討する際は、ここに挙げた３つ以外にも様々なことを考えていきます。例えば、親子関係だけではなく親とその親の関係はどうか、ジェノグラムには表れていない関係はないかです。職員会議やケース会議を通して、様々な視点から考えることがよりよい支援につながっていきます。

7 事例分析 II ～社会資源の活用とコーディネーション～

ケース会議等で事例を用意して、ジェノグラムとエコマップを作成し、具体的な支援内容と方法を考えるようにしましょう。次の事例では、どのような支援が考えられるでしょうか。

1 事例による地域における社会資源の活用と連携の検討

ここまで学んできたことを踏まえて、次の事例を考えてみましょう。

> 3人の子どもの母親から利用者支援専門員に相談がありました。2歳の息子Xと一緒に過ごすことが辛いという内容です。母親は31歳、2歳の息子Xの父親Cは33歳です。Xには4歳の兄Yがいます。母親と現在の夫Cは平成14年に結婚しましたが、平成20年に別居し、離婚に向けて話し合いを続けています。母は二度の離婚歴があり、最初は夫Aの家庭内暴力が原因で離婚し、次は夫Bの浮気が原因で離婚しました。二度目の結婚時に女の子Zが生まれ、現在8歳です。現在は、X、Y、Zと一緒に生活しています。XはYやZととても仲が良く、いつも一緒に遊んでいます。しかし、Xは母親や父親Cとは関係が悪いです。母親は前の夫Bとは関係が良好ですが、自身の両親との関係はとても悪く支援は見込めないとのことです。そのため、母親は地域の子育てひろばや子育てサークルに参加して、子育ての悩みを相談しています。

まず、ジェノグラムとエコマップを作成します。

次に、「地域資源の把握（事前学習）」で作成した一覧表を見ながら、どのような社会資源があるか、どのように活用ができるかをグループで検討します。特に、様々な地域から受講者が参加している場合は、地域によって社会資源が異なることや地域にある社会資源の違いによって支援内容や方法が異なることを確認します。

最後に、グループで検討した結果を発表し、他の受講者からも意見を聞き、よりよい支援のあり方を考えます。

8 まとめ

ここまで履修してきた内容と今後の課題認識を確認し、利用者支援専門員の役割や心構えを再確認しましょう。利用者支援専門員の役割とは何でしょうか。なぜ現代の子育て支援に必要とされるのでしょうか。

1 利用者支援事業で求められる姿勢についての再確認

　ここまで、利用者支援事業（利用者支援専門員）について学んできました。学習が定着するためには、復習が必要です。そこで、第1節から第6節の冒頭で示してきた疑問文を再掲しますので、自分の言葉でそれらに回答してみてください。その回答に対して、もっと具体的に言うとどうなるか、なぜそう言えるのかも考えることで、利用者支援事業に対する理解がより深まります。

第1節　あなたの周りにはどのような社会資源があるでしょうか。それぞれの社会資源の特徴は何でしょうか。

第2節　利用者支援事業はどのように誕生し、今後どのような役割を担うのでしょうか。

第3節　社会資源とは何か、社会資源を活用するとはどのようなことでしょうか。

第4節　利用者支援専門員の役割とは何でしょうか。なぜそのような役割が求められるのでしょうか。

第5節　どのように記録を作成し、活用すればよいのでしょうか。

第6節　ジェノグラムとエコマップとは何か、どのように作成し活用するのでしょうか。

　最後に、次の質問を考え、発表し、グループで話し合いましょう。その回答は、あなたがどのような利用者支援専門員になるかを表すものになるでしょう。

1．あなたはどのような利用者支援専門員になりたいですか。

2．利用者支援専門員として成長していくとはどのようなことでしょうか。そのために何が必要でしょうか。

---

❾ 地域資源の見学

利用者支援専門員が社会資源を活用するためには、どのような社会資源があるか知っているだけではなく、その社会資源と強いつながりがあることが必要です。強いつながりを作るためには、どのように社会資源を見学すればよいのでしょうか。

1 地域資源の実際を見学により学ぶとともに、担当者との面識をもつ

　利用者支援専門員が社会資源を活用するためには、知識や情報として社会資源を知っているだけではなく、社会資源と強いつながり（面識や信頼関係）を作っておく必要があります。

　そのために、厚生労働省によるシラバスには、見学の内容と実施方法が示されています。以下を参考にして社会資源を見学し、強いつながりを作るようにしてください。

（1）見学の内容

○認定こども園、幼稚園、保育所・保育施設や地域で行われている子育て支援などに係る事業を見学し、その実際について把握する。特に、各施設や事業の利用者の特性、対象の機関の他資源との連携状況等、具体的な取り組みを聴取し参考とする。

○各社会資源の立地状況、交通手段、サービス利用のために必要な事項、利用方法（持参するものを含む）等について、利用者の視点から確認する。

○利用者にサービスや施設を紹介する際の窓口担当者と対面し、連絡先、対応範囲等の確認を行う。

○各自治体が作成するサービス一覧等を活用し、窓口担当者の名前や連絡先を記入しておくなど、情報提供や連携を適切かつ円滑に行うための資料を整備する。

（2）見学の実施手法

各自治体が作成するサービス一覧や、事前学習で作成した地域資源の一覧等を参考

に、利用者支援専門員（候補者）が自ら先方の機関に連絡をとり、見学実習の依頼から実習後の報告までを行う。この取り組みが連携先の窓口担当者との関係づくりになることを伝え、単なる施設見学に止まることがないように意識付けを行う。ただし、利用者支援事業の子育て支援員研修の一環としての実習であることを各自治体の事業担当者より各施設に事前に依頼しておく。

第10章

地域子育て支援コース
利用者支援事業・特定型

1 利用者支援事業の概要

利用者支援事業（特定型）の意義とは何でしょうか。求められている効果や、事業の内容・機能等について、理解しましょう。

1 事業成立の背景と目的

利用者支援事業は、当初の政府案では地域子ども・子育て支援事業に位置付けられていませんでした。

子ども・子育て支援新制度で多様な教育・保育や事業が検討される中、待機児童解消等を目的にそれらを個々のニーズに応じて確実に提供するため、子どもや保護者が自分の家庭にとって一番ふさわしいメニューを確実かつ円滑に利用できるようなコーディネーションが必要だと考えられました。

そして、国会による審議の過程でその重要性が共通認識されることとなり、自公民3党合意の「社会保障・税の一体改革に関する確認書（平成24年6月15日）」に、「市町村が利用者支援を実施する事業を明記する」とされたことを受け、法定化に至ったものです。

本事業の枠組みは、当時実施されていた地域子育て支援拠点事業の「地域機能強化型」のほか、松戸市の「子育てコーディネーター」や横浜市の「保育コンシェルジュ」などをモデルに組み立てられました。

新制度では、本事業は市町村子ども・子育て支援事業計画とともに「車の両輪」とされるなど極めて重要な事業と位置づけられ、地域の子育て家庭のニーズを把握して施設・事業等の利用に結び付ける役割を果たすことが期待されています。

2 事業の内容

利用者支援事業は、「利用者支援」と「地域連携」の2つの柱で構成されています。

特定型は、待機児童解消等を図るため、主として市区町村窓口で子育て家庭のニーズと施設・事業等を適切に結び付けて利用の調整を図る「ガイド役」としての機能が

想定されています。なお、「地域連携」に関しては、自らがその機能を果たすのではなく、市区町村が有する機能と連携して取り組んでいくこととされています。

　相談者とのやり取りの中で施設・事業等の利用につなげるだけでは解決しない真のニーズを見つけることがありますので、利用者支援専門員は事業の特徴・意義を十分理解し、子育て家庭の個別ニーズを引き出しやすい相談姿勢と寄り添い型の支援を心掛けることが求められます。

（1）相談

　相談では、子育て家庭の個別ニーズを把握し、状況を見極めることに努めます。

　子育て家庭が、自らのニーズ自体を的確に認識していない場合や、必要な資源を自ら適切に選択することが困難な場合があります。相談では、その子育て家庭が抱えている課題は何か、その背景・要因は何か、それを解消するためにどのようなサービスや支援を必要としているのかを見極める必要があります。子育て家庭の主訴（具体的な訴え）と真のニーズが異なる場合もあるため、家庭全体の状況や取り巻く環境を把握することが重要です。

（2）情報の収集及び提供

　相談時に相手が求める情報を提供するためには、手元に情報が必要です。また、できるだけ多くの情報をつかめているとよりよいです。例えば、地域の施設・事業等や隣接する他の領域のフォーマルな事業、あるいは地域のインフォーマルな取り組みなど、子育て支援に関わる社会資源などが考えられます。

　収集・蓄積した情報は、必要なときにいつでも提供できるように見やすく分かりやすく整理します。

（3）助言・利用支援

　状況に応じて助言します。

　施設・事業等の利用に当たり必要となる適切な窓口の紹介、子育て家庭の状況に応じた子育て支援に関する施設・事業等の提示、相談の内容を踏まえた適切な専門機関や子育て支援団体等への仲介などを行います。また、必要な場合には、行政窓口等への同行や手続申請の支援などを行います。

3　当該地域における実施状況

　2015 年（平成 27 年）3 月に閣議決定された少子化社会対策大綱では、施策に関する数値目標として、2019 年（令和元年）度末までに、基本型と特定型を合わせて、1800 か所の設置を目指すこととされました。

　担当する地域や近隣の実施状況を確認し、地域の特性や課題について考えましょう。

図表 10-1　利用者支援事業（基本型、特定型）の実施状況（平成 30 年度）【都道府県別】

No	自治体名	基本型	特定型	小計	No	自治体名	基本型	特定型	小計
1	北海道	43	17	60	27	大阪府	48	30	78
2	青森県	3	2	5	28	兵庫県	28	23	51
3	岩手県	2	4	6	29	奈良県	11	1	12
4	宮城県	13	9	22	30	和歌山県	7	0	7
5	秋田県	3	1	4	31	鳥取県	3	1	4
6	山形県	5	5	10	32	島根県	3	0	3
7	福島県	9	1	10	33	岡山県	8	9	17
8	茨城県	13	8	21	34	広島県	20	2	22
9	栃木県	11	3	14	35	山口県	6	5	11
10	群馬県	3	6	9	36	徳島県	0	3	3
11	埼玉県	33	22	55	37	香川県	11	0	11
12	千葉県	46	18	64	38	愛媛県	7	4	11
13	東京都	94	44	138	39	高知県	1	1	2
14	神奈川県	29	43	72	40	福岡県	21	14	35
15	新潟県	14	1	15	41	佐賀県	5	3	8
16	富山県	5	3	8	42	長崎県	3	3	6
17	石川県	11	2	13	43	熊本県	7	10	17
18	福井県	6	0	6	44	大分県	8	5	13
19	山梨県	4	1	5	45	宮崎県	5	3	8
20	長野県	21	0	21	46	鹿児島県	9	5	14
21	岐阜県	8	0	8	47	沖縄県	2	13	15
22	静岡県	25	14	39	合計		720	375	1,095
23	愛知県	53	17	70					
24	三重県	13	2	15					
25	滋賀県	22	6	28					
26	京都府	18	11	29					

出典：厚生労働省資料「平成 30 年度実施状況」（https://www.mhlw.go.jp/content/000519599.pdf）2 ページを参考に筆者作成

［引用・参考文献］
・浅井拓久也・湊照代『子育て支援の専門家－利用者支援専門員の手引き－』吉備人出版、2018年
・橋本真紀・奥山千鶴子・坂本純子編著、ＮＰＯ法人子育てひろば全国連絡協議会編集『地域子育て支援拠点で取り組む利用者支援事業のための実践ガイド』中央法規、2016年
・2015年3月20日閣議決定『少子化社会対策大綱～結婚、妊娠、子供・子育てに温かい社会の実現をめざして～』

② 利用者支援専門員に求められる基本姿勢と倫理

利用者支援専門員には、どのような心構えが必要でしょうか。特別な配慮が必要となる利用者を支援する際は、どのようなことに留意すればよいでしょうか。

1 利用者支援専門員の役割

　現代の都市化・核家族化により、家族の孤立化や地域社会関係の希薄化が進み、子育てをするうえで必要な情報の入手が困難になっています。また、共働き家庭が増加しており、家庭内でも子育てに必要な人手が不足しています。子育て家庭がこのような環境であることを認識したうえで、当事者の目線に立って、保護者等のニーズを把握し、最適な施設・事業等を提案して、円滑な利用の手助けをします。

　利用者支援専門員は、相談を受けたり情報を提供したりする立場上、当然、相手より多くの情報・知識を保有しておく必要があります。常に、自らの専門性の向上を図ることを意識し、研修等を重ね、自己研鑽を積むことが大切です。

2 支援における基本原則～受容と自己決定の尊重、信頼関係の構築～

（1）利用者の受容

　まず、相手の話をしっかり聴き、過程や状況を理解することに努めます。そして、その話は否定的に捉えないようにして、ありのままを受け入れるようにします。相手の話がすべて終わる前に、途中で支援の方向性の話を進めないように注意します。

　利用者支援専門員は、「この人に相談したい」と思われる人であることが大切です。相手から抱えている悩みなど多くの情報を引き出すことで、真のニーズの追求や適切なコーディネートへとつなげていくことができます。

（2）自己決定

　問題解決の主体は相談者自身です。

　相談者が抱える問題の解決に向けて、意向を尊重し、地域資源の状況を考慮しながら、希望に沿う支援の在り方を共に検討していきますが、施設・事業等を利用するか否かの判断や、利用する場合の施設・事業等の選択は、最終的には相談者が行います。自己決定の尊重の原則に則り、利用者支援専門員が判断・選択したり、相談者に判断・選択を迫ったりすることのないよう、十分注意する必要があります。

　また、助言のつもりでも、相手は「押し付けられた」と感じてしまうこともあります。提案・助言をする際の話し方や言い回しには、注意が必要です。

（3）信頼関係の構築

　支援は、一度きりで解決するときもあれば、継続的な対応が必要なときもあります。また、以前一度きりの支援で解決した相手が、違う用件で支援が必要になることもあります。

　このようなときに、「相談しよう」と思われる利用者支援専門員であることが望まれます。本事業の利用のしやすさは、利用者支援専門員との信頼関係の構築の状況が大きくかかわってきます。

　信頼関係の構築に向けては、まず、利用者支援専門員側から歩み寄ることが大切です。例えば、相手が子どもを育てる力をしっかりもっていることを信じている姿を見せ、それを言葉や態度で伝えます。このような姿勢が、信頼関係の構築のきっかけとなります。

3　特別な配慮が必要となる利用者への配慮事項

　要保護児童対策地域協議会の対象ケースなど、関係機関が広く連携して支援の方向性を検討すべきと判断される子育て家庭については、特定型の守備範囲外の施設・事業等の利用が適当なことがあります。そのような場合は、速やかにこれらの施設・事業等の担当部局につなぐことが求められます。円滑に「つなぎ」の役割を果たすためには、日頃から各専門機関と緊密に連携しておくことが大切です。

　また、このような特別な配慮が必要なケースでは、より一層、意識的に受容や自己決定に努めることが大切です。利用者支援専門員の中につなぐ意識が強く働くほか、迅速につなげたいという思いから、つなぐべき施設・事業等の選択や判断を急がせたり、押し付けたりするおそれがあります。自己決定の尊重の原則を強く意識し、相談者が自分の意思で選択するようにしていきましょう。

4　個人情報と守秘義務

　利用者支援専門員は、子どもの「最善の利益」を実現させる観点から、子どもやその保護者等、または妊娠している方への対応に十分配慮するとともに、正当な理由なく、業務上知り得た秘密を漏らしてはいけません。

　利用者支援専門員が業務上知り得た個人情報の適切な管理や秘密を保持するため、主に以下の対応をとることが求められています。

①　個人情報の管理（保存期限と廃棄、保管場所、閲覧可能者範囲等）や守秘義務
　について定められた規程を正しく理解すること。
②　個人情報の管理や守秘義務について研修の受講等により理解を深めること。

　個人情報等秘密の漏洩に万全を期す一方、関係機関と連携する際や、相談内容を関係機関に連絡する場合には、それらの相談内容や置かれた状況に関する情報の共有は必要不可欠です。利用者支援専門員と同じく守秘義務が課せられた地域子育て支援拠点や市区町村の職員などとの情報交換や共有は、積極的に行う必要があります。ただし、情報を交換・共有する際は、相手方にも守秘義務がかけられているかや、最終的に個人情報やプライバシーが守られるかどうかについて、事前に確認・注意が必要です。

[引用・参考文献]
・厚生労働省「子育て支援員研修の研修内容等の留意点について」2015年
・内閣府・文部科学省・厚生労働省「利用者支援事業ガイドラインについて」2015年
・内閣府・文部科学省・厚生労働省「利用者支援事業実施要綱」2019年

③ 保育資源の概要

現在の保育制度はどのような構図で、どのような手続きが必要でしょうか。利用者のニーズに応じた情報提供をするためには、どのような準備が必要でしょうか。また、どのように提供していくことが有効でしょうか。

1　保育制度の概要

　2015年（平成27年）4月1日に子ども・子育て支援法が施行され、新たに「地域型保育給付」が創設されたほか、子どもの年齢や「保育を必要とする事由」に該当するか否かによる認定区分が設けられました。

　保育を必要とする施設・事業の利用に当たっては、市町村が調整を行ったうえで、利用の可否が決定されます。なお、利用調整は、各自治体で基準を設けて、保育の必要度の点数化や順位付けを行っています。

　なお、この制度の流れに従わない保育施設（認可外保育施設など）もありますが、このような施設を利用する場合、市区町村は施設の利用の可否に関与しません。利用希望者は、施設と直接手続きをすることになります。

図表 10-2　認定区分

認定区分	子どもの年齢	「保育を必要とする事由」該当の要否
1号	満3歳以上	不要
2号	満3歳以上	必要
3号	満3歳未満	必要

図表 10-3　保育を必要とする事由

		保育を必要とする事由
1	就労	1か月において、48時間から64時間までの範囲内で月を単位に市町村が定める時間以上労働することを常態とすること
2	妊娠・出産	妊娠中であるか又は出産後間がないこと
3	疾病・負傷・障害	疾病にかかり、若しくは負傷し、又は精神若しくは身体に障害を有していること
4	家族の介護・看護	同居の親族（長期間入院等をしている親族を含む。）を常時介護又は看護していること
5	災害の復旧	震災、風水害、火災その他の災害の復旧に当たっていること
6	求職活動	求職活動（起業の準備を含む。）を継続的に行っていること
7	就学・職業訓練	特定の学校に在学していること、又は特定の職業訓練を受けていること
8	児童虐待・ＤＶ	児童虐待行っている又は再び行うおそれがあること、若しくはＤＶにより子どもの保育を行うことが困難と認められること
9	育児休業	当該育児休業に係る子ども以外の子どもについて、当該育児休業中に引き続き施設等の利用が必要と認められること
10	その他	前各号に類するものとして市町村が認める事由に該当すること

注）保育の必要性が認定されるには、保護者のいずれもが上記各項目のいずれかに該当する必要があります。

2　保育資源の種類と内容

利用者支援事業（特定型）にかかわる主な保育資源は、次の図表10-4のとおりです。

図表 10-4　利用者支援事業（特定型）にかかわる保育資源（例）

	施設・事業名等		概　　　　　要
子ども・子育て支援新	教育・保育施設	保育所（認可された保育所に限る。）	児童福祉法に定められた児童福祉施設。公立保育所と私立保育所がある。2号及び3号認定子ども（保育の必要性が認定された子ども）の保育を行う施設。
		幼稚園	学校教育法に定められた教育施設。公立幼稚園と私立幼稚園がある。1号認定子どもの教育を行う。
		認定こども園	就学前の子どもに関する教育、保育等の総合的な提供の推進に関する法律に定められた教育・保育を一体的に行う施設。公立認定こども園と私立認定こども園がある。1号、2号及び3号認定子どもが利用する。4つの類型（幼保連携型、幼稚園型、保育所型、地方裁量型）がある。
	地域型保育事業	家庭的保育事業	定員5人以下で、0〜2歳の子どもの保育を行う。家庭的保育者が保育に従事することができる。
		小規模保育事業	定員6〜19人で、0〜2歳の子どもの保育を行う。定員規模等によりA型（保育所分園、ミニ保育所に近い類型）、C型（家庭的保育（グループ型小規模保育）に近い類型）、B型（中間型）に分類される。一部、家庭的保育者が保育に従事することができる。
		居宅訪問型保育事業	保育を必要とする子どもの居宅で1対1で保育を行う。家庭的保育者が保育に従事することができる。

制度	地域子ども・子育て支援事業	事業所内保育事業	事業所の保育施設などで従業員の子どもや地域の子どもを保育する。
		一時預かり事業	子どもを一時的に預かる事業。 ７つの類型（一般型、幼稚園型Ⅰ、幼稚園型Ⅱ、余裕活用型、居宅訪問型、地域密着Ⅱ型、災害特例型）がある。
		病児保育事業	病気や病後の子どもを保護者が家庭で保育できない場合に、病院や保育所などに付設された場所で、子どもを一時的に保育する事業。
		子育て援助活動支援事業（ファミリー・サポート・センター事業）	子育ての援助を受けることを希望する者と援助を行うことを希望する者とが相互に助け合う活動に関する連絡・調整を行う事業。 保育施設での保育終了後や放課後の預かり、冠婚葬祭や学校行事の際の預かりや保育施設等までの送迎などを行う。
		放課後児童健全育成事業（放課後児童クラブ）	保護者が就労等により昼間家庭にいない小学校就学児童に対し、授業終了後に小学校の余裕教室や児童館などで適切な遊びと生活の場を用意し、その健全な育成を図る事業。
		子育て短期支援事業（ショートステイ事業）	保護者の病気その他の理由で、家庭において児童を養育することが一時的に困難となった場合に、宿泊を伴った一時預かりを行う事業。
幼稚園（新制度未移行）			子ども・子育て支援新制度に移行しない幼稚園。利用に当たっては、認定を受ける必要はない。
認可外保育施設			都道府県から認可を受けていない保育施設。施設の利用に当たっては、利用希望者が直接施設に申し込みをする。
企業主導型保育事業			認可外保育の一つ。企業が従業員の働き方に応じた柔軟な保育サービスを提供するために設置する保育施設や、地域の企業が共同で設置・利用する保育施設。 地域枠を設けている場合は、従業員でなくても利用が可能。
その他			・ベビーシッター、産後ヘルパーなどの訪問型保育サービス ・子育て家庭の預かり合いを支援する民間団体 ・地域の子育て支援団体や子育てサークル

　その他、独自の保育資源を有している自治体もあります。また、地域によっては、インフォーマルな保育資源を有している場合もありますので、担当地域での状況を確認しましょう。

3　ニーズに応じた保育資源・サービス提供の方法

　保育資源・サービスの提供に当たっては、次の情報をまとめておくと、ニーズに応じ迅速に、有効に情報の提供が行えます。

①基本情報（施設の名称、種類、所在地、設置主体（自治体、法人の別）など）
②事業実施時間等（実施日、実施時間、月間スケジュール等）
③事業内容
④提供形態（施設型・訪問型・出張型の別、無料・有料の別）

　情報収集の範囲は、施設や行政が実施する事業に関する情報に限らず、例えば以下のようなインフォーマルな情報についても幅広く収集し、情報提供できるようにすることが望ましいです。

・地域の子育て支援団体等の情報（構成員、事業内容、活動時間等）
・子育てサークル（構成員の情報、活動内容）
・地域に居住する子育て等に詳しい住民

　そして、集めた情報は、相談時に提示できるように整理し、ホームページに掲載したり、情報誌を定期的に作成したりするなど、閲覧・利用しやすいように工夫することが大切です。

[引用・参考文献]
・佐藤純子・今井豊彦編著『早わかり子ども・子育て支援新制度現場はどう変わるのか』ぎょうせい、2015年
・厚生労働省「子育て支援員研修の研修内容等の留意点について」2015年

④ 記録の取扱い

なぜ記録が必要なのでしょうか。作成した記録を有効に活用するためには、どのような記録を残せばよいでしょうか。

1　記録の目的

　記録は、支援の質向上を目的として作成することが望まれます。

　利用者支援専門員には、子育て家庭の個別ニーズに対応する支援、様々な要因を含んだ包括的な支援、必要に応じ継続的な支援が求められます。これらの支援に当たり、記録を有効に活用することで、より質の高い支援へとつなげていくことができます。

　第一に、それぞれの相談者の相談内容やその際の支援内容をはじめ、言葉や反応などを文字として残すことができます。日々様々な相談を受ける中、全ての情報を覚えておくことは困難です。記憶より記録に力を入れ、さらにその記録から次のよりよい支援に向けて力を入れていくことが望まれます。

　第二に、作成した記録は、自分の支援を振り返るための資料とすることができます。自分の支援を振り返り、評価し、改善することで、資質・能力の向上につなげることができます。

　第三に、関係機関と情報共有する際の資料とすることができます。口頭でも情報共有はできますが、時間がかかるほか必要なことを正確に伝えられない場面が想定されます。記録を用いることで情報共有が円滑かつ正確に行うことができます。また、相談者の状況や対応の理解を深められ、今後の対応方針等への協議も充実したものになることが期待されます。

2　記録の種類、項目、記述の方法

　記録を作成する上では、記録の目的を果たせる様式を整える必要があります。様式は、例えば、以下のものが必要です。

図表 10-5　記録の種類及び項目

目的・用途	様式名（例）	様式内の項目（例）
相談者の基本情報 次回相談時への備忘録 記録の蓄積	相談記録表	対応年月日、相談者名、子の氏名・生年月日・出生順、家族構成（ジェノグラム）、家族の社会関係（エコマップ）、育児環境、相談内容、課題、所感、支援内容、コーディネート内容など
継続的な支援 記録の蓄積	支援経過報告記録表	事例の支援経過、所感など
相談内容の集計 相談の多い内容の把握 今後の対応策の検討資料	月例報告記録表	相談内容別件数、地区別相談件数など

　様式を作成すると、設けられている全ての項目について記録を残さなければと感じ、必要以上の情報を聞き出そうとしてしまうことがあります。相談に当たっては、様式の空欄を作らないことが目的とならないようにすることが大切です。また、記録の作成に当たっては本人の承諾を得ることが原則ですので、事前の確認が必要です。

　相談内容や支援経過などの記録に当たっては、作成した記録は自分自身だけでなく、自分以外の援助者と共有する点に留意し、誰が読んでも状況の把握ができる簡潔な表現とする必要があります。例えば、５Ｗ１Ｈ（Who（だれが）、When（いつ）、Where（どこで）、What（なにを）、Why（なぜ）、How（どのように））の活用は有効な手段の一つです。

3　記録の管理

　作成した記録の管理は、非常に重要です。保管場所が分からなく、必要な情報が早急に取り出せなければ、記録を有効に活用できません。また、誰にでも自由に見られるような場所に保管しないようにする必要があります。

　作成した記録は、各自治体の条例や規則等に基づきガイドライン等を定め、これに従い管理します。

　ガイドラインに定める項目としては、主に以下のものが考えられます。

図表 10-6　ガイドラインに定める主な項目

項目
作成場所、保管方法、保管場所、閲覧権限、保存年限、個人情報に留意した廃棄方法、開示要求時の手続方法など

［引用・参考文献］

・浅井拓久也・湊照代編著『子育て支援の専門家－利用者支援専門員の手引き－』吉備人出版、2018 年

・橋本真紀・奥山千鶴子・坂本純子編著、ＮＰＯ法人子育てひろば全国連絡協議会編集『地域子育て支援拠点で取り組む利用者支援事業のための実践ガイド』中央法規、2016 年

・柏女霊峰監修・著、橋本真紀編著『子ども・子育て支援新制度　利用者支援事業の手引き』第一法規、2015 年

5 まとめ

利用者支援事業（特定型）を実施する上で必要な情報をまとめ、相談者が求めている支援を行うため、利用者支援専門員として備えておくことは何かを考えましょう。

1 振り返りとグループ討議

（1）振り返り

今まで学習してきたことを踏まえ、次のことについて、それぞれ100字程度でまとめましょう。

・利用者支援事業（特定型）を実施する目的について
・利用者支援事業（特定型）を実施する上での留意点や課題について
・多様な子育て家庭への対応について
・利用者支援専門員の基本姿勢について

（2）グループ討議

上記（1）で振り返り、まとめたものについて、グループ内（5～6名程度）で意見交換を行いましょう。なお、意見交換では、グループのメンバーの意見や考えを肯定的に聞き取り、自分の理解、認識、考えを深めるように努めましょう。

第11章

地域子育て支援コース
地域子育て支援拠点事業

1 地域子育て支援拠点事業の全体像の理解

なぜ今、この事業が必要とされているのでしょうか。子育てが孤立化し、多様な大人や子どもとの関わりが減ってきている中で、子育てを社会的に支援する仕組みとして、事業の経緯や機能等の全体像を把握しましょう。

1 地域子育て支援拠点事業の制度上の位置付けと成り立ち

　もともと子育ては自分の子どもだけではなく、他人の子どもに対しても愛情を注ぎ、親族や地域の人々が協力し、助け合いの中で育んできました。しかし、近年、産業構造・就労形態の変化により人々の生活は都市化し、核家族化や少子化がすすみ、育児は孤立してきています。こうした地域社会では、子育ての協力が得にくい現状にあり、親の育児負担が増大することになります。しかし、父親は、長時間労働や単身赴任など様々な環境に置かれ、家事や育児に参加する時間が取れず、その存在は希薄化し母親に負担がかかりすぎている状況です。2017年にユーキャン新語・流行語大賞としてノミネートされた「ワンオペ育児」は、母親一人で全てをこなさなければならない状況を反映した言葉といえます。孤独で閉鎖的な育児は、精神的にも追い詰められ、虐待等の深刻な状況に陥る可能性があります。

　この状況は、子どもの生活や育ちにも大きな影響を与えています。戸外で遊ぶことが少なくなり、習い事やゲームに費やす時間が増加し、人間関係が希薄化し、いわゆる子どもの遊びに必要な空間・時間・仲間（三間）が失われている状態です。ゲームの世界では生きた体験が乏しくなり、人と人との直接の触れ合いが不足し、社会性や他者に対する共感性が育ちにくくなる現状があります。そこで、子どもの生活する家庭や子育てを社会的に支援する仕組みを充実していくことが必要となり、地域子育て支援拠点事業が成立しました。

　その前身は、1993年に「保育所地域子育てモデル事業」として創設され、先駆的に保育所が中心となり取組みが見られるようになります。1995年には「地域子育て支援センター事業」に発展し、市町村を実施主体とする特別保育事業の一つとして実施されるようになります。

　一方では、2002 年に「つどいのひろ場事業」が創設されます。この事業は、地域住民の活動から事業化に至った経緯があり、親子が集う場の提供を目的とすることに大きな意義があります。市町村が実施主体ですが、NPO 法人等民間団体にも委託が可能であり、活動場所も公共施設だけでなく、空き店舗やアパートなど柔軟なサービスとして発展します。

　2007 年には、「地域子育て支援センター事業」と「つどいのひろ場事業」が統合・再編され地域子育て支援拠点事業となり、さらに児童館の活用も図り、「センター型」「ひろば型」「児童館型」の 3 形態で実施されるようになります。2008 年には児童福祉法に位置づけられ、さらに同年の社会福祉法の改正により第 2 種社会福祉事業となり、公益性の高い社会的な役割を伴うことが求められるようになります。

　2012 年には「子ども・子育て支援法」が公布され、幼児教育・保育、地域の子ども・子育て支援を総合的に推進する取組みが行われる中で、地域子育て支援拠点事業は「地域子ども・子育て支援事業」の 13 事業の中の一つに位置付けられ充実が図られていくことになります。2013 年には事業類型を「一般型」「連携型」「地域機能強化型」に再編します。従来の「ひろば型」「センター型」を統合し「一般型」に、「児童館型」が「連携型」に見直されます。また、機能強化策として利用者支援と地域支援を行う「地域機能強化型」が創設されましたが、2015 年に「利用者支援事業」の創設により再編され、現在の地域子育て支援拠点事業は、「一般型」と「連携型」の 2 形態となっています。また、「地域機能強化型」が発展的に移行した「利用者支援事業」の中の地域支援は、拠点事業の加算事業として展開されることが期待されています。

2　地域子育て支援拠点に求められる機能

　児童福祉法第 6 条の 3 第 6 項には「地域子育て支援拠点事業とは、厚生労働省令で定めるところにより、乳児又は幼児及び、その保護者が相互に交流を行う場所を開設し、子育てについての相談、情報の提供、助言その他の援助を行う事業である」と定義されており、子育ての不安感や孤立感を地域の中で支える取組みとして位置づけられています。

　厚生労働省は、2014 年に地域子育て支援拠点事業実施要綱を発表し、その中で目的・内容・方法を明示しています。基本事業として、①交流の場の提供、交流促進 ②子育てに関する相談、援助 ③地域の子育て関連情報の提供 ④子育て・子育て支援に関する講習等の実施に取り組むことが規定されており、これは「一般型」「連携

型」に共通するものです。単に交流の場を提供するだけではなく、子育てに対する情報の提供や講習会を実施し、親同士の支え合いや、子ども同士の育ちあいを促進する事が重要です。不安や悩みを抱える親子に対して、妊娠期から切れ目のない支援体制を構築し、地域全体で子育てを支える拠点としての機能を担うことが求められています。

　共通する基本事業に加え、さらに子育て支援活動の展開を図る目的で加算の対象となる事業として、①地域子育て支援拠点施設の開設場所を活用した一時預かり事業や放課後児童健全育成事業等の実施　②出張ひろばの実施　③地域団体の活性化や家庭への訪問支援等があり、家庭支援や地域支援の双方を強化する方向に、さらなる機能強化を図っていくことが期待されています。

3　地域子育て支援拠点における支援者の役割

　地域子育て支援拠点は、子育て中の親子にとって居場所となり、地域の人々が出会い交流する場となる必要があります。そのためには、明るく清潔で、安全・安心な物的環境を整えることはもちろん、人的環境となる支援者が笑顔で気軽に声をかけ、温かい雰囲気で、親子にとって身近な理解者となるよう取り組むことが大切です。支援者の役割には、①温かく迎え入れる　②身近な相談相手であること　③利用者同士をつなぐ　④利用者と地域をつなぐ　⑤支援者が積極的に地域に出向く、の大きく5つを担う事が求められています。

　初めての場所は、親子にとり不安や緊張が伴います。温かく敬意をもって迎え入れ、気兼ねない雰囲気を作り、身近な場所での親にとっては「話し相手」となり、子どもにとっては「遊び相手」となることが大切です。また、子育てするまで子どもと関わる機会が少なかった親にとっては、支援者が子どもと遊ぶ姿は、子どもとの関わり方のモデルになります。子どもの成長や個性に目を向けつつ、親がゆとりと自信を持ち子育ての充実が図られるような働きかけが求められています。

　日々の子育ての困り事や知りたい情報等は、親同士の何気ない会話から発展し役立つことが多いものです。親の持っている力を引き出し、お互いが支え合えるような関係になるよう、親同士をつなぐ役割があります。初めて来られた親子は、いつものメンバーの中に入りにくい場合もあり、元々集団が苦手な親は、雰囲気に慣れるのに時間がかかる場合もあります。親子の様子や親同士の関係性を観察しながら、個々の状況に合わせて親子を結びつける支援を検討していくことが大切です。

　地域で活動する人々や関係機関の協力を得ることは、地域子育て支援拠点の活動を

活発化し、地域で生活する親子の理解を深めてもらうために大切です。地域の年配の方々との交流は、子育ての知識や昔の遊びの伝承等、親子にとって貴重な経験となります。中学・高校生との交流は、若い感性に触れ気持ちがリフレッシュし、改めて子育てに前向きな姿勢で取り組む機会となります。世代を超えた地域の方々が、ボランティアとして活躍できる機会をつくることとなり、様々な交流が生まれ、地域全体で子育てを応援する場となります。地域の人々と親子をつなぐためには、日頃よりアンテナを張り、積極的なコミュニケーションをとり、必要に応じて連携を図りながら効果的な支援を模索していくことが重要です。

　今後は、支援者から積極的に地域に出向く活動（アウトリーチ）が期待されています。地域子育て支援拠点の存在を知らなかったり、利用したくてもためらったり不安を持っていたりして、つながることが難しい人がいます。支援者が、親子の集まる場所に出向ききっかけをつくることで、地域とのつながりを継続的に持たせることが望まれています。予防的な支援活動として、こうした取り組みを充実していくことがますます重視されるようになっています。

［引用・参考文献］
・渡辺顕一郎、橋本真紀編著『詳解　地域子育て支援拠点ガイドラインの手引き』（第 3 版）
　　中央法規、2018 年
・橋本真紀『地域を基盤とした子育て支援の専門的機能』ミネルヴァ書房、2015 年

② 利用者の理解

どうすれば利用者を理解し寄り添う支援ができるか、演習を通して考えましょう。成長期の子育てには苦労や心配事も多く、その上、周囲の協力を十分に得られない中で子育てをしている親の立場を理解しましょう。

1 利用者の理解を深める演習

　少子化の中で、身近に遊ぶ子どもが減り、若い世代が子どもと触れ合う経験や知識を得にくい傾向があります。その状況のまま親となり、身近に相談する相手もいなければ、子育ての課題を抱え込み、悩んだり不安が重なったりする状況に陥り易くなります。支援者は、こうした状況を客観的に捉え、子どもの育ちが家庭の影響を受けやすいことを踏まえて、個々の利用者の状況を把握し理解する必要があります。

　利用者は、様々な思いを持って来られますが、その背景に複雑な問題を抱えている事も少なくありません。「話し相手がほしい」「夫の理解が得られない」「早く仕事にでて自分らしく生きたい」「ずっと一緒に居るといらいらして子どもについ当たってしまう」「発達が遅れているのではないか」等、気持ちの表し方も人それぞれ違います。また、利用者からの情報だけではなく、親子の関わりや子ども同士の関わりを見ると新たな一面に気付くこともあります。表面的な姿や言葉に惑わされず、総合的に利用者を理解しようとする姿勢が求められます。利用者を理解するためには、傾聴し受容と共感の姿勢が基本となります。

> 「公園に行くと、同じ年頃の子どもはよくおしゃべりしているのに..この子は3歳になるのにあまりしゃべらなくて..私の言うことも聞いているのかどうか..障がいがあったらどうしようかと思うと心配でたまりません」

演習：2人組みで母親と支援者役になり、この後の会話を続けてみましょう。交代してお互いの立場を経験してみましょう。

　利用者は、最初から本音を話すことは少なく、支援者の親しみやすい態度や、日常

の会話や関わりを大切にすることで信頼関係が深まり、「この人なら大丈夫」と思われた時に、心を開いて話し始めます。気持ちを引き出せたら、「お母さん、よく話してくれました」と、利用者をねぎらいながら不安な気持ちを受け止め、否定的な態度や、指導的にならないよう注意します。親子をありのままに受け入れることからはじめ、利用者の思いに寄り添いながら、問題を明確化し解決を共に探っていくことが大切です。支援者の価値観で判断しないよう、常に利用者の立場になり受け止めることを心がける必要があります。

[引用・参考文献]
・柏女霊峰『子ども家庭福祉論』（第 5 版）誠信書房、2018 年

③ 地域子育て支援拠点の活動

どうすれば子どもの健やかな育ちを促す支援ができるでしょうか。乳幼児期の発達の基本を踏まえ、子どもの発達を促す遊びや活動の提供、環境づくりの工夫、講習会等の実践について理解しましょう。

1 子どもの発達を意識した環境づくり

子育て支援について、大豆生田は「子育てという営みあるいは養育機能に対して、私的・社会的・公的機能が支援的にかかわることにより、安心して子どもを生み育てる環境をつくるとともに、子どもの健やかな育ちを促すことを目的とする営みである」[1]と述べています。子どもが健やかに育まれることを「子どもの最善の利益」と捉え、その実現のため、子どもだけではなく、親も支援を得て子育てに対する自信を高め、親子が充実した毎日を過ごせるような対応が望まれます。

（著者撮影）

2歳のAくんが平均台を渡って遊んでいます。何度もバランスを崩して足がすべり、なかなか上手に渡れません。母親は傍で手を差し伸べながら、別の遊びに誘っています。しかし、Aくんは平均台から離れようとしません。

子どもが何度も挑戦を繰り返す姿が目に浮かびますが、母親は怪我をしないか心配です。支援者は、母親の気持ちを受け止めながら、Aくんの頑張りに気づく事が大切になります。「がんばっているね、落ちると悔しいね。」と声を掛けることで、ありのままの自分が認められ受け入れられる経験となり、子どもの主体性を促すことにつながります。支援者の言葉掛けは、母親にも子どもの気持ちに気づく機会となります。子どもの気持ちに寄り添いながら、「どうしたら上手に渡れるかな」と一緒に考

え、平均台の高さを調節したり、滑っても痛くないようにマットを敷いたり、子どもの脇を持って手伝ってみたりして、一人ひとりの発達に応じた環境を整え、子どものニーズを満たすように働きかけます。同時に、保護者へは、子どもの頑張りを共に喜び合い、子どもは挑戦しながら発達することや安全の配慮の仕方などを伝えていくことができます。そのため支援者は、利用対象の多い3歳未満の子どもの発達について見通し、十分な理解をしておくことが必要です。

　地域子育て支援拠点は様々な人々との出会いの場になります。先程の事例においても、平均台にはたくさんの子ども達が集まります。得意そうに渡る姿を見せる子どもや、友達と楽しそうに渡ったり、逆に友達と場所の取り合いをする子どもや、時に年長の子どもは、自分より小さな子どもに手をさしのべて一緒に渡ってくれたりします。その姿を見ている周りの大人が声を掛け、母親同士が遊びの会話でつながっていくことも多く見受けます。遊びを通して様々な大人や子どもが触れ合うことで、子どもの発達を促す機会となることを理解しながら、発達過程や心身の状態に応じて、適切な環境づくりや援助をする事が必要です。

2　子どもの発達を促す環境づくりの工夫

　地域子育て支援拠点では、子どもにとって居心地がよく、個々の子どもの興味や関心を大切にしながら、発達に応じた環境設定が求められます。できるだけ閉塞感がなく活動しやすいように、部屋の明るさや適当な広さも大切です（写真①）。子どもにとって遊びは発達を促す大切なものであり、多くの能力を身につけることができます。可能な範囲で子どもが多様な遊びに触れ楽しさを味わうことができるような環境づくりに努めます。そのためには、子どもが自由に取り出しやすく、見える位置に遊具を配置し分類するなどの工夫を凝らすことも大切です（写真②）。棚等でスペースを区切りコーナー作りをすることで、子どもが自分の意思で遊びを選択し、ゆっくりと遊びこめる環境になります。

　小さい子どもにとっては、周囲を年長の子どもが走りまわる環境は危険を伴いますが、年長の子どもの遊ぶ姿を見ることは、手本となり育ちにつながります。シートを敷いて赤ちゃんエリアがひと目で分かるようにしておくなどの工夫が必要になります（写真③）。実施要綱には、「授乳コーナーや流し台、ベビーベッド、遊具その他乳幼児を連れて利用しても差し支えない設備を整備しておくこと」が定められており、それぞれの拠点で設置の工夫がなされています。

　子どもにとって居心地が良く充実して過ごせる環境は、保護者にとっても安心した

※①連携型　②③一般型（旧ひろば型）④一般型（旧センター型）（筆者撮影）

場所になります。逆に、常に注意を払わなければならない環境は落ち着かず、子ども同士の関係に親が過剰に介入することが起ってくることにもなります。手厚い体制を整えるために、地域ボランティアの協力を得ながら、親子以外の大人との関わりあう時間をつくることも必要となってきます。また安全で安心できる環境づくりには、遊びの動線を考えた配置（写真④）や、遊具の点検、感染症等への配慮など、細かな気遣いも大切です。保護者にとっては、子育ての環境を見て経験することで、家庭の環境を客観的に振り返る機会にもなります。

　広い環境や広場がない場所もあります。できれば自然を取り入れ、子どもの情操や自然を愛しむ心を育みたいところですが、置かれた環境の中で最大限の取組みを考慮することが必要です。外遊びができるような工夫として、遠足の企画や、公園散歩などの活動を取り入れても良いですし、季節に合わせた壁面構成や、絵本等を取り変えることで、屋内でも季節が感じられる工夫は可能です。

3　利用者のニーズに配慮した講習会等（プログラム）

　毎日、開設している中で、講座等を入れることはマンネリ化を防ぎ楽しみに繋がり

ます。利用者のニーズに合わせた講座等を開催すべきですが、実際には支援者の視点から講座を選択する傾向が多く認められています。橋本らによると保健師、栄養士、心理職等専門家による講座が 8 割を超えた一方、地域住民の取組みと協力した講座は 4 割弱、地域住民を対象とした子育てに理解を深める講座等は 1 割で、地域への働きかけはまだ十分ではない状況が報告されています。また、テーマは「親子遊び」が 9 割を超え、個別の課題に対応するテーマは 1 割前後にとどまっています[2]。実践例として、小さい子どもの利用が増えている拠点では、「赤ちゃんアート写真」や「ベビーマッサージ」の講座に人気が集まっています。また、「パパひろば」を開設し、父親同士の交流の場を設けコミュニケーションの広がりが見られている拠点もあります。地域や集っている親子の特性を生かし魅力的なプログラムの検討が必要であるといえます。

　講座のスタイルは一斉に行う場合と、自由な活動を重視する場合があります。一斉に行う内容が多いと子どもはゆっくりと自分のペースで遊ぶことができなくなりがちです。また、子どもがその活動に参加しようとしない時、保護者が無理に活動に参加させようとしたり、自分の子どもと周りの子どもを比べて落ち込んだりする姿が見られることもあります。そのため、プログラム等の実施には全体を見て臨機応変な対応や、その都度見直すことが求められます。全員が参加する活動に終始せず、個々の子どもの主体的な遊びを大切にしたり、親子の関わりをゆっくりと見守ったりすることも大切なことです。

[引用・参考文献]

1）大豆生田啓友・太田光洋・森上史朗編『よくわかる子育て支援・家族援助論』ミネルヴァ書房、2008 年
・研究代表者・橋本真紀「親子の交流の場の提供を中心とした地域子育て支援事業の実践状況等に関する調査研究報告書」平成 28 年度子ども・子育て支援推進調査研究事業

④ 講習等の企画づくり

どうすれば利用者のニーズに沿った講習会等を計画し実践することができるでしょうか。実際の現場での事例を通して、方法や支援のあり方を検討しましょう。

1 具体的な講習等やプログラムづくり

「ここに来て友達ができ、たくさんの人に助けていただき、本当に感謝しています。お世話になったこの場所で、今度は、自分ができることで役に立ちたいと思っています。人と話しをするのが好きなので、絵本を読んだりお母さんの話し相手はできます」との申し出から、先輩お母さんとのおしゃべりタイムのプログラムが始まり、ボランティアスタッフの一員として活動することとなりました。

　子育ての大変な時期を助けられた経験から、今度は自分ができることで役に立ちたいという母親の気持ちをくみ実現した企画です。このような企画は、本人にとっても、周囲の子育て中の母親にとっても原動力や自信につながり、地域の中で支援の輪を広げているといえます。また、支援者側にとっても頼りになるボランティアの創出につながります。

　講習会等を企画するには、親子の様子をそばで見守り、日々の関わりを積み重ねる事で、利用者のニーズや課題を把握することから始まります。その中であがってきた課題やニーズを分析し、目指す姿として目標を設定し、具体的にプログラムを企画・立案します。計画に従って実施後、振り返って評価し、改善点を検討して再び実践を繰り返します。このプロセスをPDCAサイクルと呼び、①企画・計画（Plan）②実施（Do）③評価（Check）④改善（Action）の4段階を繰り返すことにより、継続的に内容が充実していきます。

　計画し実施する過程においては、利用者が参加し、多角的な視点から親子にとり最善の計画を作成する事を心がけ、支援者本位の講習会にならないように注意します。また、内容については子どもの発達を促すような経験を考慮したり、その季節に適した活動を取り入れたりすることも大切です。限られたスタッフでは限界があるので、

他機関の協力や地域のボランティアへの依頼など、常に良好な頼みやすい関係を築いておくことも必要です。

　演習：現在住んでいる地域において、自分が子育て中であるとしたらどのような
　　　　ニーズがあると思いますか？ニーズをもとに講習会のプログラムを計画して
　　　　みましょう。

[引用・参考文献]
・渡辺顕一郎、橋本真紀編著『地域子育て支援拠点ガイドラインの手引き』（第 3 版）中央法
　　規、2018 年

5　事例検討

どうすれば利用者の理解を深め、寄り添った支援ができるでしょうか。実際の事例をもとに具体的な対応を考えてみましょう。また、支援を通して知り得た個人情報保護の重要性についても理解を深めましょう。

1　事例に基づく検討

　利用者の理解を深めるための支援者の基本的な態度として、「バイスティックの7原則」が参考となります。それは、①個別化　②意図的な感情の表出　③統制された情緒的関与　④受容　⑤非審判的態度　⑥自己決定　⑦守秘義務[1] です。特に、守秘義務については他言しない姿勢をとることが重要です。不注意で漏れてしまうことがあると、信頼関係を大きく損ねる結果になるだけではなく、親子にとって大きな損失になることも心に留めておく必要があります。

　20歳のBさんは、2歳になるC君を連れて、ひろばに1か月前から、週に2回ほど顔を見せるようになりました。利用当初から、C君は他の子どもと関わりますが、すぐに人のおもちゃを取り、自分のものにしていました。Bさんは、「何してるの！」と大声で怒り、おもちゃを元の場所に戻しますが、その後はC君が泣いてもそのままで、雑誌を見たり携帯をさわったり、他のお母さんと会話することはありません。支援者がC君に近寄り、「ほしかったんだね」と声をかけると、隣からBさんが「いつものこと」と言いながら、「家でも怒ってばかりで疲れる」と話し出しました。「初めての育児で、周囲に頼る人もいないし、夫の帰りが遅いし、友達はまだ学生で話し相手もいない」とのことでした。

演習：この事例で考えられる課題と、これからの対応を考えてみましょう。

　子どもを大声で怒ったり、携帯をさわっていて子どもの世話をしないBさんの態度を、私たちは批判的に捉えがちです。まずは、母親がひろばに足を運んだことについて温かく迎え入れることが大切です。Bさんの置かれている状況に共感しながら、

丁寧に話を聞き、思いを吐き出してもらう事で母親の気持ちは随分と楽になってきます。また、話しながら一緒に課題を整理することで、母親自身が子育ての解決に気づくことができるようになります。C 君との遊びを通して、子どもとの関わり方や子育ての方法を助言したり、周囲の同年代の母親とつないで、話し合える仲間を見つける手助けをしたり、親子と丁寧に関わりながら、母親の選択や判断を支える姿勢が求められます。

[引用・参考文献]
1) 須永進編著『保育のための相談援助・支援〜その方法と実際〜』同文書院、2013 年

❻ 地域資源の連携づくりと促進

どうすれば利用者に対して適切な情報提供や支援ができるでしょうか。地域資源や支援の内容を把握し、関係機関や地域住民などと支援体制を築くことの重要性を理解しましょう。

多様な地域資源の理解、連携づくりの促進

　社会生活が多様化していく中で、支援者は、子育てに必要な基本的なニーズと、今の時代に求められるニーズを常に把握し、利用者を適切な地域資源につなぐ役割があります。地域で活動する様々な人たちの協力を得ることは、子育て家庭の理解者や応援者を増やすこととなり、親子と地域住民や関係機関が協力して課題に向き合う包括的な活動に発展することが可能となります。

　地域資源には、インフォーマルサポートと、フォーマルサポートがあります。インフォーマルサポートには、家族や近隣者や友人、子育てサークル等があります。制度に基づかない地域における支え合い活動のことです。橋本によると、地域や当事者のニーズに沿って創出や消滅が繰り返されることが多い[1]とあり、そのため最新の活動を情報収集して活用する必要があります。フォーマルサポートは、公的機関や専門職による制度に基づくサービスで、妊婦健康診査や子育て短期支援事業、ファミリー・サポート・センター事業、一時預かり事業、病児保育、保育所の設置や保育の実施等があります。

　近年、拠点事業以外の事業を併設・展開する多機能を有する地域子育て支援拠点が増えています。親子にとっては普段から利用していることで安心感があり、複数の事業を利用する必要がある場合にはサービスに繋がりやすくなっています。今後は、拠点から他のサービスの利用に結びつく入口としての機能と、他のサービスから紹介されて拠点の利用に繋がる出口の機能の両方を担うことが期待されています。支援者は、誰でも集える居場所を提供し、親子との良好な信頼関係を築きながら必要に応じてネットワークを活用して連携をとり、地域資源につなげていきます。こうして、親子が生活している地域の中で、よりよく生活できるように支援を進めていくことが求められています。

［引用・参考文献］

1）橋本真紀『地域を基盤とした子育て支援の専門的機能』ミネルヴァ房書、2015 年

・研究代表者・坂本純子「地域子育て支援拠点の質的向上と発展に資する実践と多機能化に関する調査研究」平成 29 年度子ども・子育て支援推進調査研究事業

☆索　引

322

◆編著者紹介

浅井拓久也（あさい・たくや）
秋草学園短期大学准教授。専門は保育学。

著書に、『マンガでわかる！保育所保育指針—2017年告示対応版』（単著、中央法規出版）、『マンガでわかる！幼稚園教育要領—2017年告示対応版』（単著、中央法規出版）、『すぐにできる！保育者のための紙芝居活用ガイドブック』（編著、明治図書）、『活動の見える化で保育力アップ！ドキュメンテーションの作り方＆活用術』（編著、明治図書）、『先輩保育者が教えてくれる！連絡帳の書き方のきほん』（単著、翔泳社）、『子どもの発達の連続性を支える保育の心理学』（編著、教育情報出版）などがある。

◆執筆者紹介（あいうえお順）

浅井拓久也（あさい・たくや）	（編著者紹介参照）	2章－8、5章－11・12、9章－1〜9
尾﨑　正道（おざき・まさみち）	玉野市教育委員会係長	10章－1〜5
北澤　明子（きたざわ・あきこ）	秋草学園短期大学講師	2章－1・5
志濃原亜美（しのはら・あみ）	秋草学園短期大学教授	2章－2、4章－1〜9
嶋田　貞子（しまだ・さだこ）	白梅学園短期大学助教	2章－6・7、5章－10
田中　浩二（たなか・こうじ）	東京成徳短期大学准教授	5章－7〜9
趙　　貴花（ちょう・きか）	名古屋商科大学講師	1章
富山　大士（とみやま・ふとし）	こども教育宝仙大学准教授	2章－4
鳥海　弘子（とりうみ・ひろこ）	秋草学園短期大学講師	5章－3〜6
仲野由香利（なかの・ゆかり）	聖カタリナ大学短期大学部講師	11章－1〜6
中山　芳一（なかやま・よしかず）	岡山大学准教授	3章－1〜6
前田　和代（まえだ・かずよ）	東京家政大学講師	7章－1〜6、8章－1〜4
村井千寿子（むらい・ちずこ）	精華女子短期大学講師	2章－3、5章－1・2
森本　芳明（もりもと・よしあき）	大阪市私立保育所	6章－1〜6

子育て支援員研修テキストブック
—厚生労働省シラバス完全準拠—

2020 年 6 月 5 日　初版第 1 刷発行

編著者………………………浅井拓久也

発行者………………………菊池公男

発行所………………………株式会社　一藝社

　　　　　　　　　〒160-0014　東京都新宿区内藤町 1-6

　　　　　　　　　Tel. 03-5312-8890　　Fax. 03-5312-8895

　　　　　　　　　E-mail : info@ichigeisha.co.jp

　　　　　　　　　HP : http://www.ichigeisha.co.jp

　　　　　　　　　振替　東京 00180-5-350802

印刷・製本………………モリモト印刷株式会社

装　　丁………………………Aya Fujishiro

©takuya asai 2020 printed in japan
ISBN978-4-86359-210-0　C3036